# COMO O RACISMO
## CRIOU O BRASIL

# JESSÉ SOUZA

# COMO O RACISMO
## CRIOU O BRASIL

Estação
BRASIL

Copyright © 2021 por Jessé José Freire de Souza

Todos os direitos reservados. Nenhuma parte deste livro pode ser utilizada ou reproduzida sob quaisquer meios existentes sem autorização por escrito dos editores.

*edição:* Pascoal Soto
*preparo de originais:* Rafaella Lemos
*revisão:* Luis Américo Costa e Tereza da Rocha
*projeto gráfico, diagramação e capa:* Natali Nabekura
*imagem de capa:* Rapha Baggas
*impressão e acabamento:* Bartira Gráfica

---
CIP-BRASIL. CATALOGAÇÃO NA PUBLICAÇÃO
SINDICATO NACIONAL DOS EDITORES DE LIVROS, RJ
---

S715c

    Souza, Jessé, 1960-
        Como o racismo criou o Brasil / Jessé Souza. - 1. ed. - Rio de Janeiro : Estação Brasil, 2021.
        304 p.; 23 cm.

        ISBN 978-65-5733-010-4

        1. Classes sociais - Brasil. 2. Negros - Condições sociais - Brasil. 3. Racismo - Brasil. 4. Discriminação social - Brasil. I. Título.

21-71454                                         CDD: 305.896081
                                                      CDU: 316.347(81)

---

Leandra Felix da Cruz Candido - Bibliotecária - CRB-7/6135

Todos os direitos reservados, no Brasil, por
GMT Editores Ltda.
Rua Voluntários da Pátria, 45 – Gr. 1.404 – Botafogo
22270-000 – Rio de Janeiro – RJ
Tel.: (21) 2538-4100 – Fax: (21) 2286-9244
E-mail: atendimento@sextante.com.br
www.sextante.com.br

# Sumário

Prefácio **7**

## O QUE É RACISMO, AFINAL?
Parece emancipação, mas é só uma fraude neoliberal: sobre "lugar de fala", "representatividade" e afins **12**
    O sequestro da linguagem da emancipação **32**
Afinal, onde está a estrutura do "racismo estrutural"? **45**
    A moralidade como fundamento da vida social e de todo racismo **51**

## A SINGULARIDADE DA MORALIDADE NO OCIDENTE
O judaísmo antigo **60**
O nascimento do cristianismo **68**
A revolução protestante **78**
A moralidade pós-religião **88**
A luta pelo reconhecimento social **99**
    A semente hegeliana **101**
    O reconhecimento social como motor das lutas políticas **105**
Entre moralidade e racismo **116**

## O RACISMO MULTIDIMENSIONAL

O racismo global **135**

    Do racismo científico ao culturalismo que ainda tenta não ser racista **143**

    Um novo racismo para um novo império: o racismo cultural **151**

    As bases racistas da nova ciência mundial americana **157**

    O racismo cultural dos povos colonizados **168**

    A crítica ao culturalismo **179**

    Por uma teoria crítica e não racista do mundo contemporâneo **189**

O amálgama entre racismo de classe e de raça: a criação do burguês, do trabalhador e do marginal **199**

O racismo racial no comando da sociedade brasileira **216**

    A ideologia do branqueamento **220**

    O contraponto antirracista e a revolução de Vargas **227**

    A metamorfose do racismo em falso moralismo anticorrupção **233**

    O aprendizado interrompido: Diretas Já, o impedimento de Collor e a construção do PT encampando o falso moralismo **251**

    Bolsonaro e a explosão do racismo popular brasileiro **262**

Conclusão **281**

Notas **291**

# Prefácio

*"As oito e meia da noite eu já estava na favela respirando o odor dos excrementos que mescla com o barro podre. Quando estou na cidade tenho a impressão que estou na sala de visita com seus lustres de cristais, seus tapetes de viludos, almofadas de sitim. E quando estou na favela tenho a impressão que sou um objeto fora de uso, digno de estar num quarto de despejo."*[1]

Neste livro defendo a tese de que o racismo racial é o elemento central da sociedade brasileira moderna e o grande responsável pelo atraso moral, social e político do Brasil. No entanto, não é fácil demonstrar e verdadeiramente *explicar* como esse fenômeno acontece. Sempre haverá alguém que dirá: "Mas isso eu sempre soube!" Só que, na verdade, quem diz isso tem uma mera intuição, uma crença, a qual não consegue demonstrar. Isso ocorre porque o racismo racial muitas vezes – se não na maioria delas – assume outras formas para poder continuar existindo.

Os que acham que essa convicção basta esquecem que o racismo racial pode ser exercido das mais variadas maneiras, disfarçado, por exemplo, de "moralismo anticorrupção" ou de "guerra contra o crime" – e serão a vida inteira feitos de tolos pelas máscaras que ele assume para continuar bem vivo fingindo que está morto. A história do Brasil moderno é a história dessas máscaras.

Para superar a dimensão da mera "convicção", afetiva e desinformada, é necessário reconstruir não somente o que o racismo destrói nas pessoas, mas também todas as múltiplas formas que ele assume. Sem isso, não compreenderemos como ele adota esses disfarces para continuar enganando as pessoas. Além disso, é fundamental explicar que, se o racismo racial pode assumir outras máscaras, então existem, obviamente, manifestações não raciais do racismo, que produzem o mesmo efeito destruidor e deletério nas pessoas.

Por conta disso, temos que compreender o que é o racismo em sua dimensão mais genérica, o que ele destrói nas pessoas e, em seguida, aprender a identificá-lo em todas as suas roupagens. É esse trajeto que faremos neste livro. Minha ambição é verdadeiramente *explicar* o racismo, tanto o racial quanto o multidimensional. Isso significa reconstruir sua gênese histórica e demonstrar sua dinâmica e sua função social na manutenção da opressão e da humilhação de indivíduos e grupos sociais.

Minha tese é a de que até hoje, tanto no Brasil quanto fora dele, as tentativas de explicar o racismo se reduziram, no entanto, a meramente comprovar que ele existe. Porém as estatísticas já fazem isso ao mostrar o tratamento desigual legado aos negros em todas as dimensões da vida e demonstrar a existência do privilégio branco. É preciso ir além da mera comprovação de que ele existe. É necessário compreender sua gênese histórica e seu papel nas relações sociais. É porque o racismo é um grande mistério que existe todo tipo de confusão em relação a ele, como a invenção de um "lugar de fala" autorizado e a pretensão de "representar" outros sem a devida procuração das vítimas, já convenientemente silenciadas. Neste livro enfrentaremos todos esses mitos e fantasmas.

A única maneira de verdadeiramente *explicar* o racismo é compreendermos o que ele destrói nas pessoas. Por essa razão é tão gritante a necessidade de reconstruir as precondições, historicamente construídas, afetivas e morais, para que a individualidade de cada um possa ser exercida com confiança e autoestima de forma a merecer o respeito dos outros. É isso, afinal, que o racismo destrói. Só assim poderemos reconhecer o racismo como o meio de opressão e humilhação social em grande escala que ele é.

Depois examinaremos todas as formas multidimensionais do racismo para poder compreender de que maneira, em uma sociedade como a brasileira, o racismo racial assume o comando da vida social a partir da construção de uma "ralé de novos escravos". Uma classe/raça composta em sua esmagadora maioria por negros, destinada a ser a "Geni" da sociedade brasileira, que todos podem oprimir, explorar, humilhar, cuspir e matar sem que ninguém realmente se comova. Uma classe/raça construída para que todas as outras possam se sentir superiores a ela, ajudando a justificar e legitimar uma sociedade que é desigual e perversa como um todo.

O que me faz acreditar ter avançado na compreensão dessa questão central da sociedade brasileira não é, seguramente, o fato de ser mestiço, ou "mulato", como se dizia antes do politicamente correto, e me declarar pardo nos censos oficiais – o que me torna participante da maioria da população brasileira que se declara afrodescendente. Veremos quanto de mentira e de manipulação existe na crença de que o oprimido conhece melhor do que ninguém a opressão que sofre. Acreditar nessa tolice é não compreender absolutamente nada sobre como funcionam as formas de humilhação e opressão na sociedade – e, portanto, contribuir para a sua continuidade. Todos esses temas serão discutidos em profundidade neste livro.

O que me faz acreditar ter avançado na explicação do racismo, além da mera comprovação de sua existência, foram, antes de tudo, os últimos 25 anos de estudo empírico ininterrupto dos diversos segmentos da sociedade brasileira[2] e de outras sociedades.[3] Esse esforço e essa dedicação me fizeram aprimorar o que aprendi em mais de 40 anos de estudo teórico sistemático de grandes pensadores[4] e me ajudaram a compreender melhor tanto as causas sociais de todo aprendizado coletivo, ou seja, aquele que a sociedade como um todo realiza, quanto o funcionamento da opressão e da humilhação que impedem, por outro lado, esse mesmo aprendizado e, portanto, o real progresso social. Boa parte do trajeto intelectual que percorri ao longo da minha atuação como estudioso e pesquisador está neste livro de forma resumida e acessível, espero eu, a qualquer leitor interessado em aprender. Acredito que mesmo as ideias de pensadores complexos podem ser expostas de modo a que todos possam compreendê-las. Apenas a pretensão pedante de alguns falsos intelectuais acredita que a linguagem hermética e incompreensível é sinal de erudição e conhecimento. Tudo pode e *deve* ser exposto de tal modo que qualquer pessoa possa entender.

Finalmente, gostaria de agradecer a Boaventura de Souza Santos, que me fez críticas extremamente relevantes que ajudaram a melhorar este livro. Agradeço também à minha mulher, Joyce Anselmo, uma brilhante socióloga que também leu e criticou produtivamente várias versões do livro. Por fim, agradeço a Boike Rehbein, meu parceiro de muitos anos em pesquisas empíricas no mundo todo, por sua crítica sempre sincera e estimulante.

*Berlim, 31 de março de 2021*

# O QUE É RACISMO, AFINAL?

# Parece emancipação, mas é só uma fraude neoliberal: sobre "lugar de fala", "representatividade" e afins

"Parece cocaína, mas é só tristeza."
Renato Russo[5]

"O movimento feminista não deve mais deixar-se encerrar apenas em formas de luta política rotuladas de feministas, (...) estas lutas correm o risco de redobrar os efeitos de uma outra forma de universalismo fictício, favorecendo prioritariamente mulheres saídas das mesmas áreas do espaço social que os homens que ocupam atualmente as posições dominantes."[6]

Normalmente compreendemos muito pouco sobre as coisas realmente importantes da vida. Herdamos da socialização familiar todo um mundo de avaliações inconscientes acerca das quais não refletimos e inclusive tendemos a considerar "sagradas", pois nos foram legadas pelas pessoas que mais amamos. Além disso, vivemos num mundo social que cuidadosamente omite o que importa e nos mostra apenas o fragmento, o imediatamente visível, o transitório, o que atrai a curiosidade superficial. Um desses temas fundamentais cuidadosamente reprimidos é o racismo – seja o racismo racial, seja o racismo multidimensional, menos visível que o primeiro e que perpassa todas as sociedades de fio a pavio. Esse desinteresse e esse desconhecimento são propositais e produzidos por todos os indivíduos e grupos privilegiados, que desse modo podem reproduzir e legitimar sua dominação social e manter silenciado o sofrimento da maioria oprimida.

Mas não é apenas a maioria que sofre em silêncio que não compreende o funcionamento do racismo. Também a imensa maioria dos intelectuais não faz a menor ideia do que seja racismo, de onde ele vem, como se produz e se mantém – muito menos do que é destruído por ele. Sem qualquer exagero, a imensa maioria dos estudos críticos realizados no Brasil e no mundo sobre o assunto – e que deveriam, antes de tudo, compreendê-lo – simplesmente *prova* que o racismo existe. É para isso que servem as estatísticas sobre o maior número de negros na prisão, por exemplo, o menor nível comparativo de renda ou a maior dificuldade que enfrentam em praticamente todas as esferas da vida. São estudos importantes, sem dúvida. Provam empiricamente algo que muita gente ainda duvida existir. Mas nenhum deles *explica* o racismo, sua gênese, como ele funciona, as máscaras que assume para sobreviver ou mesmo – o que é o mais importante – o efeito deletério que tem sobre as pessoas. E o problema é que a explicação é fundamental. Sem ela nossa ação no mundo é cega e confusa. E, como veremos, não falta confusão quando o tema é racismo.

Neste livro pretendo defender a ideia de que uma das variantes possíveis do racismo multidimensional – o racismo racial –, por razões históricas que iremos analisar em detalhe, assume o papel central para explicar a sociedade brasileira, sua desigualdade abissal, sua violência estrutural e as alianças e contradições entre todos os grupos sociais e todas as classes sociais em luta. No Brasil, a gramática do racismo racial funciona como a linguagem cifrada, posto que se disfarça de outras linguagens para continuar ativa, que comanda a sociedade por inteiro. Minha intenção é verdadeiramente *explicar* como isso acontece.

A confusão sobre o significado do racismo não é apenas brasileira, mas mundial. Nem mesmo os intelectuais mais famosos ou as universidades mais prestigiosas dão conta de responder a essa pergunta adequadamente. Todos acham que provar a mera existência do racismo é o mesmo que *compreender* o que ele é e como funciona. Segundo a ementa de um curso sobre racismo que ministrei recentemente na Universidade Sorbonne de Paris e que era dirigido a alunos do mundo todo, racismo era algo que devia ser ensinado por meio da ideia do "privilégio branco" (ou *white privilege*). O procedimento é interessante, já que possibilita a reflexão, por parte dos alunos brancos, sobre os privilégios cotidianos invisíveis de que desfrutam os que fazem parte da sociedade e não sofrem diretamente com o racismo. Por exemplo, vários estudantes franceses brancos notavam que não eram nunca parados pela polícia, enquanto seus colegas negros eram quase sempre. A lógica se prestava maravilhosamente bem a mostrar que o racismo existe e que qualquer um que reflita sobre a vida cotidiana pode percebê-lo empiricamente.

No entanto, o referido procedimento em nada ajudava a compreender *o que é o racismo*, ou seja, a entender efetivamente como ele foi construído, qual sua lógica social, como se mantém sob várias máscaras em todas as sociedades, o que é destruído nas suas vítimas e, afinal, para que ele serve. Nada disso é percebido na estratégia do "privilégio branço". Saber que o racismo existe não significa compreendê-lo, do mesmo modo que nomear um fenômeno não significa saber o que ele é, como funciona ou como afeta suas vítimas. Mas não é apenas a famosa universidade parisiense que imagina que está ensinando algo acerca do que realmente nada sabe. O tempo todo lidamos desse modo superficial com esse tema tão decisivo e importante que é o racismo.

Mais ainda. Como não sabemos muita coisa sobre ele mas qualquer um que ame a verdade pode perceber sua existência, a luta antirracista se presta a todo tipo de manipulação social e política. Desse modo, antes de reconstruir o que o racismo realmente significa, teremos que desconstruir as formas falsas que permitem a utilização do antirracismo contra suas próprias vítimas.

A tese inicial deste livro é, portanto, a de que o neoliberalismo, ou seja, a própria legitimação simbólica do capitalismo financeiro global, vai se utilizar precisamente da linguagem do antirracismo para se legitimar. Isso significa, caro leitor, que o lobo neoliberal, para melhor explorar e oprimir, tem que assumir as vestes e a voz da sua vítima, ou seja, literalmente seu *lugar de fala*, para fingir que se transformou na boa vovó. Boa parte das confusões a respeito do lugar de fala, ou seja, dessa forma de se falar de emancipação e antirracismo que, na realidade, torna a opressão ainda mais invisível, advém dessa esperteza do neoliberalismo.

O melhor exemplo desse tipo de discurso entre nós é o best-seller de Djamila Ribeiro *Lugar de fala*,[7] que passou a representar uma das formas dominantes de (in)compreensão do antirracismo e, portanto, de falsa emancipação na sociedade brasileira atual. Esse livro teve o inegável mérito de pôr a problematização do racismo racial na ordem do dia da sociedade brasileira. E esse certamente não é um mérito pequeno. É sempre fundamental, antes de qualquer crítica, reconhecer o mérito alheio. Mas veremos, espero eu, quão problemática é a pretensão de um "lugar de fala", que se pretende "autorizado" a falar por uma coletividade que foi convenientemente reduzida ao silêncio. Por trás dessa ambição, que parece respeitável, se esconde um projeto de poder do tipo "dividir para conquistar" em nível global.

Esse fato torna uma análise cuidadosa do livro de Djamila incontornável. Peço, portanto, paciência ao caro leitor, já que teremos que desconstruir os argumentos do livro passo a passo. Os enganos de Djamila, a meu ver, referem-se tanto ao que ela deixa de falar quanto ao seu conteúdo explícito. Como o livro já é realizado como uma espécie de resposta aos críticos, existe todo um jogo de prestidigitação teórica, cheio de recuos e meias afirmações que são logo depois invertidas, todas com o intuito de comprovar duas teses relacionadas: 1) que existe um lugar de fala "autorizado" para falar de racismo; e 2) que esse lugar de fala autorizado possibilita "representar" os indivíduos ou grupos sociais que se encontram em um mesmo contexto social de opressão e racismo.

Como as teses do livro parecem atender a tudo que se deseja quando se fala em emancipação, ou seja, dar *voz* ao oprimido e, ao mesmo tempo, falar em nome dos que sofrem – e é precisamente essa a estratégia neoliberal, como veremos adiante –, então a minha crítica tem que desvelar o que o texto não diz. Ora, o que a análise de Djamila esconde é que a forma mais importante de opressão social na sociedade moderna se refere à estratificação da sociedade em classes sociais. A autora fala rapidamente de classe social aqui e ali no texto, quase sempre no contexto da interseccionalidade das opressões, mas nunca se detém no assunto para analisar essa noção. No entanto, é fundamental discutir a questão da classe social quando se fala em opressão social, senão não é possível compreender absolutamente nada sobre como qualquer tipo de opressão social verdadeiramente funciona. Djamila, como a maioria dos intelectuais, pensa que a classe é uma categoria que se resume a critérios *econômicos*, como defendem muitos marxistas, ou, ainda pior, *de renda*, como pensam todos os liberais e – por meio da imprensa liberal – também a imensa maioria da sociedade.

Ora, cara leitora e caro leitor, quando se fala de classe e se pensa em renda, ou seja, na quantidade de dinheiro que a pessoa tem no bolso, tudo que existe de importante e decisivo na ideia de classe social fica de fora. É precisamente por conta disso que toda a imprensa liberal e venal discute classe social nesses termos. É que a classe pensada como *renda diferencial* ajuda a passar a falsa ideia de que a sociedade é um ajuntamento de indivíduos sem família, sem passado, sem contexto social, ou seja, sem pertencimento a nenhuma classe social, e que, portanto, lutam em igualdade de condições pela renda social a ser distribuída segundo a capacidade e o mérito individuais. Como a renda é algo que se tem na vida adulta, toda a discussão se "esquece" do que aconteceu na infância e na adolescência dos indivíduos e que fez com que alguns cheguem a ganhar até 500 vezes mais que outros.

Como o caminho *social* do mérito individual é esquecido, esse conceito de classe é a melhor arma ideológica já inventada para legitimar a meritocracia, ou seja, a ideia de que o mundo até pode ser difícil para alguns, mas é "justo", premiando o mérito individual dos que, por esforço e trabalho duro, conseguem ganhar 500 vezes mais que outros. Não é que deixemos de lamentar aqueles que ganham 500 vezes menos do que outros, mas paciência... Infelizmente eles ganham menos por culpa própria, por serem mais burros e preguiçosos.

Onde está a mentira da meritocracia? O que essa ideia, assim como Djamila em seu livro, esconde? Ora, a meritocracia esconde o fato de as classes sociais serem os principais instrumentos que na verdade permitem reproduzir privilégios visíveis e invisíveis no tempo, sendo a renda diferencial apenas o elemento mais tardio e mais visível entre todos. Como isso acontece?

Primeiro, *pela socialização familiar*. Ou seja, não existe "a família" em geral, igual em todo lugar, mas apenas famílias de classe, cada qual com uma história e uma reprodução de privilégios visíveis e invisíveis muito peculiares. O privilégio mais visível é o econômico. A relação familiar e de sangue, por meio dos títulos de propriedade e das estratégias de casamento e amizade dentro da mesma classe social, cria a classe da elite de proprietários, que detém todas as riquezas em pouquíssimas mãos. São os donos das grandes fazendas de soja, dos meios de comunicação, das cadeias comerciais e os grandes especuladores e rentistas.

Abaixo desse 0,1% da população, todas as classes lutam muito mais por outro tipo de capital, que não é visível como o dinheiro e a propriedade: o *capital cultural*, ou seja, a incorporação do conhecimento considerado útil e legítimo pela sociedade. Aqui será, antes de tudo, a família de classe média – a classe média *real*, baseada na reprodução do privilégio educacional – que vai criar e implementar de modo invisível, e por isso mesmo extremamente eficiente, a farsa da meritocracia pela incorporação privilegiada e tornada invisível de capital cultural. É que o sucesso escolar, ou seja, a chave de todo sucesso social, que será expresso em renda diferencial anos mais tarde, tem pressupostos emocionais e afetivos que são construídos desde o berço no horizonte familiar de cada classe social. Disposições para o comportamento prático como disciplina, autocontrole, visão prospectiva e capacidade de concentração e de pensamento abstrato não são naturais nem algo a que todos têm acesso. Em sociedades como a brasileira, essas competências são, antes de tudo, verdadeiros *privilégios de classe*.

Como a socialização familiar é invisível de várias maneiras, não só porque é realizada no mundo privado e longe do público, mas também porque seus valores são incorporados de modo automático e inconsciente em tenra idade, ela se presta a todo tipo de apagamento e favorece o esquecimento dos privilégios. Mas toda família de classe média transmite uma série de aptidões às novas gerações. O hábito da leitura é criado a partir do exemplo dos pais, que faz a criança, que ama os pais, amar a leitura mais tarde. O gosto pelas línguas estrangeiras vem do exemplo do tio, admirado na família por falar alemão ou inglês sem sotaque. A capacidade de imaginação é despertada desde muito cedo pelas histórias cheias de fantasia em belos livros com imagens. E assim desenvolve-se também a disciplina amorosa do equilíbrio entre brincar e aprender, que irá cultivar a capacidade de renunciar ao presente em benefício de um bem futuro, fazendo nascer a visão prospectiva que literalmente cria o futuro como dimensão incorporada e automática da personalidade. Tudo isso é um privilégio de classe, no caso da classe média real brasileira, que cria e torna completamente invisível a *base social* por trás de todo mérito individual.

Ao longo de muitos anos realizei um estudo empírico da vida cotidiana dos excluídos e humilhados do Brasil, uma classe social composta quase que inteiramente por negros e mestiços e que, para denunciar seu abandono, chamei provocativamente de "ralé brasileira".[8] Assim pude notar que os valores reproduzidos nessa classe são quase todos "negativos". Mesmo nas famílias mais estruturadas, com pais amorosos, o filho brinca com o carrinho de mão de servente de pedreiro do pai e, como também ama o pai, aprende a ser trabalhador manual desqualificado brincando. Quando a mãe lhe diz para ir à escola precária dos negros e dos pobres, avisando que esse é o único caminho para sair da pobreza, como ele pode acreditar, se a escola da mãe apenas a tornou uma analfabeta funcional – como tantos outros dessa classe social brasileira? A socialização familiar é toda construída por exemplos práticos, não pelo discurso. São esses exemplos práticos que os filhos vão imitar e mais tarde reproduzir como herança de classe específica.

Os da classe média vão chegar como "vencedores" à escola já aos 5 anos, porque receberam de berço todos os pré-requisitos emocionais, morais e cognitivos para isso e estão destinados ao sucesso escolar e ao salário 50 ou até 500 vezes maior anos mais tarde. Os da "ralé" de humilhados, quase todos negros, chegarão como "perdedores" já no ponto de partida. Além disso, a escola de uns será competitiva e cheia de estímulos, enquanto a dos outros será precária, com cada vez menos atenção pública. Mais tarde, no início da adolescência, os negros e pobres terão que estudar e trabalhar, já aos 11 ou 12 anos,[9] tornando ainda mais difícil a competição "meritocrática". Na classe média, por outro lado, os pais vão "comprar" o tempo livre dos filhos apenas para estudar, pois pretendem transmitir aos filhos, netos e bisnetos os privilégios que herdaram dos pais e dos avós. *É essa transmissão familiar e escolar de valores positivos ou negativos invisíveis o que verdadeiramente define uma classe social.* A renda diferencial é apenas um dos seus resultados tardios.

Para se falar de racismo no Brasil e em qualquer lugar deste mundo, é necessário perceber, antes de tudo, o amálgama inextricável entre classe social e raça, senão não poderemos compreender como o sucesso e o fracasso social já estão embutidos na socialização familiar e escolar primária da classe/raça negra e pobre. No Brasil, esse amálgama constrói uma classe/raça de condenados à barbárie eterna. Uma classe/raça de "novos escravos". E qualquer tentativa de possibilitar sua inclusão social ou resgatá-la, como fizeram Vargas e Lula, irá produzir golpes de Estado que buscam mantê-la eternamente explorada, oprimida e humilhada.

No entanto, quando classe social é confundida com renda ou economia e se constrói uma ciência superficial e frágil, como a que Djamila oferece, omitindo e escondendo a produção de seres diferencialmente preparados para a competição social em todos os níveis, estamos, na verdade, falando de "emancipação" de um modo que em muitos sentidos só agrada aos donos do poder. Como é tornada invisível a injustiça de berço, que apenas a socialização familiar e escolar – ou seja, aquilo que melhor define o pertencimento a determinada classe social – pode esclarecer, então o mundo social se torna meritocrático e justo. Pode existir um ou outro grupo social mais privilegiado, mas coisa pouca, nada que a meritocracia neoliberal não possa ajeitar e melhorar.

Esse parece ser precisamente o mundo de Djamila Ribeiro. Como as classes e suas socializações primárias se tornam invisíveis, então o mundo social passa a ser dividido em grupos sociais cujas diferenças se devem a supostas "identidades culturais grupais" – mulheres, homens, negros, brancos, etc. É como se a sociedade fosse um amontoado de indivíduos, todos com a mesma capacidade, a mesma família, a mesma educação, as mesmas chances, apenas com gênero e raça diferentes. Como a real produção da desigualdade é mantida em segredo, então as diferenças só podem se dever a gênero e raça, obviamente. Veja, caro leitor, que intepretação boa para quem explora e domina: a base da dominação, a produção de campeões de um lado e fracassados do outro, nem sequer é examinada ou percebida. Não se toca no assunto. O mundo é, portanto, bom e justo; basta superar alguns erros tópicos e localizados. Nessa visão supostamente antirracista também não existe nenhum problema com a expropriação neoliberal da imensa maioria. Desse modo, os donos do mercado não só podem continuar a explorar como ainda "tiram onda" de agentes da emancipação social e política apoiando bandeiras antirracistas.

Todos os problemas e injustiças, para este mundo de resto perfeito, advêm do fato de existirem homens e mulheres e brancos e negros em situação desigual de poder. Como a única instância que poderia explicar a reprodução dessa desigualdade entre as gerações – as classes sociais e os diferentes tipos de socialização familiar e escolar – foi tornada invisível, então a desigualdade passa a ser percebida como a ocupação de distintos lugares de fala. Os brancos e os homens são universais e possuem lugar de fala respeitado e tido como única visão possível. As mulheres e os negros são condenados a ter um lugar de fala subordinado e, portanto, a expressão de sua experiência social silenciada.

Qual a solução de Djamila para isso? Dotar também as mulheres e os negros de um lugar de fala próprio. Basta que os grupos culturalmente oprimidos tenham direito à fala e possam expressar sua particularidade para termos um mundo justo. Assim, o mundo, que já era um lugar meritocrático e justo no restante das coisas, pode ser perfeito e justo por completo. Deixar de fora a dimensão que produz as desigualdades reais desde o berço não ajuda a tornar o discurso da autora mais coerente, como veremos adiante. Por ora, vamos supor que Djamila tem razão e o mundo meritocrático e neoliberal só não é perfeito porque mulheres e negros não possuem o lugar de fala que merecem.

A questão passa a ser então quem, entre as mulheres e os negros relegados ao silêncio, possui o tal lugar de fala que vai permitir a expressão das vozes reprimidas. Djamila percebe que nem todos os negros e nem todas as mulheres oprimidas pensam do mesmo modo. Ela tem consciência de que existem negros que não reconhecem a existência do racismo, por exemplo. O lugar social, assim, não implica que se tenha consciência da dominação. Conclusão de resto óbvia, já que, se o oprimido tivesse essa consciência, ou já estaria em vias de se libertar, ou já não existiria dominação, pois a aceitação da própria inferioridade pelo oprimido é o fundamento central e mais importante de todo tipo de dominação estável que tenha existido na história humana. Mas, para a autora, isso não impede a existência da autoridade do lugar de fala. Como isso é possível?

> *O fato de uma pessoa ser negra não significa que ela saberá refletir crítica e filosoficamente sobre as consequências do racismo. Inclusive, ela até poderá dizer que nunca sentiu racismo, que sua vivência não comporta ou que ela nunca passou por isso.*[10]

Mais adiante, ela comenta:

> *Queremos e reivindicamos que a história sobre a escravidão no Brasil seja contada por nossas perspectivas, e não somente pela perspectiva de quem venceu.*[11]

Para a autora, parece não existir qualquer contradição em admitir, primeiro, que existem indivíduos negros sem qualquer consciência do seu espaço social e, mais adiante, dizer que cada lugar social "determina" um lugar de fala e um discurso distintos a partir do pertencimento racial, além de reivindicar que a história seja contada da "nossa" perspectiva. Quem é, afinal, o "nós" aqui? Esse é o grande não dito do discurso de Djamila. Ora, se os indivíduos negros podem não conhecer nada acerca de seu próprio espaço social, mas as narrativas verdadeiras devem ser contadas a partir de quem ocupe esse espaço, a única resposta possível é que o intelectual negro, certamente a própria Djamila, é na verdade a única instância autorizada a realizar esse discurso. Sem isso a narrativa de Djamila não faria qualquer sentido.

O que parece estar em jogo, portanto, não é a representação do sofrimento individual ou da experiência particular de indivíduos, mas sim uma espécie de experiência grupal, supostamente legitimada pela mesma posição subalterna ocupada na hierarquia das falas autorizadas. Ora, a questão não termina aqui, como parece imaginar Djamila. A autora parece não ter consciência de que essa é uma questão fundamental da teoria social e política há séculos. Quem, afinal, está autorizado a falar pelos outros? Se ela nos faz entender, como na passagem citada, que, independentemente do que pensem indivíduos isolados, é possível para o intelectual "falar por eles", já que participam do mesmo *locus* social, ela está se alinhando a uma tradição muito complicada e autoritária da teoria e da prática política. Falar com autoridade sobre a experiência alheia, em qualquer caso, significa selecionar aspectos arbitrários de uma realidade social e supor que façam parte da vida real e prática de muitos indivíduos.

Não por acaso, essa é a suposição de todos os regimes autoritários, que se arvoram em saber, mais do que os próprios indivíduos, quais são seus "verdadeiros" interesses ou seu "verdadeiro" lugar de fala. É o caso clássico, por exemplo, das ditaduras do socialismo real, quando o partido da "vanguarda do proletariado" supunha existir interesses instrumentais e econômicos padronizados para toda a classe trabalhadora, que deveriam ser impostos e defendidos mesmo contra os indivíduos recalcitrantes dessa mesma classe. A desculpa é a mesma de Djamila. São erros *individuais*, mas que podem ser *corrigidos* por quem tem a verdadeira consciência das necessidades objetivas das pessoas, as quais são expressas pelo compartilhamento de um mesmo *lugar* social. A autora parece não ver qualquer problema nesse "falar pelos outros" e ainda supor que essa representação, mesmo *sem autorização expressa*, é autorizada e legítima. O que a habilita a pensar dessa forma se torna, no entanto, cada vez mais obscuro, já que ela mistura aspectos e questões completamente distintos em sua argumentação:

> *O lugar social não determina uma consciência discursiva sobre esse lugar. Porém, o lugar que ocupamos socialmente nos faz ter experiências distintas e outras perspectivas. A teoria do ponto de vista feminista e lugar de fala nos faz refutar uma visão universal de mulher e de negritude, e outras identidades, assim como faz com que homens brancos, que se pensam universais, se racializem, entendam o que significa ser branco como metáfora do poder, como nos ensina Kilomba. Com isso, pretende-se também refutar uma pretensa universalidade. Ao promover uma multiplicidade de vozes o que se quer, acima de tudo, é quebrar com o discurso autorizado e único, que se pretende universal. Busca-se aqui, sobretudo, lutar para romper com o regime de autorização discursiva.*[12]

Aqui se repete uma estratégia que percorre todo o texto da autora. As questões são nomeadas para dar a impressão de que são enfrentadas, mas depois são descartadas e supostamente respondidas ao serem misturadas com questões completamente diferentes, como a existência do discurso universalista patriarcal e racista, o qual não tem absolutamente nada a ver com a problemática pretensão de se falar pelo outro com autoridade. O leitor atento fica perplexo. Estava querendo saber como Djamila se acha autorizada a falar sobre a experiência alheia e recebe como resposta, simplesmente, que existe a necessidade de se contrapor ao discurso universalista do macho racista. Sim, sem dúvida isso é necessário. Mas o que isso tem a ver com a pretensão de falar com autoridade pelos outros, inclusive corrigindo os que não entendem sua própria situação?

Quem, afinal, "representa" as identidades oprimidas e sem lugar de fala? Djamila parece querer responder à questão de poder ou não falar em nome de outros indivíduos com a simples afirmação de que, para ela, a unidade social e discursiva básica são as "identidades grupais", as quais seriam, portanto, mais importantes e mais profundas que os eventuais desvios individuais. Assim, apesar de ter reconhecido a possibilidade de os oprimidos se enganarem sobre o próprio lugar social – e por consequência sobre o próprio lugar de fala –, nada disso faz Djamila duvidar de que a intelectual, por conta de seus atributos concretos, como mulher ou negra, tenha um lugar de fala autorizado para falar sobre a experiência alheia. Aqui vemos a autora afirmar e ao mesmo tempo negar coisas absolutamente contraditórias, como se um tema não dependesse de outro. Vejamos outro exemplo:

> *A experiência de fulana importa, sem dúvida, mas o foco é justamente tentar entender as condições sociais que constituem o grupo do qual fulana faz parte e quais são as experiências que essa pessoa compartilha como grupo. Reduzir a teoria do ponto de vista feminista e lugar de fala somente às vivências seria um grande erro, pois aqui existe um estudo sobre como as opressões estruturais impedem que indivíduos de certos grupos tenham direito a fala, à humanidade.*[13]

Ou seja, o oprimido, ao fim e ao cabo, pode até não perceber nada da dominação que sofre, mas ainda bem que existem intelectuais que participam do mesmo "espaço social" e que podem restituir a "verdade" à qual indivíduos porventura não tenham tido acesso. Os problemas aqui são vários, caro leitor e cara leitora, e todos muito graves. Primeiro, a própria noção de "espaço social" sem carne nem sangue, já que desvinculada da socialização familiar e escolar, ou seja, da classe social bem compreendida, que é o que permite capturar o verdadeiro privilégio tornado invisível da "meritocracia". O segundo problema decorre do primeiro: falar de espaço social abstratamente, sem o pertencimento de classe, equivale a cometer o pecado para o qual Pierre Bourdieu, na epígrafe deste capítulo, já havia chamado atenção. Permite colocar representantes autoproclamados de minorias, sejam mulheres ou negros, no mesmo lugar social dominante antes ocupado pelos homens brancos e denunciado por isso: o de produzir discursos em nome de outros sem a devida procuração.

Obviamente, a crítica, nesse contexto, não visa negar a existência de um esquema de opressão que atinge mulheres e negros de modo peculiar. O que se critica é que essa bandeira não pode nem deve ser defendida ao custo da ocultação de desigualdades ainda mais estruturais e invisíveis. Uma invisibilização que afeta a imensa maioria dos próprios negros e das próprias mulheres. O que se faz necessário é um esquema teórico que ilumine, ao invés de ocultar, o que une todas as opressões ou todos os "racismos", no plural – que é precisamente a tese central que defendo neste livro.

A tese central deste livro é a de que todos os "racismos", seja de gênero, de "raça", de classe ou de "cultura", possuem um núcleo comum e devem ser tratados *simultaneamente*. Daí que o conjunto de opressões que cria a humilhação social deva ser percebido sob a chave de um *racismo multidimensional*, o qual assume máscaras diversas dependendo do contexto social. Quando se pretende iluminar um aspecto às custas de outros que permanecem nas sombras, em um contexto como o da sociedade moderna, que reprime a reflexão acerca das causas de toda opressão e desigualdade, temos, necessariamente, uma mera reprodução de procedimentos autoritários, mudando apenas o dono do "discurso autorizado". Desse modo, não perceber como funciona a dominação em toda a sua multidimensionalidade e tomar a parte pelo todo, a aparência pela essência e o secundário pelo principal é ajudar a manter a dominação, muitas vezes sob a máscara da emancipação.

Mas o discurso do lugar de fala não é apenas falsamente libertador. Ele é também de uma ingenuidade tocante:

*Pessoas negras vão experienciar racismo do lugar de quem é objeto dessa opressão, do lugar que restringe oportunidades por conta desse sistema de opressão. Pessoas brancas vão experienciar do lugar de quem se beneficia dessa mesma opressão. Logo, ambos os grupos podem e devem discutir essas questões, mas falarão de lugares distintos.*[14]

Dessa forma, caro leitor, os brancos falam sobre seu lugar, posto que é o espaço que eles ocupam. Pelo jeito, para Djamila basta ocupar um "lugar social", concebido como o mero compartilhamento de características concretas como gênero e "raça", para saber tudo sobre ele. Eles têm mesmo que falar daquilo que entendem, não é? Os negros sabem falar sobre a opressão que sofrem, pois é o que vivem na sua experiência ordinária e vivida, e assim cada grupo social ganha um lugarzinho de fala que é só seu e próprio. Como tamanha autoconsciência e transparência são possíveis em um sistema social que tem que se apresentar de forma distorcida para todo mundo, brancos e negros, fingindo-se de justo e meritocrático, quando é desigual e opressivo, é um segredo que a autora guardou só para si. Para ela, tudo é transparente e cada ocupante de um lugar de fala diferente sabe exatamente o que falar. A questão aqui passaria a ser explicar como a dominação e a exploração social são possíveis, se todos têm perfeita consciência de como a dominação os afeta. A autora certamente diria que estou simplificando o argumento dela, já que nos advertiu de que o "lugar social não implica consciência discursiva sobre este lugar". Essa crítica seria, portanto, injusta. Sim, é verdade, mas, como vimos, a autora admitiu isso "da boca para fora", apenas para defender a tese contrária durante todo o restante do livro.

É um texto, afinal, que não esclarece nenhuma das questões complexas referentes à consciência do lugar social ou à representatividade ao se falar da experiência alheia, e que faz, com a maior tranquilidade, afirmações que se contradizem o tempo todo. Por fim, um livro autoimune a críticas, já que a autora sempre pode dizer que reconheceu a validade de todas elas, embora não tenha levado nenhuma a sério. O que resta no livro para compreendermos o lugar de fala e a autoridade de se falar em nome da experiência alheia implícita na noção de representatividade? Se a análise dos argumentos do livro não nos ajuda em nada nesse desiderato, a não ser a atestar uma confusão constante, ela nos permite ver, pelo menos, quem se beneficia de tudo isso:

> *Costumo brincar que não posso dizer que luto contra o racismo e amanhã, às 14h25 e, se der tempo, eu luto contra o machismo, pois essas opressões agem de forma combinada. Sendo eu mulher e negra, essas opressões me colocam em um lugar maior de vulnerabilidade. Portanto, é preciso combatê-las de forma indissociável.*[15]

Ora, caro leitor, como diria Sigmund Freud, é brincando que a gente diz as maiores verdades. O que o livro quer mesmo provar é que a própria Djamila – sendo, ao mesmo tempo, mulher e negra e, segundo ela, ocupando o degrau mais baixo e vulnerável da sociedade por conta disso – seria, portanto, a representante geral do *locus* social do oprimido, somando à vulnerabilidade da mulher a vulnerabilidade do negro. Assim, a defesa da própria posição social como a única a congregar todas as injustiças e, portanto, a única "autorizada" a falar em nome dos afetados por ela parece ser o motivo profundo e o prêmio real de toda a confusa argumentação no livro. Como as causas da dominação social e do racismo são múltiplas, invisíveis e complexas, mas seus efeitos são claros para todos, quem *parece representar* esse lugar do oprimido pode, então, contar com a simpatia geral do público antirracista, seja ele negro ou branco.

As mulheres negras que estudamos na "ralé brasileira", muitas das quais não sabiam ler e eram sistematicamente oprimidas pelos valores que as classes dominantes haviam construído para dominá-las, não me parecem ter nada em comum com Djamila, a não ser a cor da pele e o gênero. Mesmo as mulheres brancas e pobres da favela, onde evidentemente são minoria, não me parecem também ter qualquer semelhança com o mundo social de intelectuais negras de classe média. Quando perguntamos a uma dessas informantes qual a causa de permanecer casada com um homem violento e do qual não gostava, a resposta que recebi foi que mulher sem homem na favela é "toco pra cachorro mijar", ou seja, qualquer homem, a qualquer hora, em qualquer beco, poderia estuprá-la sem temer consequências.

O problema é que as experiências cotidianas dessa classe/raça, como fica claro na pesquisa clássica de Florestan Fernandes[16] e na minha própria, realizada 60 anos depois,[17] quando coordenei uma equipe brilhante de jovens pesquisadores durante vários anos, não são visíveis na esfera pública. É um sofrimento cuidadosamente silenciado, tornado privado, que não interessa a ninguém, que não parece merecedor do interesse público. Não é, em resumo, um sofrimento que aparece na Rede Globo. Os entrevistados dessa classe recebem com alegria os entrevistadores. Afinal, para muitos é a primeira vez que alguém se interessa por eles, pela história que têm para contar.

De resto, a história dessa classe/raça, quase inteiramente negra e que perfaz cerca de 40% da população brasileira, não interessa nem nunca interessou a quase ninguém.

Condenar ao silêncio o sofrimento da maioria e, ao mesmo tempo, dar visibilidade ao 1% dos negros e mulheres mais talentosos e mais aptos na esfera pública, de modo a parecerem "representar" todo o sofrimento social pelo simples fato de serem negros ou mulheres, não é um projeto pessoal de Djamila Ribeiro. Esse é o principal projeto político do capitalismo financeiro neoliberal há mais de 30 anos! O mesmo tipo de capitalismo que deixa 99% da população mais pobre em favor do 1% mais rico, mas que, para isso, precisa sequestrar a demanda por emancipação social, de modo a "tirar onda" de progressista, quando o projeto, na verdade, é explorar, expropriar e deixar os outros na miséria. Djamila Ribeiro é apenas a versão mais bem-sucedida desse projeto neoliberal no Brasil.

## O sequestro da linguagem da emancipação

Por isso é tão necessário, caro leitor e cara leitora, reconstruir a estratégia do capitalismo financeiro de se apropriar do próprio discurso da emancipação, apoderando-se, antes de tudo, do discurso antirracista. Essa é uma artimanha da elite financeira americana, a qual, sendo a fração mais importante da elite mundial, influencia o mundo inteiro também. Mas poucos países são tão colonizados pelos americanos, tão vira-latas e sem autonomia intelectual quanto o Brasil. Aqui a influência e a recepção acrítica das "modas americanas" são muito maiores. Se quisermos compreender a fraude de boa parte do suposto antirracismo brasileiro, precisamos compreender a fraude do sequestro da linguagem da emancipação pelo capitalismo financeiro americano.

O saque neoliberal de 99% da população só pode ser mantido se duas condições forem alcançadas:

1) Se as causas reais da pobreza se tornam invisíveis, o que é possível quando os bilionários neoliberais compram a imprensa e a esfera pública mundial não apenas para tornar invisível o sofrimento da maioria como para chamar, por exemplo, a simples destruição dos direitos do trabalhador de "reforma inadiável, necessária e urgente";

2) Se o próprio neoliberalismo se apropria da linguagem da emancipação, ou seja, da única arma de defesa dos oprimidos na sua luta contra a opressão, não para libertar alguém, mas para melhor exercer a própria opressão.

Luc Boltanski e Ève Chiapello[18] demonstraram com clareza e sagacidade a capacidade antropofágica do capitalismo financeiro, que "engole" a linguagem do protesto e da libertação para transformá-la e utilizá-la para legitimar a dominação social e política a partir do próprio mercado. Na dimensão do mundo do trabalho, por exemplo, todo um novo vocabulário teve que ser inventado para escamotear as novas transformações e melhor oprimir o trabalhador. Com essa linguagem aparentemente libertadora, passa-se a impressão de que o ambiente de trabalho melhorou e o trabalhador se emancipou.

Assim, houve um esforço dirigido para transformar o trabalhador em "colaborador", para eufemizar e esconder a consciência de sua superexploração; tenta-se também exaltar os supostos valores da liderança para possibilitar que, a partir de agora, o próprio funcionário, não mais o patrão, passe a controlar e vigiar o colega de trabalho. Ou, ainda, há a intenção de difundir a cultura do empreendedorismo, segundo a qual todo mundo pode ser empresário, basta querer. Por essa ótica, o trabalhador tornado informal e sem quaisquer direitos ou garantias na verdade se torna empresário de si mesmo. E, o mais importante, se ele falhar nessa empreitada, a culpa é apenas dele. É necessário sempre culpar individualmente a vítima pelo fracasso socialmente construído.

Mas não se vê essa mudança de estratégia apenas na economia e no mundo do trabalho. Buscou-se mudar também – e infelizmente com grande sucesso – toda a percepção do mundo político para que a luta por emancipação que havia marcado os últimos 200 anos de lutas sociais desse a impressão de ter sido aprofundada e radicalizada sob a égide do capitalismo financeiro. A ofensiva dominante se empenhou em construir a narrativa, tão falsa quanto sugestiva, de uma suposta mudança de paradigma nesse campo. De acordo com essa leitura, se nos últimos 200 anos essas lutas tiveram como eixo principal as demandas por distribuição econômica, hoje elas teriam seu núcleo e impulso maior nas lutas pela "emancipação das minorias oprimidas", como as mulheres e os negros. A narrativa mais clássica desse processo passa a interpretar o contexto político contemporâneo como uma luta pelos "direitos identitários e culturais" desses grupos politicamente dominados.

No contexto dos anos 1990, quando esse discurso se torna dominante com Clinton nos Estados Unidos e FHC no Brasil, a massiva desapropriação neoliberal apenas começava a se delinear. Isso facilitou sua propagação enquanto ideário falsamente libertador. Tudo parecia indicar que teríamos entrado em uma nova fase das lutas por emancipação, ao mesmo tempo realizando e radicalizando seu conteúdo anterior. Uma nova fronteira de democratização se abria aos olhos de muitos. O capitalismo financeiro das dívidas públicas galopantes, impagáveis e fraudulentas, que saqueia, para o bolso de uma meia dúzia, o orçamento público pago pelos mais pobres, marcava seu surgimento se travestindo de um novo modo progressista de relações econômicas e políticas.

Não nos esqueçamos, também, que esse processo de reinterpretação das lutas políticas se dá no contexto da privatização e financeirização da mídia em escala mundial. Grandes investidores, como Murdoch e seus filhos, lançam o projeto deliberado de converter a esfera pública política mundial em esteio do ideário neoliberal. No Brasil, a Rede Globo incorporou, como nenhuma outra empresa midiática, a nova narrativa neoliberal, transformando-a na leitura oficial da empresa. Nessa visão se enquadram tanto a iniciativa de renomear as favelas e chamá-las de comunidades,[19] fazendo de conta que o novo nome magicamente mudou a vida das pessoas afetadas pela miséria, como também a de adotar a narrativa dos tais "direitos culturais e identitários" como se representassem um real progresso social. Sem a ofensiva neoliberal de se apropriar da mídia, principalmente de canais de TV e grandes jornais, seria impossível filtrar e maquiar o descontentamento social de modo a repaginar o sentido de emancipação social de acordo com a mensagem neoliberal.

É aqui que entram os novos movimentos culturais e identitários. Como em todas as ofensivas desse tipo, existem sempre um componente intelectual e outro político, que se apoiam mutuamente. Muitos pensadores importantes que refletiram sobre a questão do multiculturalismo,[20] inclusive do porte de um Charles Taylor, insistiram na falsa suposição de que haveria uma linha de desenvolvimento histórico das lutas políticas em geral que seria marcada pela passagem das lutas políticas por igualdade legal para as lutas pelo reconhecimento de identidades definidas "culturalmente". Para que essa linha de argumentação – tão sugestiva quanto simplificadora – possa ter alguma validade, faz-se necessário tanto tornar invisível o componente cultural das lutas por igualdade jurídica do passado quanto eliminar as implicações legais das atuais lutas pelas "identidades culturais".

Boa parte dos intelectuais "progressistas" vai embarcar nessa canoa furada. Desse modo, os supostos novos movimentos sociais se tornam uma moda inevitável. Como nota Axel Honneth,[21] dadas as consequências fatais da filosofia da história marxista, que via o proletariado como o único sujeito da história, independentemente do escrutínio empírico, grande parte dos teóricos de esquerda vai pretender ver os "novos movimentos sociais" como a prova empírica irrefutável de uma nova espécie de descontentamento político – fugindo, portanto, do dogmatismo marxista. Na dimensão política, o Partido Democrata americano, de modo paradigmático a partir de Bill Clinton, vai transformar o sentido de emancipação social: em vez da inclusão progressiva das grandes massas empobrecidas, que a crise fiscal estrutural do Estado rentista não pode mais sustentar, a demanda por emancipação social é reconstruída e ganha o sentido atual de uma suposta inclusão das minorias até então excluídas – ou, mais precisamente, do 1% mais talentoso e mais privilegiado entre elas, que pretende falar em nome de todos.

Ou seja, não se trata mais de garantir a todos e a todas as precondições familiares e escolares para a maior igualdade possível entre os indivíduos e de criar os empregos necessários para a inclusão social dos muitos excluídos que sofrem silenciosamente longe dos seletivos olhos midiáticos. Entra em cena, agora, o discurso que defende que as velhas lutas políticas por inclusão universalista são coisa do passado e as novas lutas pelas minorias antes excluídas representam a nova forma de liberdade e emancipação. Percebam bem, cara leitora e caro leitor: como não há como simplesmente abolir qualquer consideração sobre emancipação política, o discurso emancipatório clássico tem que ser reconstruído de modo a legitimar e permitir os novos níveis de superexploração econômica, fingindo, ao mesmo tempo, que as novas demandas populares estão sendo atendidas. Afinal, precisa-se do voto popular a cada quatro anos.

O problema nesse tipo de inclusão é que ela se dá de modo individual, meritocrático e liberal. Dito em outras palavras: serão apenas os membros mais aptos de cada uma dessas minorias, cuja *posição de classe* já era de relativo privilégio, os que terão efetiva oportunidade de ascensão social. Para o novo capitalismo financeiro, resumir toda a linguagem da emancipação no discurso meritocrático das supostas lideranças performáticas das minorias identitárias é um bálsamo. Assim não há sequer a expectativa de nenhuma mudança no que realmente importa, que é a apropriação da riqueza da sociedade por uma meia dúzia de pessoas. Basta legitimar o novo arranjo incluindo uma pequena porcentagem das minorias oprimidas no mercado de trabalho e na esfera pública. De lambuja, o novo capitalismo ainda se legitima politicamente como "emancipador das minorias oprimidas". O Partido Democrata americano, de Clinton a Obama, abandonando o ideário do *New Deal* e passando a adotar a mensagem do complexo financeiro-informático, passa a ser o principal porta-voz dessa falsa revolução.

O desafio aqui é legitimar a dominação social e política a partir do próprio mercado. Saem de cena os partidos que representavam correntes de opinião e visões da realidade e entram as próprias empresas vendendo "ecologia", "saúde alternativa", "inclusão de minorias", "bandeiras antirracistas", "emancipação" e "liberdade" – tudo etiquetado com códigos de barra, embalado e entregue em casa com todo o conforto pela Amazon. Cria-se, a partir disso, um novo mercado de trabalho para as lideranças performáticas e mais talentosas das minorias oprimidas, já devidamente compradas pelo mesmo capital financeiro. Agora todas as empresas de todos os ramos de produção disputam a contratação dos porta-vozes das bandeiras identitárias como forma de se venderem ao público como "emancipadoras". Sua imagem passa a ser associada a um estilo de vida *cool* e descolado, que se pretende antenado com as grandes questões sociais da época. Assim, as marcas de luxo no mercado da moda, por exemplo, se utilizam crescentemente de modelos negros e negras como prova irrefutável de seu comprometimento social com a causa da "emancipação".

Pode-se ganhar dinheiro – às vezes muito dinheiro – posando de representante não autorizado do sofrimento alheio. Como a maioria de mulheres e negros pobres está convenientemente silenciada e seu sofrimento não chega à esfera pública seletiva, abre-se um mercado promissor e crescente para seus autodeclarados representantes.

O novo capitalismo financeiro, que tudo privatiza, privatiza também a política e o próprio discurso da emancipação ao cooptar e comprar as lideranças mais talentosas dos grupos sociais oprimidos. Alguns podem dizer: "Isso é bom, afinal. Ao menos se consegue um espaço de mercado para pessoas que antes não tinham nenhum por efeito do preconceito."

É verdade. O problema é que essa inclusão seletiva do 1% mais apto se dá ao custo da crescente invisibilidade dos 99% que continuam sem chance e, agora, sem voz. Pior ainda: com o barulho criado na esfera pública pela inclusão do 1% privilegiado, cria-se a impressão – e esse é o real objetivo do capitalismo financeiro – de que o tema da inclusão social e da emancipação política já foi resolvido pelo próprio mercado. Com isso, a opacidade e o silenciamento do sofrimento dos 99% que continuam excluídos e sem chance aumentam exponencialmente. Para o neoliberalismo, a inclusão tem que ser individual e meritocrática, e não da maioria oprimida como um todo.

Mais adiante veremos como, no caso brasileiro, a estratégia do lugar de fala se ajusta perfeitamente à ideologia do branqueamento, que pode ser apontada como a estratégia secular da elite brasileira de cooptar os membros mais aptos e talentosos dos mestiços e dos negros para incluí-los nos privilégios sociais, de outro modo restritos apenas aos brancos e ricos. Na estratégia do branqueamento, o decisivo é que a ascensão de negros e mestiços seja individual, daqueles que aceitam as regras do sistema dominante, e nunca coletiva, o que poderia pôr o sistema como um todo em xeque. O que o progressismo neoliberal hoje faz é, sem tirar nem pôr, o que as elites racistas brasileiras sempre fizeram para enfraquecer a resistência popular, cooptando e "comprando" suas melhores cabeças.

Aqui se trata de uma nova dialética do visível/invisível, em que o que se torna visível é a dramatização midiática de uma luta de classes por redistribuição de renda supostamente já solucionada e a abertura de uma nova fronteira da liberdade e da emancipação: a das minorias "culturalmente" oprimidas. A grande espertéza do capitalismo financeiro e de seu progressismo neoliberal[22] foi primeiro comprar os grandes jornais e cadeias de TV em todo o mundo, em um esforço dirigido de manipulação, para, em seguida, utilizar a "linguagem da emancipação" nos seus próprios termos.[23] Desse modo se torna invisível o empobrecimento da maioria, inclusive dos 99% das minorias oprimidas, na medida em que somente a inclusão midiática de 1% de seus representantes se torna visível como cartão de visita das empresas "emancipadoras".

O perigo aqui é a redução de todo sofrimento e toda injustiça social aos aspectos que conseguiram ultrapassar os filtros e os controles da mídia dominante – que em países como os Estados Unidos e o Brasil é elitista e privatista desde o começo. As reivindicações não articuladas ou das quais foi cuidadosamente retirado o foco da atenção pública se tornam literalmente invisíveis. Ocorre com os "novos movimentos sociais" o mesmo que aconteceu com a tradição marxista e o status privilegiado concedido à classe trabalhadora, que passara a ser percebida como a única articuladora do descontentamento na sociedade capitalista, *independentemente do escrutínio empírico*.

A prova de que outras formas de sofrimento e humilhação são típicas de nossa época é apresentada, por exemplo, no livro de Pierre Bourdieu *A miséria do mundo*,[24] assim como no meu *A ralé brasileira*,[25] que aborda o mesmo tema, só que no contexto brasileiro. Como o tipo de sofrimento social analisado empiricamente nesses livros é difuso e vivido na experiência cotidiana, ele tende a ser percebido como coisa privada e excluído, portanto, do debate público. Nesse sentido, considerar legítimos apenas os movimentos sociais e culturais que conseguem ser articulados e ganhar visibilidade – em meio à multiplicidade das lutas sociais tornadas invisíveis pelos mecanismos excludentes da mídia dominante – é se deixar manipular pelas forças hegemônicas do próprio capital financeiro.

Passa a existir um paralelo sugestivo entre as elites financeiras, ou seja, o 1% que se apropria de toda a riqueza social, e as elites performativas do discurso identitário, ou seja, o 1% que de fato se beneficia da inclusão meritocrática ao se arvorar em representante do sofrimento alheio. É isso que, referindo-se ao caso paradigmático do feminismo nos Estados Unidos, Nancy Fraser chama de feminismo do 1%,[26] ou seja, aquele que inclui no mercado competitivo uma ínfima parcela das mulheres, precisamente aquelas já privilegiadas por sua situação de classe. Enquanto isso, 99% das mulheres, as que mais precisam, são condenadas ao mesmo abandono, exclusão e invisibilidade de sempre. É por conta disso que Fraser, uma das mais importantes pensadoras do feminismo contemporâneo, chama essa estratégia falsamente emancipadora de "progressismo neoliberal". Ela também explica sua opção por Bernie Sanders na última eleição presidencial dos Estados Unidos, apesar de Sanders não defender nenhuma bandeira específica das mulheres. É que a bandeira universalista do aumento do salário mínimo defendida por ele beneficiaria, antes de tudo, as mulheres – sobretudo as negras –, que são as trabalhadoras mais mal pagas de todo o país.

As consequências deletérias desse gigantesco projeto elitista de distorção da realidade já são conhecidas. Um projeto que une uma linguagem de ativismo e de emancipação ao aumento da pobreza e do sofrimento social real está condenado a produzir confusão, ressentimento e violência. Contra a dominação do neoliberalismo progressista do Partido Democrata desenvolveu-se na extrema direita americana um discurso que reproduz a mesma invisibilidade das reais causas da pobreza e do sofrimento social, mas que agora culpa as mesmas minorias que foram redimidas "apenas no discurso". Como as causas reais do efetivo empobrecimento coletivo produzido pela desapropriação rentista neoliberal são cuidadosamente ocultadas pela mídia privatizada, o que se torna visível ao público desinformado é apenas a suposta entronização da nova pauta do progressismo neoliberal.

Nesse sentido, é perfeitamente compreensível que o próprio discurso das "identidades culturais" seja visto pelas massas empobrecidas e desinformadas como a causa real de seu infortúnio. Tanto nos Estados Unidos quanto no Brasil, o progressismo restrito apenas à linguagem do discurso identitário é um dos principais combustíveis da extrema direita. Utilizando-se do ressentimento provocado por essa emancipação "da boca para fora" que não reduz o sofrimento real da maioria, a extrema direita conseguiu facilmente vender a ideia de que as pautas identitárias são a causa de todos os problemas e levar tanto Trump como Bolsonaro ao poder.

Por fim, na dimensão jurídica dessa questão, é extremamente problemático falar em "direitos identitários grupais", principalmente diante do fato de os movimentos religiosos e políticos fundamentalistas da extrema direita apelarem para a legitimidade segundo as mesmas "identidades coletivas culturais". Quase sempre, essas concepções grupais são retrógadas e conservadoras, aludindo a formas de consciência social autoritárias e ultrapassadas.

Como veremos em detalhe mais à frente, toda a história da evolução das concepções de justiça e das formas de moralidade do Ocidente tem a ver com processos de ganho em autoconsciência individuais. Isso não significa individualismo e muito menos egoísmo, mas sim que toda articulação da vontade coletiva tem seu contraponto no efetivo convencimento de indivíduos, os quais são percebidos como seres capazes de julgamento autônomo. Por princípio, indivíduos autônomos representam os próprios interesses ou delegam *expressamente*, por meios legais, essa representação. Quem fala pelos outros sem autorização expressa está necessariamente *supondo* e, portanto, manipulando a vontade política de uma maioria convenientemente silenciada.

Assim, também na dimensão jurídica não vejo qualquer necessidade de uma demanda retórica pela proteção cultural de minorias e grupos sociais oprimidos como uma nova forma de direito ou princípio moral específico. Na imensa maioria dos casos que apelam à proteção da integridade grupal, a referência é, necessariamente, ao princípio moral e legal da igualdade individual, pois o que se deseja é igualdade de tratamento independentemente de diferenças culturais. Isso é verdade, por exemplo, em relação a demandas que visam à proteção contra as pressões externas para o livre exercício de práticas culturais específicas.

O mesmo raciocínio se aplica a demandas "positivas", na medida em que tenham o intuito de preservar a coesão interna do grupo dado o passado de desvantagens cumulativas. Esse é o caso das cotas raciais e de gênero, por exemplo. Também aqui o princípio da igualdade legal é decisivo, pois se trata da reparação de injustiças históricas em nome do princípio da igualdade. Qualquer forma de proteção contra ataques implícitos ou explícitos por parte da maioria cultural exige a aplicação às vezes inovadora do princípio da igualdade jurídica.

Como não poderia deixar de ser, a alusão performática, teatralizada e sem base na realidade a supostas identidades culturais pretende esconder a forma individualista, liberal e meritocrática como essa inclusão social é pensada. Afinal, apenas os mais aptos entre os representantes das minorias oprimidas ganham possibilidades de inclusão. Dito de outro modo: como é a socialização de classe que decide previamente as chances dos indivíduos no processo de classificação social, serão sempre os membros já pré-selecionados entre as minorias oprimidas os que terão acesso às novas chances criadas pelas lutas performativas na esfera pública comprada do novo tipo de capitalismo que se cria.

Como nem a Rede Globo nem as redes sociais mostram o sofrimento cotidiano das maiorias silenciosas e silenciadas, a sua dor não tem nome nem comove ninguém. Por conta disso, a simultaneidade do discurso do lugar de fala e da suposta representatividade performativa só pode funcionar segundo os novos mecanismos de filtros seletivos da esfera pública e da mídia financeirizada, que decidem de antemão quem tem um lugar de fala legítimo ou não. Constrói-se assim uma óbvia aliança entre os interesses da desapropriação financeira neoliberal e o discurso pseudoemancipador, uma aliança entre duas minorias privilegiadas: o 1% dos que saqueiam a riqueza social em benefício próprio e o 1% que pretende falar, sem autorização, em nome dos que sofrem. A intenção aqui é despolitizar e invisibilizar todo sofrimento que não tenha condições de se articular como um lugar de fala compreensível e visível. Nesse sentido, atentar apenas aos movimentos sociais que se organizam segundo essas regras restritivas é a base de todo o engano. As suas próprias precondições e seus mecanismos de seletividade funcionam para não permitir a percepção do sofrimento da maioria silenciada.

Acontece aqui um casamento do novo discurso econômico do empreendedorismo com um discurso político que reproduz, na esfera pública, as mesmas falácias do ativismo individualista neoliberal. Como a luta se reduz, ao fim e ao cabo, à tentativa de conquistar um lugar ao sol para si mesmo, passa a existir um "vale-tudo" performativo, em geral extremamente agressivo, que a autoridade autoimputada e incondicionada do lugar de fala – na verdade um mero atalho para evitar o livre confronto de ideias baseado no melhor argumento – exemplifica à perfeição. Fica a questão: com o tal lugar de fala e a representatividade meramente suposta e exercida em benefício próprio, o que ganham os 99% de mulheres e negros sem acesso à nova esfera pública moldada para perceber a emancipação social apenas em termos seletivos, performativos e meritocráticos?

Para a adequada compreensão das lutas sociais de nosso tempo em geral, assim como da desigualdade e do racismo brasileiro em particular, é necessária uma reconstrução da realidade vivida que dê conta do sofrimento e da humilhação que são produzidos *de modo independente* da articulação de movimentos sociais concretos – midiaticamente privilegiados ou não. É isso que faremos mais adiante. Como veremos, será fundamental compreender tanto o processo de aprendizado que conduz o indivíduo e a sociedade a graus crescentes de reconhecimento social quanto o racismo multidimensional que oculta e distorce esse mesmo processo.

# Afinal, onde está a estrutura do "racismo estrutural"?

O neoliberalismo disfarçado de lugar de fala emancipador não é o único obstáculo cognitivo e político no campo dos que imaginam estar lutando contra o racismo. No Brasil também virou moda nos últimos tempos falar de "racismo estrutural" como uma espécie de palavra-chave que supostamente abriria todas as portas do "segredo" do racismo. Encontramos aqui a velha estratégia: quando não sabemos muito sobre algum assunto, mas queremos passar aos outros a impressão de que sabemos muito, basta usar o adjetivo "estrutural".

Precisamente por ser uma categoria que promete muito – ou seja, o desvelamento profundo da essência do racismo na sociedade –, mas entrega pouco mais que um nome mágico e uma alusão ao que fica escondido, é inevitável despertar um sentimento de impotência e frustração em quem busca entendê-la. Em fevereiro de 2021, em entrevista à *Folha de S.Paulo*, o professor de Direito da UFBA Samuel Vida, ele próprio negro, deu voz a essa frustração nos seguintes termos:

*Então as pessoas alegam, "olha, isso é resultado do racismo estrutural", ponto. E não se discute, não se apresenta a lista dos responsáveis por isso.*

*É como se houvesse uma condicionalidade invisível, imperceptível diante da qual nós não teríamos como diagnosticar adequadamente e atacar no sentido de erradicar o que produz o racismo. Então a expressão racismo estrutural tem virado nos últimos anos um álibi para justificar tanto práticas individuais quanto práticas institucionais.*[27]

A frustração de Samuel Vida costuma ser despertada por um tipo de procedimento intelectual que, em vez de reconstruir a realidade criticamente de modo a confrontá-la com a percepção espontânea e superficial criada pelos mecanismos de poder e dominação, se conforma com uma petição de princípio: a mera referência a uma "estrutura" indeterminada e vazia de conteúdo. Mais uma vez, quando lidamos com um fenômeno social e confundimos nomear com explicar, atribuindo um poder mágico à mera palavra, a confusão e a frustração são inevitáveis.

Obviamente, a constatação de que existe algo além da superfície, algo além da simples intencionalidade individual e da percepção ligeira da vida social cotidiana, é em si um ganho importante e um avanço científico real. Não devemos, portanto, confundir essa abordagem com a manipulação política óbvia e a prestidigitação teórica envolvidas no tema do lugar de fala. Mas, se vamos tratar desse assunto, é necessário explicitar o que significa a tal "estrutura" do "racismo estrutural".

O professor Silvio Almeida, que teve o mérito de chamar a atenção da esfera pública brasileira para essa dimensão mais profunda da questão racial e se tornou um dos maiores divulgadores do tema do racismo estrutural entre nós, define desta maneira o que compreende sobre o assunto:

*Em resumo: o racismo é uma decorrência da própria estrutura social, ou seja, do modo "normal" com que se constituem as relações políticas, econômicas, jurídicas e até familiares, não sendo uma patologia social nem um desarranjo institucional. O racismo é estrutural. Comportamentos individuais e processos institucionais são derivados de uma sociedade cujo racismo é regra, e não exceção. O racismo é parte de um processo social que ocorre "pelas costas dos indivíduos e lhes parece legado pela tradição". Nesse caso, além de medidas que coíbam o racismo individual e institucionalmente, torna-se imperativo refletir sobre mudanças profundas nas relações sociais, políticas e econômicas.*[28]

A afirmação de Silvio é perfeita e incontestável. É também, certamente, um passo importante no caminho certo. Realmente temos que analisar o processo social como um todo, nas suas manifestações políticas, históricas, econômicas e jurídicas, de modo a compreender como o racismo funciona na vida cotidiana. O racismo também não é um assunto individual ou mesmo apenas institucional, mas algo que está no âmago do processo de dominação social como um todo. Na realidade, eu não poderia concordar mais com Silvio.

O problema é que nem nessa passagem nem nas outras partes do livro, em que fala dos efeitos políticos ou históricos do "racismo estrutural", o autor vai além da mera declaração de princípios, ou seja, da defesa da compreensão "estrutural" do racismo como já exposta na afirmação reproduzida. A circularidade do argumento é, portanto, completa. Afirma-se a necessidade da compreensão "estrutural" do racismo em todas as esferas sociais e quando, finalmente, chegamos à análise prometida em cada esfera, o que temos é, de novo e mais uma vez, a mera reafirmação da necessidade de uma análise estrutural do racismo.[29] Apesar de correta e de indicar a direção certa, a mera repetição da petição de princípio não nos ajuda a compreender como o "racismo estrutural" funciona.

Mas Silvio não é o único que encontra problemas para definir a "estruturalidade" do racismo. Um ponto de partida muito semelhante é defendido por Achille Mbembe, uma das estrelas internacionais do chamado pós-colonialismo, no seu festejado *Crítica da razão negra*.[30] Trata-se certamente de um livro elegante e bem-escrito, mas não chegamos também a compreender o que é a "razão negra" como estrutura simbólica da modernidade, muito menos como o racismo é criado ou como funciona. Mbembe defende, por exemplo, que o racismo nos Estados Unidos foi construído historicamente por "práticas jurídicas e políticas" específicas. No começo, negros e não negros desfrutavam, inclusive, de paridade de tratamento, porém, a partir de certa altura, regras distintas, muito especialmente relativas ao poder de portar armas, algo que era facultado aos brancos e interditado aos negros, passaram a criar as condições que levaram à escravidão.

Ora, o que fica faltando na "explicação" de Mbembe é dizer por que exatamente os negros foram, de uma hora para outra, estigmatizados. A ideia de práticas sociais e institucionais que parecem surgir do nada apenas reafirma a necessidade de uma efetiva explicação. Por que, afinal, foram precisamente os negros, não os brancos ou quaisquer outros, os "escolhidos" para as ações discriminatórias?

Mbembe parece querer mostrar com isso o caráter arbitrário do racismo, mas o que mostra, antes de tudo, é o caráter arbitrário de seu próprio ponto de partida teórico, que parece considerar desnecessário reconstruir também a genealogia da violência simbólica que engendra as práticas racistas em primeiro lugar. Alguma ideia acerca da suposta inferioridade dos negros tinha que existir para que "práticas jurídicas e políticas" racistas pudessem tomar corpo e se institucionalizar. Essa ideia de "práticas de sujeição" – ou seja, de comportamentos que institucionalizam a dominação e a repressão social, possibilitando a naturalização e a aceitação da opressão nas suas próprias vítimas – que surgem aparentemente do nada mostra as dificuldades de se lidar com um autor como Michel Foucault, que parece ser a inspiração principal de Mbembe, para os fins de crítica social. Ainda que Foucault seja um observador atento e precioso dos mecanismos tornados invisíveis do exercício do poder, sua atenção se torna unilateral ao não perceber a dialética entre aprendizado moral e opressão, ou, dito de outro modo, a luta por reconhecimento social sempre implícita em toda forma de assujeitamento e opressão.

Sem que o racismo e a opressão social sejam percebidos como formas de distorção de demandas por reconhecimento social historicamente construídas, as práticas de opressão e racismo necessariamente parecerão acontecer arbitrariamente, como se surgissem a partir do nada. Desse ponto de vista, a vida social vai tender a assumir a forma de um poder opressor indeterminado e totalizante que "escolhe" suas vítimas também de modo arbitrário. Não à toa, a análise de Mbembe assume um tom retórico, afirmando a "universalização da condição negra", reduzida a mera metáfora sob o neoliberalismo. Uma metáfora que não só dispensa a análise do que está sendo destruído mas também parece inevitável e inescapável, como uma maldição inexplicável.

A meu ver, o único caminho para evitar não só o óbvio oportunismo político do lugar de fala, mas também a circularidade de argumentos e a prisão retórica da simples metáfora quando tratamos do racismo, é reconstruí-lo, em primeiro lugar, como forma e estratégia de distorção e ocultamento de relações morais – que são o verdadeiro motor de toda ação social individual ou coletiva. Assim, para sabermos o que é racismo, temos que reconstruir e compreender as formas históricas de moralidade, ou seja, compreender as *concepções de justiça* inarticuladas e pré-reflexivas que existem em qualquer contexto social e motivam, em última instância, a totalidade do nosso comportamento social e político. Apenas desse modo poderemos compreender o racismo ou os racismos como um processo de distorção, repressão e negação de demandas morais consideradas justas no contexto de uma sociedade concreta.

Afinal, nem tudo é racismo no mundo. Essa seria uma ideia absurda. Se os atos de racismo produzem indignação, é porque eles ferem nosso sentido, ainda que implícito e inarticulado, do que é uma vida social justa, digna e aceitável. O racismo é sempre um ataque a uma certa concepção de vida moral considerada justa, ainda que de modo irrefletido e inarticulado. O problema é que quase nunca os intelectuais percebem a importância de articular e reconstruir o conteúdo moral da vida social. Precisamente para possibilitar e facilitar a exploração e a opressão social e as várias formas de racismo, esse conteúdo moral é tornado invisível e intencionalmente inarticulado. Mas podemos provar a existência e a importância decisiva das concepções inarticuladas de justiça das pessoas comuns não só nos outros, por meio do trabalho empírico, mas também em nós mesmos, na nossa vida cotidiana e no nosso comportamento.

## A moralidade como fundamento da vida social e de todo racismo

No dia a dia, todos nós experimentamos emoções morais que motivam todas as nossas ações, sem exceção – amor, inveja, ambição, raiva, compaixão, ódio, etc. Nosso mundo privado é dominado por emoções desse tipo. Qualquer leitora ou leitor pode fazer essa experiência por si só. Às vezes nos confundimos quando imaginamos, por exemplo, que o que motiva nosso comportamento é a busca por dinheiro. Como o dinheiro se torna o equivalente universal e o meio por excelência para alcançar qualquer finalidade, terminamos por ser dominados por uma "ilusão objetiva" e achar que o dinheiro é um fim em si.[31]

Se refletirmos bem, veremos que, no fundo, a acumulação de riqueza tende a ser motivada, antes de tudo, pela nossa necessidade de reconhecimento e de distinção social positiva em relação aos outros, ou seja, de assegurar a sensação de que somos superiores e melhores que os outros. Assim, o dinheiro e a riqueza, que proporcionam esse sentimento, atendem a uma *necessidade moral*. Normalmente, quando nos referimos a "economia", "necessidades econômicas", "mercado", etc., estamos simplesmente falando de necessidades morais que foram petrificadas e "se esqueceram de sua gênese" para fins de simplificação ou manipulação.

Quando falamos, por exemplo, de interesses econômicos, estamos falando, na verdade, da forma histórica e contextual por meio da qual expressamos a ideia inarticulada de "distribuição justa de bens econômicos". Essa é uma conclusão óbvia, caro leitor e cara leitora. Reflitamos juntos. É claro que todos temos necessidades de sobrevivência, que chamamos hoje em dia de *necessidades econômicas*: precisamos ter um teto sobre a cabeça e alimentos para comer, por exemplo. Ninguém nega que isso seja verdade. Mas isso não é o principal. O principal é que a *forma específica* por meio da qual consideramos adequado distribuir e satisfazer essas necessidades básicas não é uma fórmula universal e natural. Ainda que a fome seja invariável, a forma como a sociedade decide prover a alimentação *varia* enormemente se ela, por exemplo, reserva a boa comida para poucos e comida de baixa qualidade para a maioria. A variação na forma de se atender às tais necessidades invariáveis é, em si, uma decisão moral e política e, obviamente, o fato mais importante nessa questão. O dado mais importante acerca da necessidade de moradia é saber se alguns vão ter uma casa de luxo e outros vão ficar sem teto. Existem, portanto, infinitas maneiras de se atender às nossas necessidades, e todas elas são decisões morais e políticas. A própria noção de "invariabilidade" age no sentido de legitimar uma forma específica, entre as inúmeras possíveis, de se atender a uma necessidade e fingir, portanto, que não existem alternativas. Isso só interessa a quem domina. Afinal, a legitimação de escolhas arbitrárias como se fossem naturais e as únicas possíveis é uma das principais estratégias de dominação.

Na verdade, a forma de atender nossas necessidades básicas depende sempre de concepções socialmente compartilhadas acerca do que é considerado, em cada caso concreto, uma distribuição *justa* de bens básicos – ou seja, uma *ideia moral* que avalia quem deve ter acesso prioritário a esses bens, por exemplo, e por quê. *A base da vida social é, portanto, moral, e não econômica, quer tenhamos consciência disso ou não.* Todas as nossas ações no mundo pressupõem uma avaliação acerca da sua importância, conveniência, oportunidade, etc. Essa avaliação é sempre moral e é, na realidade, a moralidade *em ato e em ação*. Como a maior parte dessas avaliações é herdada e não passa pela reflexão consciente, não temos ciência da tessitura moral do nosso comportamento e imaginamos que determinadas coisas são naturais, que são movidas por "necessidades econômicas" invariáveis e constantes.

Também o marxismo tradicional tende a transpor para o comportamento das classes sociais o mesmo economicismo redutor que o liberalismo aplica ao indivíduo. Assim, a classe trabalhadora é reduzida ao seu aspecto instrumental e produtivista, o que permite que seus supostos interesses "de classe" sejam *deduzidos* externamente pelo intelectual ou pelo partido que alegam representar seu lugar de fala. Todavia, mesmo grandes historiadores influenciados pelo marxismo como E. P. Thompson[32] e Barrington Moore[33] mostraram de modo convincente que as bases motivacionais da revolta da própria classe trabalhadora e de sua resistência organizada estavam associadas, desde sempre, à percepção de que expectativas morais ligadas à noção de honra haviam sido violadas.

De modo similar, as investigações de Florestan Fernandes[34] e as minhas próprias[35] relativas aos negros marginalizados e à "ralé brasileira", já citadas, mostraram que o sentimento cotidiano de ausência de dignidade e a sensação de não ser tratado como "gente" têm um papel central na compreensão da experiência subjetiva da humilhação social entre os marginalizados e excluídos no Brasil. Não existe nada neste mundo social a que se possa referir como *econômico* de modo puro. Só podemos nos referir a algo como *econômico* como uma instância autônoma quando esquecemos o conjunto de avaliações morais que estão por trás desse rótulo em primeiro lugar.

Mas não são apenas a economia ou as supostas necessidades econômicas que tornam nossa vida moral invisível. Como a necessidade moral precisa ser articulada e refletida para se tornar um móvel consciente do nosso comportamento, todas as forças sociais responsáveis pela opressão e a exploração vão procurar impedir a articulação das demandas morais que existem em semente em toda sociedade. É esse tipo de reflexão, afinal, que permite o processo de aprendizado moral que transforma a raiva, ou seja, a sensação confusa de se sentir agredido moralmente, em indignação, ou seja, que articula o mero sentimento em uma ideia refletida de injustiça.

Grande parte do trabalho de dominação social, econômica e política consiste em lutar para que as ideias morais coletivamente compartilhadas permaneçam inarticuladas e inconscientes. Assim pode-se manipular a raiva do próprio oprimido contra ele mesmo ou contra outros oprimidos, como vimos acontecer com o discurso de Trump e de Bolsonaro. Gostaria de chamar de *racismo* precisamente esse processo de tornar inarticulado o mundo moral compartilhado coletivamente de modo a manipular o sofrimento social para jogar os oprimidos uns contra os outros e convencer as vítimas da própria inferioridade.

Dessa forma, o que é mais importante para qualquer indivíduo ou qualquer sociedade tende a não ser percebido enquanto tal. Boa parte do sofrimento individual e social advém exatamente desse esquecimento, ou melhor, dessa inarticulação dos valores morais que estão na base do nosso comportamento. E, quando esses valores permanecem inarticulados e não são percebidos de modo consciente, eles podem ser ocultados e distorcidos com relativa facilidade. Por conta disso, toda ciência crítica verdadeira tem que *articular* – ou seja, reconstruir e explicitar – as bases morais do comportamento individual e social, materializadas em concepções de justiça implícitas e inarticuladas. E em seguida denunciar os vários processos de ocultação e distorção de que somos vítimas.

Aqui o fundamental é perceber que todos nós já nascemos dentro de um contexto intersubjetivo repleto de ideias, valores morais e concepções inarticuladas de justiça que vão orientar todas as nossas decisões. A moralidade é o que nos habilita a efetuar escolhas, é o que faz com que sejamos responsáveis pela vida que levamos. Esse é, portanto, o dado humano por excelência e o aspecto decisivo que nos afasta dos outros animais. Mas, como o processo de socialização familiar se dá por identificação afetiva com os pais ou quem quer que ocupe tal função, essa moralidade herdada é, em grande medida, produzida em tenra idade e, portanto, permanece invisível, esquecida e inarticulada, posto que tornada inconsciente. Normalmente não nos lembramos nem temos consciência do que nos aconteceu quando tínhamos 2 ou 3 anos, quando boa parte dos estímulos morais que nos guiarão pela vida inteira já estão formados ou em formação.

O mundo social, com toda a sua carga de ocultação e distorção de sentido, não começa com o nosso nascimento. Ele já existe antes e fora de nós. Assim sendo, já nascemos, desde sempre, dentro de um contexto prenhe de valores morais e noções implícitas de justiça e injustiça que nos foram transmitidos de modo tão direto e afetivo que rigorosamente se confundem com nosso corpo e com nossas reações mais espontâneas. Portanto a moralidade não está em nossa cabeça como simples ideia consciente, mas quase sempre se encontra literalmente "incorporada", ou seja, expressa afetivamente no nosso corpo e em suas reações mais imediatas. Do mesmo modo que não percebemos nossas reações corporais mais imediatas, não percebemos a realidade moral que as causa nem as concepções implícitas de justiça que nos guiam.

Se não temos, na vida cotidiana, o distanciamento cognitivo ou afetivo necessário para enxergar o que nossa socialização familiar fez conosco, temos, no entanto, uma tradição filosófica e científica vigorosa o bastante para nos ajudar a apreender o sentido de nossa vida individual e coletiva. Isso não é pouco. Assim sendo, o que se faz necessário para a adequada compreensão das lutas sociais de nosso tempo – e dos racismos multidimensionais brasileiros em particular

– é, em primeiro lugar, uma reconstrução do longo processo de aprendizado moral que marca o Ocidente. Um aprendizado milenar cujo sentido é a progressiva liberação da força da tradição não refletida em direção à autonomia individual refletida e consciente. É isso que significa *aprendizado moral*, e nada é mais importante, seja na dimensão individual, seja na dimensão social, do que aprender a ser autônomo e refletido. Todo racismo vai servir para reprimir e distorcer esse processo de ganho em autodeterminação e reflexividade. É, portanto, esse processo que deve ser articulado e tematizado para que as experiências de sofrimento e de humilhação da maioria silenciosa e silenciada deixem de ser percebidas como destino privado e sem relevância pública.

Isso é o que faremos a partir de agora. Como sempre, é necessário compreender tanto o processo de aprendizado que conduz o indivíduo e a sociedade a graus crescentes de reconhecimento social e reflexividade quanto o racismo multidimensional que o reprime, oculta e distorce. Um aspecto não existe sem o outro, e eles não podem ser entendidos separadamente. Para que entendamos o racismo é necessário entender, antes de tudo, o que ele reprime e destrói nas pessoas. Sem perceber a lenta formação histórica das necessidades de reconhecimento social e das demandas por autoestima, autoconfiança e autorrespeito que estão embutidas nas concepções inarticuladas de justiça – que são o elemento último de toda luta social e política por emancipação –, não podemos explicar para que o racismo serve e muito menos o que ele destrói nas pessoas.

Por fim, é imprescindível que os elementos do aprendizado e da opressão social sejam reconstruídos primeiro em termos globais para que possamos compreender a singularidade da situação histórica brasileira. No Brasil, a enorme maioria dos intelectuais que se dispõem a interpretar essa realidade pula o primeiro passo, partindo do pressuposto culturalista e falso de que existe um "planeta verde-amarelo", supostamente luso-brasileiro, que teria história e regras próprias. Eu, ao contrário, parto do pressuposto de que é necessário compreender como a sociedade moderna ocidental funciona, pois estou convencido de que o Brasil é apenas um dos casos concretos possíveis de realização desse tipo de sociedade. Um caso particularmente perverso, racista e desigual, mas que, ainda assim, só pode ser entendido a partir da reconstrução das regras de funcionamento institucional e moral da sociedade ocidental moderna como um todo.

# A SINGULARIDADE DA MORALIDADE NO OCIDENTE

# O judaísmo antigo

Muitos confundem moralidade com moralismo, ou seja, um conjunto de regras morais tradicionais que servem como regra rígida de conduta. Isso não é moralidade. Uma boa maneira de compreender o que é moralidade é percebê-la sob a forma das concepções de justiça compartilhadas socialmente e muitas vezes implícitas. Do ponto de vista do indivíduo, trata-se antes de tudo da faculdade de realizar escolhas de vida fundamentais de modo refletido e consciente. Nesse sentido, é a dimensão mais importante do indivíduo, aquilo que nos define como pessoa humana de modo mais fundamental que qualquer outra esfera do espírito humano.[36] Ao mesmo tempo, a moralidade não é construída pelo sujeito individual. Como praticamente tudo na vida, ela é um produto social e intersubjetivo, fruto de um lento e penoso processo de aprendizado. A própria noção tanto religiosa quanto secular de *sujeito moral* é uma construção histórica e social. Mais precisamente uma construção "inventada", pela primeira vez na história, a partir do desenvolvimento religioso específico do Ocidente.

Talvez ninguém melhor do que o grande pensador alemão Max

Weber tenha percebido a importância da evolução das formas de religiosidade para a construção do mundo secular no qual vivemos hoje. Em vez de definir a religião como neurose ou ópio do povo, Weber a percebe como a parteira de todas as formas simbólicas que desenvolvemos penosamente, ao longo de milênios, para compreender o mundo e agir nele. Uma dessas dimensões fundamentais construídas religiosamente é o que chamamos hoje em dia de moralidade.

Para fazer essa reflexão, precisamos ter a capacidade de nos colocar na pele daqueles seres humanos que, até o desenvolvimento do judaísmo antigo mais de mil anos antes de Jesus Cristo, estavam presos ao que Weber chamava de "jardim mágico".[37] A magia é uma forma de religiosidade que percebe a ligação entre o mundo profano e o mundo sobrenatural como uma relação de contiguidade e proximidade. Os santos e os espíritos são considerados entidades próximas de nós cujo favor é conseguido por agrados e bajulação, do mesmo modo como esperamos obter a boa vontade dos poderosos no mundo profano. Não há realmente oposição ética entre magia e mundo profano, mas, ao contrário, uma mera duplicação do mundo profano no mundo sobrenatural. É por conta disso que não há verdadeiro aprendizado moral no contexto da magia. Como ela meramente "duplica" o mundo profano – e como não existe tensão moral contra as regras "deste mundo" –, este não pode ser criticado, e sem crítica não existe aprendizado possível.

Apenas em um sentido amplo pode-se falar de uma "moralidade mágica", na medida em que proibições rituais são criadas de modo a controlar o comportamento dos seguidores. Regras desse tipo incluem, por exemplo, a proibição de comer a carne de certo animal ou a restrição a se aproximar de certa árvore tida como sagrada. Mas a moralidade em sentido estrito e verdadeiro – ou seja, como um dilema refletido e consciente de escolha entre caminhos alternativos e conflitantes de vida – nasce apenas com o advento da religiosidade ética. A diferença entre magia e religiosidade ética é fundamental porque apenas na religiosidade ética existe tensão moral entre os mandamentos da doutrina religiosa e as regras do mundo profano. E apenas assim este último pode ser transformado e mudado. A magia é visceralmente conservadora e milita a favor da continuidade do mesmo, do hábito e, acima de tudo, da tradição.

Essa primeira e inédita libertação da espécie humana de sua longa hibernação no "jardim mágico" da existência se deu no contexto da religiosidade ética do judaísmo antigo. Logo, o judaísmo antigo é, por sua influência posterior nas religiões éticas mais importantes do globo, como o cristianismo e o islamismo, o momento histórico inicial mais importante do desenvolvimento moral peculiar ao Ocidente. O aspecto decisivo nesse contexto começa já com a própria ideia de divindade *pessoal* inventada pela religiosidade judaica, por oposição à noção de divindade impessoal dominante, por exemplo, no Oriente. A divindade impessoal se confunde com o cosmos, com a ordem natural das coisas, implicando uma concepção monista do mundo em que a tensão ética entre mensagem religiosa e mundo profano é reduzida ao mínimo.

Mas quando a divindade é percebida como uma personalidade humana, ainda que muito mais poderosa, porém com atributos humanos como a vontade e até com qualidades e defeitos humanos como o ciúme e a raiva, a relação com o mundo profano muda radicalmente. Jeová não é um deus funcional qualquer, mas o deus da guerra de uma pequena nação cercada de inimigos poderosos. A desobediência a Jeová representava consequências políticas e militares desastrosas e imediatas. Dois elementos ajudam a explicar sua força enquanto divindade: 1) o caráter ético de sua mensagem através dos mandamentos que visavam à constituição de uma conduta ética cotidiana; e

2) o contrato (*berith*) sagrado e coletivo firmado entre Jeová e seu povo enquanto coletividade, e não enquanto indivíduos isolados, o que favoreceu enormemente a pressão coletiva sobre os indivíduos para sua obediência. Essas duas condições combinadas foram decisivas para a vitória sobre os cultos mágicos concorrentes e outras divindades.[38]

Fundamental para a vitalidade do componente ético implícito no judaísmo antigo foi, para Weber, a atuação da profecia judaica. É que a constituição de um estamento sacerdotal, que exerça sua atividade religiosa em templos, tendia a dar ênfase à atividade mágica de culto, o que era contrário ao ensinamento de Jeová. Apenas o componente ético da obediência irrestrita aos mandamentos divinos interessava a Jeová. E precisamente esse fato era lembrado com toda a insistência pelos profetas. A salvação só era possível coletivamente e através do cumprimento estrito dos mandamentos divinos, e não mais através de técnicas mágicas de salvação e contemplação dos sacerdotes. Aqui é fundamental perceber a diferença entre o profeta e o sacerdote. O profeta indica ou inventa caminhos novos para seu povo; o sacerdote, ao contrário, é o "burocrata da religiosidade" e apenas reproduz a mensagem já institucionalizada.

A novidade profética no judaísmo antigo, no entanto, não se dirigia ao conteúdo da mensagem religiosa, a qual já havia sido sistematizada pelos sacerdotes levitas na *Torá*. O trabalho dos profetas era dirigido à radicalização do componente ético e seu efeito no comportamento cotidiano. Por isso Weber se refere aos profetas éticos do judaísmo antigo como os primeiros homens que conseguiram se libertar do "jardim mágico" em que toda a religiosidade anterior se inseria. Havia a tentativa de conformar as esferas mundanas aos mandamentos da ética religiosa. Ao profeta Jeremias, por exemplo, não interessavam concessões: as lógicas mundanas deviam se conformar e subordinar à mensagem religiosa. Boa parte da extraordinária sobrevivência dos judeus como povo-pária durante milênios se deveu à eficácia do seu elemento ético.

É fácil compreender a tensão entre ética religiosa e mundo profano. Ela pressupõe uma concepção dualista de mundo segundo a qual a mensagem ética religiosa e as regras tradicionais e costumeiras do mundo profano estão em contradição evidente. Como no caso dos dez mandamentos, os comandos da mensagem religiosa se dirigem a transformar de modo radical a vida cotidiana das pessoas comuns. É apenas porque as pessoas têm desejos assassinos constantemente que existe a regra "Não matarás". É apenas porque existe o desejo de furtar a riqueza alheia que existe a regra "Não furtarás". É apenas porque os homens costumam desejar as mulheres uns dos outros que existe a regra "Não desejarás a mulher do próximo". E assim por diante. A mensagem ética visa não somente mudar radicalmente o comportamento cotidiano e normal dos seguidores como pretende com isso mudar radicalmente o mundo social e profano como ele é. Esse é o fundamento da religiosidade do Ocidente e, como veremos, o nascimento da própria moralidade ocidental centrada na ideia do indivíduo com capacidade de julgamento autônomo.

Mais importante ainda, nesse sentido, é destacar que o lugar onde se verifica a batalha da tensão ética entre mensagem religiosa e mundo é a própria consciência individual. Em sentido próprio e estrito, o desenvolvimento da religiosidade ética equivale, portanto, ao nascimento da ideia mesma de *consciência moral individual*, ou seja, da ideia substancial de indivíduo como produto específico do Ocidente. Afinal, é a primeira vez que a consciência pessoal se vê confrontada com o drama da escolha moral consciente: "Devo seguir o que Deus me manda fazer ou devo fazer o que, desde sempre, me sinto inclinado a fazer?" Esse é o contexto do nascimento do drama moral individual em sua primeira forma histórica. É precisamente por isso que Weber considera o desenvolvimento das formas religiosas a parteira do mundo simbólico secular – e por consequência do chamado mundo moderno – no qual vivemos hoje. Daí ser tão importante reconstruí-lo. Entender essa gênese significa, nada mais, nada menos, nos apropriarmos cognitivamente daquilo que somos, ou melhor, daquilo que nos tornamos no decorrer da história.

No contexto religioso que estamos discutindo, a fonte da moralidade é tradicional e religiosa – e inquirir acerca de sua origem ou de sua validade última é ainda tabu e proibido. Isso a diferencia significativamente da moralidade pós-tradicional que temos hoje. Porém já está presente nela sua dimensão revolucionária como mecanismo transformador da realidade. Essa dimensão moral e a extraordinária força de solidariedade e convicção que ela produz fizeram com que os judeus, um pequeno povo cercado por adversários poderosos, pudessem sobreviver à escravidão e manter sua identidade mesmo sem pátria ao longo de milênios. Sem dúvida, isso foi alcançado ao custo de uma dupla moralidade, intra e extracomunitária, que estipulava deveres para com seus irmãos e ausência de compromissos morais com os gentios, o que viria a produzir o antissemitismo como reação da comunidade maior.[39]

A impressionante solidariedade social produzida pela mensagem ética judaica não foi obtida senão com muito esforço. Como sempre, a procura por concessões entre o rigor ético da mensagem religiosa e as demandas profanas da realidade cotidiana foi a regra. Weber nota a oposição e a luta dos profetas da "boa ventura", que pretendem dar aos fiéis o que eles querem ouvir, com os profetas da "desgraça", ou seja, os que enfatizam a obediência incondicional aos mandamentos divinos. Em qualquer contexto, mesmo no atual, essas forças funcionam como figuras paradigmáticas: de um lado, há sempre os que defendem os interesses dominantes e, de outro, os que se insurgem contra esse tipo de mensagem, se opondo ao conformismo com base em valores éticos, prefigurando, desse modo, as formas arquetípicas de toda luta simbólica – religiosa ou pós-religiosa – em qualquer sociedade a partir de então.

Por conta disso, Weber ressalta a extraordinária importância dos profetas éticos judaicos, como Jeremias, por exemplo, que saía do deserto para pregar nas cidades sobre o esquecimento do contrato com Jeová e ameaçando o povo com as terríveis consequências decorrentes desse esquecimento. No caso do judaísmo, o bem da salvação não era a vida eterna no outro mundo, mas a liberdade da escravidão – ameaça constante no pequeno país cercado de inimigos – garantida pelo deus guerreiro simbolizado por Jeová. Daí a importância da obediência como caminho da salvação, tornando-se o elemento decisivo para a influência religiosa do comportamento prático. Como o bem da salvação é coletivo, abre-se a possibilidade do controle da comunidade sobre o comportamento individual, que é, de certa maneira, politizado, já que tem um significado imediato para a vida da comunidade de fiéis como um todo. Mas nada disso retira a necessidade do comprometimento individual com a escolha moral.

Temos aqui já em ação todos os aspectos revolucionários que o nascimento da esfera consciente da moralidade individual enseja. Em primeiro lugar, a inédita consciência do dilema moral pela vitória sobre o tradicionalismo mágico. O *dilema da escolha* se dirige agora à consciência individual, que não mais imita o comportamento tradicionalmente aceito à sua volta. O indivíduo pode escolher entre obedecer a Deus ou ao mundo. Em sentido estrito, aqui nasce o indivíduo ocidental não só como ideia mas como prática efetiva, na medida em que a faculdade de realizar escolhas morais conscientes é sua dimensão mais importante. Ela implica não só a decisão refletida a favor de uma orientação de vida em todas as dimensões mas também a responsabilidade pelas consequências dessa decisão. Nada disso era possível nem existia antes da profecia judaica.

Para os indivíduos de hoje, que já nascem e são socializados sob o impacto dessa ideia, é fácil imaginar que a noção de indivíduo seja tão natural quanto a luz do Sol. Nada mais enganoso. O fato de percebermos que temos cabeça, tronco e membros não nos faz um indivíduo. A noção de indivíduo como realidade moral refletida foi produto de condições sociais muito específicas. Foi uma ideia que teve de ser "inventada", criada historicamente, e por isso o estudo da evolução das formas religiosas da moralidade tem importância decisiva. Ele permite não apenas compreender o mundo em que vivemos hoje, mas também nos ajuda a perceber sua contingência e sua singularidade. Tudo poderia ter se dado de outro modo, como foi efetivamente o caso do Oriente. Toda a história do Ocidente, naquilo que ela tem de mais importante e relevante, teve sua origem na criação de uma ideia de indivíduo como instância moral refletida e consciente. E seu berço foi a profecia ética do judaísmo antigo.

# O nascimento do cristianismo

Apesar dos inúmeros aspectos em comum, um dos elementos mais decisivos que separam o judaísmo do cristianismo é a quebra da dupla moralidade judaica e, consequentemente, o advento do universalismo da mensagem cristã – ao menos como princípio. O cristianismo primitivo contribuiu decisivamente para o universalismo da mensagem ético-religiosa. Esse componente já era um elemento central na noção de amor universal da pregação de Jesus e foi reforçado pela missão paulínea ao possibilitar a constituição de comunidades universais e abertas, evitando assim o sectarismo judaico. Enquanto mensagem religiosa, o cristianismo é um dos melhores exemplos de teodiceia do sofrimento, ou seja, uma explicação do mundo dirigida aos que sofrem, inclusive legitimando o sofrimento como experiência sagrada e redentora. É um tipo de mensagem religiosa que se opõe diametralmente à religiosidade como legitimação da riqueza e do poder efetivo. Como é dirigida aos sofredores, que são a imensa maioria das pessoas, abre-se a possibilidade de uma religiosidade de massas, dirigida à maior parte da população.

Também aqui a forma peculiar como tanto o *caminho da salvação* quanto o bem supremo da salvação são percebidos tem uma importância central para que possamos compreender sua influência no comportamento prático cotidiano dos fiéis. Assim, ao contrário do exemplo judaico, o bem supremo da salvação cristã já é individualizado e se materializa na possibilidade de vida eterna do indivíduo. O caminho da salvação, por sua vez, é aquilo que o fiel tem que fazer, em termos de condução da vida cotidiana, para alcançar o bem supremo da salvação. E a forma como o caminho da salvação cristão foi percebido nos influencia até os nossos dias. Para o habitante do mundo secularizado de hoje, é difícil se pôr na pele das pessoas dessa época. Até cerca de 200 anos atrás, ser "salvo" era a preocupação maior de todos e de todas, o ponto de convergência de todas as ações e de todos os pensamentos. O medo real de arder no inferno eternamente funcionava como poderoso estímulo para a remodelação cotidiana do próprio comportamento no sentido desejado pela mensagem religiosa.

No cristianismo se misturam as duas grandes tradições da Antiguidade que foram mais decisivas para a construção da cultura ocidental: a religiosidade ética judaica e a filosofia grega. Do judaísmo o cristianismo herda não só a noção decisiva do deus pessoal e a tensão ética com o mundo profano que se constitui a partir dela mas também o vínculo moral individualizado dirigido à consciência do fiel. Da filosofia grega, mais especificamente do platonismo, o cristianismo herda o seu caminho da salvação peculiar. A partir do século IV, Santo Agostinho passa a interpretar o caminho da salvação de todo cristão nos termos da noção de virtude platônica, ou seja, como uma luta pelo controle do espírito sobre os desejos incontroláveis do corpo.

Platão, portanto, é uma figura central nesse contexto. Ele é o sistematizador da ideia fundamental para a concepção moral que irá dominar o Ocidente, segundo a qual o eu é visto como ameaçado pelo desejo (em si insaciável), devendo, portanto, ser regido pela razão e subordinado a ela.[40] O cristianismo adotou a perspectiva platônica da dominância da razão sobre as paixões, e a santidade e a salvação passaram a ser expressas nos termos da noção de virtude platônica. Desse modo, o caminho da salvação de todo cristão assume a forma de uma luta contra as paixões insaciáveis do corpo – sobretudo o sexo e a agressividade – como a maneira de garantir a vida eterna. É esse fato que esclarece a gigantesca força dessa ideia no Ocidente. As pessoas comuns passaram a pautar seu comportamento a partir dessa hierarquia não porque se convenceram do argumento platônico, em um contexto que poucos sabiam ler, mas porque o interesse na salvação exigia isso delas.

Ao mesmo tempo, Santo Agostinho, ao se apropriar da tradição platônica, engendra uma novidade radical fundamental para a especificidade do Ocidente e de sua noção de indivíduo: a noção de *interioridade*. Ou seja, a "invenção histórica" da ideia de que temos dentro de nós mesmos uma espécie de "espaço interior", que não se confunde com nossos órgãos vitais e que seria responsável por toda nossa vida sentimental, moral e intelectual. Uma espécie de lugar de morada da nossa alma e do nosso espírito, qualquer que seja o sentido que atribuímos a esses conceitos. A noção de interioridade será constitutiva da ideia de subjetividade no Ocidente. O conhecimento não é uma luz exterior lá fora, uma revelação portanto, como era para Platão, mas algo interior a nós mesmos, sendo antes uma criação que uma revelação.

Agostinho muda o foco de atenção dos objetos conhecidos para a própria atividade reflexiva do conhecer. Voltar-se a essa atividade é voltar-se a si mesmo, é adotar uma posição reflexiva. A partir daí, a perspectiva da primeira pessoa será determinante tanto no aspecto cognitivo quanto no aspecto moral e estético. A predominância desse ponto de vista cria o individualismo ocidental e a ideia de subjetividade. Nada singulariza mais o Ocidente do que a construção da individualidade e da subjetividade como noções morais fundamentais.

Como em todas as grandes revoluções morais do Ocidente, também o princípio da subjetividade é inicialmente religioso. Agostinho dá o passo em direção à interioridade porque esse é um passo para a verdade divina. É isso que torna a dimensão da primeira pessoa uma noção tão decisiva que vai se generalizar a ponto de se tornar uma ideia aparentemente tão "natural" quanto o fato de respirarmos para viver. Ela está associada a uma passagem para o interior como um passo para o mais alto, para o "superior", para Deus.[41]

Essa vinculação com uma necessidade religiosamente motivada tornou a linguagem da interioridade e, portanto, a "ideia" de indivíduo irresistíveis. Logo, o vínculo entre as ideias dominantes no Ocidente e sua eficácia é um processo interno da própria racionalização religiosa ocidental. De outro modo, elas não poderiam ter alcançado e influenciado tanta gente. Apenas porque essas ideias de subjetividade e de virtude estavam ligadas ao "prêmio" especificamente religioso da salvação, elas puderam alcançar e convencer tanta gente e assumir, pela força do processo de socialização, a aparente obviedade que as caracteriza hoje.

Mas, para os nossos fins, o fato mais importante nesse contexto é que aí se inaugura toda a *hierarquia moral* que será formadora da cultura ocidental como um todo. A partir desse ponto, a passagem para uma condição avaliada como "superior" passa a ser marcada pelo acesso à interioridade. Através dela, somos capazes de chegar ao espírito.[42] Como veremos em detalhe, toda a hierarquia moral da cultura ocidental pressupõe esse caminho. Um caminho que não existia antes desse modo e que é, portanto, inédito e funda toda uma hierarquia moral nova que passa a comandar, quer tenhamos ou não consciência disso, todas as nossas avaliações em todas as dimensões da vida. E é decisivo o fato de Agostinho já construir toda uma hierarquia *valorativa* com base nessa concepção. Passa a existir um abismo insuperável entre os seres capazes de raciocínio e os que carecem dessa faculdade. Agora não só o inerte se diferencia do que vive mas, entre os que vivem, nasce uma diferença qualitativa entre os seres que *vivem e têm consciência de que vivem* e os simples viventes.

O vivente é superior ao mero existente, e o ser inteligente é superior ao vivente. O fundamento dessa hierarquia moral é que aquele possui este dentro de si. Essa lógica permite colocar a razão como superior aos sentidos, já que é o superior que julga o inferior. Assim, além da hierarquia entre as diversas espécies vivas, conferindo aos humanos um sentimento de especialidade e superioridade responsável inclusive pela atração que esse tipo de ideia exerce, abre-se também, entre os próprios seres humanos, o espaço para pensar e legitimar hierarquias segundo o comportamento mais ou menos "racional" de cada um. Esse aspecto permite mostrar que a hierarquia moral do Ocidente, construída a partir da oposição entre espírito e corpo, será o fundamento último de todas as distinções sociais, revelando seu potencial legitimador de diferenças.

Além disso, a oposição entre espírito e corpo será também o fundamento de todas as nossas avaliações sobre o mundo, apesar de quase sempre se fazer presente de forma meramente implícita e não refletida. Tudo que associamos ao que é superior e nobre irá se referir ao espírito, ao passo que tudo que é inferior e considerado vulgar será associado ao corpo. No decorrer da história, a concepção de espírito deixa sua base religiosa e assume uma versão secular, mas o seu lugar paradigmático de definir o bem e a virtude não muda. Ninguém nasce avaliando o mundo dessa forma, pois essas categorias são um produto do desenvolvimento histórico contingente do Ocidente. No Oriente – na Índia, por exemplo – a oposição moral fundamental se dá entre puro e impuro, e não entre espírito e corpo.[43]

O que permite que algo arbitrário e contingente como essa hierarquia moral do Ocidente passe a ser percebido pelas pessoas como natural, necessário e universal é sua ancoragem em instituições como a Igreja e a família. Por meio da socialização familiar e religiosa, toda criança é "formatada" e construída como um ser humano muito peculiar. No entanto, para o adulto que esqueceu o processo afetivo de inculcação infantil, esse mundo arbitrário se apresenta como o único mundo possível e imaginável. É desse modo que as instituições familiares, escolares e religiosas conseguem transformar o arbítrio cultural em necessidade e dado supostamente "natural". Com a reprodução secular dessas instituições, produzindo e reproduzindo estímulos para o comportamento prático sempre num mesmo sentido e numa mesma orientação, não devemos nos admirar de que, hoje em dia, percebamos essa hierarquia moral arbitrária e casual como algo tão óbvio, necessário e natural quanto o fato de o sol nascer todos os dias.

Essa mensagem cristã será o âmago de uma pregação milenar em todos os rincões do mundo pela ação de milhões de pregadores e religiosos. Além disso, a Igreja Católica será, por seu estrondoso sucesso de convencimento, o modelo institucional para o Estado centralizado mais tarde. Séculos e séculos de pregação diária na mesma direção terminam por tornar a avaliação do mundo social a partir da hierarquia moral cristã e platônica algo "natural" – ou seja, percebido como evidente, automático e pré-reflexivo. A socialização familiar e escolar, quando havia, serão os agentes complementares do mesmo processo de incorporação inconsciente de todo um sistema contingente de classificação e avaliação da realidade.

Em seu livro clássico sobre o processo civilizatório,[44] o grande pensador alemão Norbert Elias examina como se deu, na dimensão da vida cotidiana, esse gigantesco processo de inculcação e incorporação secular e inconsciente de um novo *habitus*, ou seja, de uma nova economia afetiva e emocional baseada na oposição entre corpo e espírito, que passa a ser percebida por todos como "natural" e "óbvia". Examinando as diversas mudanças de comportamento social do mundo feudal e sua transição para a modernidade, Elias percebe não apenas uma direção e um sentido peculiares, mas também como todas as formas de distinção social refletem a estigmatização do componente animal nos seres humanos.

Dito de outro modo: a hierarquia moral baseada na oposição entre corpo e espírito engendra também toda a hierarquia secular entre as classes sociais na competição por recursos escassos. Ela passa a ser a forma universal de avaliação não apenas do valor religioso diferencial entre os fiéis, que decide sobre a salvação no "outro mundo", mas também do valor social diferencial entre todos os indivíduos e todas as classes sociais "neste mundo".

Elias analisa como esse modo de avaliar as pessoas no "mundo profano" foi internalizado até se tornar, hoje em dia, completamente automático, pré-reflexivo e aparentemente tão "natural" como o fato de termos duas orelhas e dois olhos. Do mesmo modo que não refletimos sobre o fato de termos apenas duas orelhas, e não quatro ou cinco, deixamos de refletir acerca das avaliações morais que fazemos o tempo todo e todos os dias. Daí ser tão importante recuperar a gênese desse processo que explica, ao fim e ao cabo, por que agimos como agimos. Na reconstrução de Elias, os exemplos de mudança no comportamento em várias esferas distintas do agir humano expressam precisamente a incorporação inconsciente e a universalização desse novo padrão de avaliação em todos os âmbitos da vida: a conduta à mesa, o uso de talheres, o hábito de se assoar, de cuspir, a forma de dormir, a relação entre os sexos, a agressividade, etc.

O que está em jogo em todas essas manifestações parciais é uma mudança de fundo comum: o movimento em direção a um aumento da sensibilidade em relação ao que é penoso observar nos outros e que produz vergonha no próprio comportamento. É o "avanço" dessa "fronteira da vergonha" que aprendemos a perceber como um refinamento do comportamento. A direção desse processo já é conhecida. Tudo que lembra a origem animal do homem é reprimido ou reservado a espaços próprios: a cozinha, o quarto de dormir, o banheiro.

Essa transformação da sensibilidade social se produz primeiro nos estratos superiores, tanto como uma forma de distinção social dentro da própria elite quanto em relação aos estratos inferiores. Esse movimento ganha um *motto* próprio à medida que um determinado padrão de comportamento passa a ser seguido tanto pelos indivíduos do estrato superior quanto pelos estratos inferiores, em conjunto. À medida do seu próprio sucesso, ou seja, conforme a imitação generalizada do comportamento distinto se consolida, no entanto, ela vai perdendo seu valor diferenciador. Cria-se, nesse sentido, uma dialética entre inovação e disseminação constante que se constitui, ela mesma, na dinâmica específica do processo de produção de distinção social como um todo.[45]

É importante notar que, na argumentação de Elias, a gênese social da regulamentação comportamental não obedece a critérios higiênicos ou "racionais". Esses critérios foram usados para legitimar esse processo *a posteriori*. O processo civilizatório expressa, no máximo, uma mera direção do desenvolvimento da sociedade humana no sentido da estigmatização do componente corporal – e, portanto, daquilo que nos liga ao mundo animal. A questão acerca de qual aspecto é, em cada caso específico, valorável ou tido como civilizado é antes de tudo o que é aceito como tal pela elite social que se reserva o direito de representar a dimensão espiritual. Esse fato, por sua vez, não significa de modo algum que as elites tenham um controle consciente do processo como um todo. Elas retiram dessa lógica ganhos concretos em termos de distinção social, mas não a controlam conscientemente.

Dada a necessidade de produzir distinções sociais num contexto de crescente proibição da violência como meio legítimo de perpetuação das diferenças sociais, as elites reagem estigmatizando comportamentos e criando tipos de conduta acessíveis somente a iniciados – que funcionam como forma de reconhecimento entre os pares e como mecanismo distintivo e legitimador em relação aos subordinados. Instaura-se então uma dialética da distinção social: cada vez que um comportamento se universaliza para as classes subordinadas, é necessário produzir novos padrões de comportamento para manter e legitimar a distância social. Mais adiante veremos como o grande sociólogo francês Pierre Bourdieu aprofunda a análise de Elias para formular uma brilhante análise do *racismo de classe* no mundo contemporâneo, usando como fundamento essa mesma oposição entre corpo e espírito e a noção do *habitus* como uma economia emocional pré-reflexiva que explica nosso comportamento social.

Com a crescente dominação e expansão dos padrões de comportamento e das instituições ocidentais por todo o globo, essa hierarquia moral, antes restrita à Europa, se torna o padrão planetário dominante. Examinaremos esse aspecto em detalhe mais à frente. Por ora, o essencial é compreendermos que todas as avaliações morais que fazemos sobre o mundo e sobre nós mesmos remetem, sem exceção, à oposição entre corpo e espírito. Para isso, a reconstrução da evolução das formas religiosas é fundamental, posto que, sem elas, não saberíamos como essas formas contingentes de avaliar o mundo surgiram nem como se tornaram um poderoso motor afetivo e moral de mudança do comportamento cotidiano das pessoas comuns. Sem o prêmio da salvação agindo como combustível, não poderíamos entender como os indivíduos começaram a mudar seu comportamento a partir desses estímulos e precisamente nessa direção.

Essa reflexão fundamental servirá de fio condutor neste livro para abordarmos as distintas formas de racismo. O racismo – seja o de classe ou de raça, de cultura ou de gênero – é sempre, em todos os casos, um processo de animalização, de reduzir o outro a *corpo* animalizado e, portanto, "inferior". Por isso o racismo deve ser percebido sob o aspecto da multidimensionalidade. Existe uma comunhão interna e implícita entre todas as formas de humilhação, a qual é constituída pela forma singular da hierarquia moral dominante. O desafio de qualquer forma de dominação estável é "convencer" os oprimidos de sua própria inferioridade. Sem isso, o domínio é instável e violento.

Se toda virtude está vinculada ao espírito, então toda falha moral está relacionada ao corpo e à falta de espírito. Toda forma de dominação duradoura e bem-sucedida precisa convencer os dominados de sua própria inferioridade justamente nesses termos. A análise dos efeitos sociais e políticos do caminho da salvação do cristianismo é a chave para a percepção e a articulação da hierarquia moral do mundo moderno, por mais invisível e implícita que ela seja para nós hoje em dia. Fundamental aqui é compreender que essa hierarquia não é apenas religiosa. Ela também está pressuposta com a mesma força no mundo secular em que vivemos. Para compreendermos, no entanto, como ela se mantém sob formas agora não apenas seculares mas modernas e contemporâneas, será necessário examinar mais uma revolução interna à racionalização religiosa do Ocidente: a revolução protestante.

# A revolução protestante

Vimos até aqui que a evolução da religiosidade ocidental foi a responsável pela ideia moral de indivíduo: a mais importante singularidade do desenvolvimento do Ocidente como um todo. Ela começa com a religiosidade ética judaica, que dirige à consciência do fiel individualizado uma demanda de comportamento prático. Ao menos implicitamente, isso implica uma escolha consciente e, portanto, alguma forma de reflexividade do dilema moral: o que *devo* fazer, como *devo* me comportar, que forma de vida *devo* escolher? Obviamente, o bem de salvação coletivo típico do judaísmo envolve intensa vigilância grupal do comportamento individual, o qual passa a ser de interesse de toda a comunidade. Ainda assim, temos aqui uma primeira forma histórica de escolha refletida do comportamento individual.

Vimos também que o cristianismo, com sua assimilação inovadora e ainda mais individualizante da noção de virtude platônica, constrói não apenas a possibilidade de toda uma linguagem e uma visão de mundo baseadas na primeira pessoa mas também uma hierarquia moral comandada pela oposição corpo/espírito que abrange tanto a dimensão sagrada quanto a secular. Esse fato é fundamental. É ele que ajuda a explicar *por que* as pessoas mudaram de consciência e de comportamento. O ganho afetivo e emocional em autoestima e orgulho que a repressão dos instintos corporais produz – e que se confunde com o prêmio da salvação ao mesmo tempo que o intensifica – é essencial para que se possa compreender todo tipo de mudança emocional/moral e comportamental. Assim, à hierarquia cristã que coloca a razão acima dos sentidos acresce-se aquela entre as diversas espécies vivas, conferindo aos humanos um sentimento de especialidade e superioridade, em grande medida responsável pela atração que esse tipo de ideias exerce.

No entanto, o fator inibidor da herança ética judaica no catolicismo medieval colocou em segundo plano a tensão entre mensagem ética e mundo profano, favorecendo, desse modo, o compromisso crescente da mensagem religiosa com a ordem mundana. É que o princípio da igualdade dos irmãos de fé, pedra angular do cristianismo primitivo, foi crescentemente interpretado pelo cristianismo medieval como uma igualdade pré-social, a qual não era abalada por nenhuma forma de desigualdade concreta. Por um lado, esse foi o pressuposto mesmo da força integradora do cristianismo, pelo estímulo e o reforço que possibilitava, em potencial de legitimação, às formas tradicionais de dominação política. Por outro, abria-se a possibilidade, pelo menos como ideia regulativa, para a noção de igualdade concreta. O elemento tradicionalista do compromisso com os poderes vigentes e a lógica das esferas mundanas, no entanto, impedia uma conformação ética consequente da vida cotidiana.

Nesse sentido, foi apenas com a revolução protestante que tivemos um ponto de inflexão fundamental em direção à interpenetração entre ética religiosa e mundo profano. Apesar do caráter em vários aspectos tradicionalista da pregação luterana, já com Lutero e o luteranismo há avanços importantes em relação ao catolicismo. Lutero, ao traduzir a Bíblia para o alemão, produziu a junção de duas noções bíblicas: a noção de *trabalho* (*Tätigkeit*) e a de *chamado divino* (*Berufung zu Gott*), que se combinaram na noção de *vocação* (*Beruf*). Esse passo foi decisivo para a transformação da concepção do catolicismo medieval de ascese nos monastérios, "fora do mundo", numa ideia de ação transformadora do mundo a partir do trabalho, ou seja, uma ascese "no mundo".

Se o trabalho era um *chamado divino*, ele passa a ser *sagrado*, e seu desempenho bem realizado, o novo e verdadeiro caminho da salvação protestante. Essa mudança fundamental é a base da reforma protestante que efetivamente revoluciona e põe de cabeça para baixo toda a hierarquia social anterior. É que, antes de Lutero, o trabalho, tanto no mundo antigo quanto no medievo, era coisa de escravo e de servo, uma atividade indigna, coisa de gente inferior. Nobre e virtuoso era não trabalhar e viver do trabalho alheio. O tema da afirmação da vida cotidiana no protestantismo está em oposição à concepção platônica ou aristotélica que exaltava a vida contemplativa por oposição à vida prática.

A revolução da qual estamos falando redefine a hierarquia social a tal ponto que agora as esferas práticas do trabalho e da família, precisamente aquelas das quais todos, sem exceção, participam, se tornam o lugar das atividades superiores e mais importantes. Ao mesmo tempo, ocorre um desprestígio das atividades contemplativas e aristocráticas anteriores. A visão baconiana da ciência ilustra bem essa inversão de valores: a ciência não é superior à vida cotidiana; ao contrário, só tem sentido se servir a ela. O humilde artesão contribui mais para a ciência que o filósofo ocioso. Uma indisfarçável simpatia pelo nivelamento social está implícita nessa afirmação da vida cotidiana. A revolução protestante realiza na prática, no espaço do senso comum e da vida cotidiana, a nova noção de virtude ocidental. Daí que a noção de subjetividade como fonte moral tenha que ser acrescida da ideia de vida cotidiana para que possamos compreender a configuração moral que nos domina hoje.[46]

As bases sociais para uma revolução de tamanhas consequências devem-se à motivação religiosa do espírito reformador. Como o mediador privilegiado do sagrado – a Igreja – sai de cena, toda a realidade pode ser sacralizada, elevando o status da vida cotidiana e comum. Daí também o repúdio às vocações monásticas "fora do mundo cotidiano". Ao rejeitar a ideia do sagrado mediado, os protestantes rejeitaram também toda a hierarquia social ligada a ela. Esse é o fato decisivo aqui. Como as gradações da maior ou menor sacralidade de certas funções é a base da hierarquia religiosa das sociedades tradicionais, desvalorizar essa ordem é retirar os fundamentos da hierarquia social como um todo – tanto da esfera religiosa em sentido estrito quanto das outras esferas sociais que estão sob sua influência.

O potencial democrático e igualitário dessa mensagem não pode ser desprezado. Por conta disso, a revolução protestante é a verdadeira grande revolução de consciência da modernidade. Como todos podem trabalhar, abre-se o espaço tanto para a noção de autoestima quanto para a de reconhecimento social, as quais, pela primeira vez na história, tornam-se potencialmente universalizáveis. Ou seja, o equilíbrio entre uma autoestima saudável e empoderadora e o reconhecimento social a partir da realização de um trabalho útil e bem realizado passa a estar ao alcance de todos. De certa maneira, agora todos podem sentir orgulho do próprio trabalho simultaneamente. Surge aqui uma possibilidade alternativa de produção de autoestima que não mais é conquistada necessariamente "contra os outros" ou "às custas de alguém" que tem que ser humilhado para que possamos nos sentir "superiores".

Ainda que obviamente esse tipo de produção reativa de autoestima se mantenha de algum modo, com o nivelamento e a universalização das possibilidades de reconhecimento social nasce a possibilidade de reconhecimento do valor social de todos e de cada um. Esse foi o horizonte que a nova valorização do trabalho e da vida cotidiana pelo protestantismo abriu. Além disso, essa é a verdadeira base moral de toda democracia efetiva. Sem isso, não temos democracia real nem lei que possa valer para todos. No decorrer deste livro, veremos como a produção dos racismos de classe e de raça visa, precisamente, bloquear a ação desse princípio universalizador para certos grupos sociais que ficam alijados desse processo. Por enquanto, o importante é perceber como surge a possibilidade de reconhecimento universalizável como pressuposto da democracia moderna.

A inclusão dos que trabalham pelo bem comum na comunidade passará a ser o fundamento último de qualquer universalização do respeito mútuo e do reconhecimento social na sociedade moderna. O espírito de igualdade se torna ainda mais evidente quando levamos em conta o aspecto central da ênfase não no tipo de trabalho que se faz, mas na forma como qualquer tipo de trabalho útil para a vida comum é realizado. Como diz Charles Taylor sobre esse tema: "Deus ama advérbios."[47] Desse modo, qualquer trabalho, mesmo o mais simples, deve ter o mesmo valor, desde que realizado do melhor modo possível. O caráter nivelador, democrático e revolucionário dessa mensagem é absolutamente inédito na história.[48]

Assim, a parte mais importante da revolução moral protestante já estava embutida na mensagem luterana. Mas é com o protestantismo ascético que teremos tanto os elementos capitalistas quanto o aspecto de "desencantamento do mundo" enfatizados por Max Weber. A reinterpretação calvinista e ascética da reforma protestante transforma a noção luterana da vocação como ativismo intramundano. No ascetismo protestante, como no judaísmo antigo, o fiel é visto como instrumento divino, e não mais como "vaso" da divindade como no luteranismo. A ênfase deixa de ser ter Deus no coração. O foco agora é transformar a realidade externa de modo palpável e visível para todos.

O que está em jogo em termos de desempenho cultural é uma primeira experiência histórica no sentido de moldar eticamente o mundo e, consequentemente, transcender o dualismo religioso através da sua realização prática na sociedade. A ideia é transformar o mundo profano tão radicalmente que ele corresponda e se subordine por completo àquilo que manda a mensagem religiosa. O dogma mais característico do calvinismo é a doutrina da predestinação: apenas alguns homens seriam eleitos para a vida eterna e não se pode ter acesso aos motivos que levaram Deus a fazer tal escolha.[49] Essa doutrina estabelece uma diferença radical tanto em relação ao catolicismo quanto ao luteranismo, na medida em que ambos defendem não só outra concepção de divindade mas também um conceito essencialmente distinto da piedade divina.

A doutrina calvinista da predestinação pressupõe uma compreensão tal da divindade que implica um abismo intransponível entre Deus e os homens, trazendo, como consequência, uma extrema intensificação da experiência humana da solidão. Outro efeito, talvez o mais importante, é a eliminação de toda mediação mágica ou sacramental na relação Deus/homens. Essa última circunstância foi absolutamente decisiva para a superação do *éthos* católico e, em certa medida, do luterano também, no sentido de que a ausência de mediação determina o fechamento dos espaços de "compromisso".[50] O crente é deixado por conta própria, e apenas a humildade e a obediência em relação aos mandamentos da divindade podem decidir sua salvação. A totalidade da condução da vida enquanto unidade é o que importa para que se alcance a salvação, não a soma de ações isoladas.

O patético isolamento individual cria, no entanto, uma sensação de insegurança insuportável para as necessidades emocionais do homem comum. Para um virtuoso como Calvino, não existia esse problema, posto que ele estava seguro da própria salvação. Para os seus seguidores, no entanto, a questão da dúvida quanto à própria eleição ganha um significado central, propiciando a elaboração da doutrina da "certeza da salvação" (*Bewärungsgedanke*). Esta confere um sentido sagrado ao trabalho intramundano ao interpretá-lo como meio para o aumento da glória de Deus na Terra, de modo a dar ao crente a segurança de que seu comportamento é não apenas "conforme a Deus" (*gottgewollt*), mas, acima de tudo, "fruto direto da ação divina" (*gottgewirkt*), possibilitando a fruição do bem maior dessa forma de religiosidade: a certeza da salvação.[51]

A noção de vocação ganha, assim, um novo entendimento, na medida em que passa a contar como "sinal da salvação" a partir do *desempenho individual diferencial*. Como os desígnios de Deus são desconhecidos aos homens, a manifestação da prosperidade material começa a ser vista como a comprovação de que o destino do fiel é a salvação. O objetivo e o caminho da salvação passam a exercer uma influência recíproca de tal modo que pode surgir uma condução de vida metódica e religiosamente determinada. Com isso, temos a superação não só da concepção tradicionalista de vocação em Lutero, mas também do próprio *éthos* tradicionalista enquanto tal. Em lugar de uma percepção da salvação segundo a acumulação de boas ações isoladas, temos agora a perspectiva de que a vida tem que ser guiada a partir de um princípio único e superior a todos os outros: que a vida terrena deve valer apenas como um meio para o aumento da glória divina na Terra, e o homem, como mero instrumento de Deus. Todos os sentimentos e inclinações naturais devem subordinar-se a esse princípio, representando o protestantismo ascético, desse modo, uma gigantesca tentativa de racionalizar toda a condução da vida sob um único valor.

A reificação e a consequente atitude instrumental em relação a si, aos outros e à natureza seriam, portanto, resultados do específico caminho de salvação da ética protestante. A concepção de mundo teocêntrica e dualista seria desvalorizada pela absolutização do ponto de partida de um racionalismo de tipo novo: o racionalismo da dominação do mundo exterior.[52] Além disso, a dominação religiosamente motivada do mundo põe em destaque o caráter autodestrutivo da ética protestante. O mesmo mundo que foi "encantado" através do simbolismo religioso viria a ser "desencantado" por força da necessidade do reconhecimento das leis específicas que o regem. A passagem da religião à ciência como instância simbólica de maior prestígio reflete essa mudança.

Dito de outro modo: a necessidade de dominar o mundo exterior em nome do sucesso material exige a destruição de todo componente de mistério que é parte inextricável de qualquer forma de religiosidade. Como para dominar o mundo é preciso, antes, conhecê-lo, saber como ele funciona *empiricamente*, então, pouco a pouco, a ciência vai se entronizando como a esfera principal e de maior prestígio simbólico no lugar da religião. É desse modo que compreendemos o caráter necessariamente contraditório, transitório e evanescente do protestantismo: o seu próprio caminho de salvação implica e exige a desvalorização e a morte de qualquer forma de religiosidade.

Os suportes sociais dessa nova concepção de mundo são as classes burguesas da Inglaterra, dos Estados Unidos, da Alemanha e da França, disseminando-se depois por diversos outros países com desvios e singularidades importantes. A concepção do trabalho dentro desse contexto vai enfatizar não o que se faz, mas *como* se faz ("Deus ama advérbios"). O vínculo social adequado às relações interpessoais será do tipo contratual (e por extensão a democracia liberal contratual será o tipo de governo). Em linguagem política, essa nova visão de mundo se consagra sob a forma de direitos subjetivos e, de acordo com a tendência igualitária, universalmente definidos. A própria sucessão histórica dos direitos de T. H. Marshall[53] seria incompreensível sem essa pré-história que mostra por que sua efetivação progressiva se deu de forma irresistível em um contexto crescentemente democrático.

Algumas dessas ideias já haviam sido elaboradas, antes do protestantismo e concomitantes a ele, por intelectuais ilustres. Mas as ideias só são importantes quando passam a influenciar a vida cotidiana das pessoas comuns. Assim, o que verdadeiramente importa é a eficácia social das ideias, o ponto em que elas se tornam verdadeiramente revolucionárias e mudam o mundo social. É aí que reside toda a relevância da revolução protestante como mudança de consciência e de padrões de comportamento social. Essas ideias da razão calculadora e distanciada e da vontade como autorresponsabilidade, germinadas durante séculos, não lograram dominar a vida prática dos homens e das mulheres comuns até a grande revolução da reforma protestante.

Como a sociedade disciplinar que sucede a sociedade religiosa estabelece uma linha de continuidade que se baseia no mesmo padrão de socialização, dado que todas as instituições seculares passam a adotar o modelo disciplinar de conduta da doutrina religiosa, então não existe mais a necessidade de religião. Afinal, não existe mais a tensão ética entre a mensagem religiosa e o mundo social concreto que é a característica mais típica da religiosidade ocidental. A sociedade industrial e secular que nasce a partir da decadência da religião como única matriz de sentido do mundo funda o mundo profano do utilitarismo, que substitui o serviço à divindade e à salvação eterna pelo serviço à sociedade e ao bem comum. O passo seguinte, historicamente, é o "esquecimento" de qualquer fonte moral, seja divina ou profana, como determinante do nosso comportamento, criando então o mundo do consumo e do hedonismo individualista que conhecemos hoje.

O fato de termos "esquecido" que nosso comportamento é determinado por valores morais não impede a continuidade da eficácia dessa moralidade. Afinal, como veremos, continuamos a avaliar o mundo segundo a mesma hierarquia moral baseada na disciplina e na repressão do corpo pelo espírito. Inclusive achamos que já nascemos avaliando o mundo desse modo e que nem sequer é possível imaginar outras formas de avaliação e de classificação. Mas, como consequência desse "esquecimento", também passamos a atribuir a motivação do nosso comportamento apenas a estímulos empíricos não morais, como poder e dinheiro. Já que não temos mais a percepção consciente da força dos valores morais nem compreendemos como eles funcionam, a partir desse ponto histórico, toda vez que falarmos em moralidade teremos que explicar e reconstruir algo, precisamente como estou fazendo neste livro, que nenhum indivíduo articula mais espontaneamente. Veremos mais adiante como poderemos fazer isso de tal modo que qualquer leitor sincero e medianamente inteligente se reconheça no mundo de hoje, antes de tudo, como agente moral.

# A moralidade pós-religião

Vimos o desenvolvimento do tipo específico de religiosidade no Ocidente e o nascimento da moralidade sob a forma da construção do indivíduo moral como instrumento da divindade. Essa é uma cosmovisão que implica uma percepção desvalorizada "deste mundo" como pecaminoso e passageiro, uma mera transição para o mundo real e eterno do "além mundo". O aspecto contraditório do protestantismo, no entanto, se reflete no fato de ser um tipo de religiosidade que, ao afirmar a importância da vida cotidiana, não apenas entroniza a ciência como instância simbólica e explicativa mais importante mas também permite pensar as dimensões do trabalho e da família como fontes morais profanas, que se tornam cada vez mais independentes do sentido religioso.

Assim, o indivíduo moderno paulatinamente deixa de ser dependente do vínculo religioso para dotar sua vida de significado moral. Em outras palavras: a afirmação da vida cotidiana permite ao sujeito pós-religioso encontrar fontes alternativas e seculares de dotação de sentido à sua vida aqui e agora, "neste mundo". Isso mostra que é perfeitamente possível pensar formas de moralidade pós-religiosas e seculares. Portanto, veremos como as dimensões do trabalho e da família se constroem como fontes de moralidade alternativas para os indivíduos das sociedades pós-tradicionais e como essas instâncias, por sua vez, se articulam com as ideias de esfera pública e democracia.

Não é à toa que qualquer mulher ou homem contemporâneo, quando perguntado sobre os aspectos mais importantes de sua vida, irá responder, invariavelmente, o trabalho e a família ou a família e o trabalho. Alguns ainda acrescentarão a relação com a religião ou a divindade, mas trabalho e família ganham uma proeminência em si mesmos, como antes nunca tiveram, legitimando a vida na Terra como ela é: vulnerável, precária e transitória. Como isso foi construído? Quais são os dilemas que essa nova situação envolve? De onde vem o nosso sentimento de autovalor e autoestima nesse contexto? Como somos reconhecidos pelos outros? Como isso se relaciona com realidades supraindividuais e coletivas como a política?

Comecemos por examinar o trabalho e sua importância paradigmática para a autoestima de cada um de nós. Aqui já vemos o contexto de mútua dependência entre a esfera individual e a social. Uma não existe sem a outra; elas se enfraquecem ou se fortalecem mutuamente. Ao ligar a noção de trabalho à de valor individual, o protestantismo não só desvalorizou o ócio e a contemplação não produtiva como nivelou todas as mulheres e todos os homens, colocando o *desempenho diferencial* no trabalho, e não mais o nascimento e o sangue, como o elemento decisivo para a construção do valor do indivíduo.

Esse *valor individual*, pela mútua relação entre indivíduo e sociedade, tem um aspecto interno e um externo. O aspecto interno é o sentimento de valor básico e existencial que nos habilita a estar no mundo sem vergonha e com confiança. Ninguém nasce com isso. É algo que, agora, todos temos que conquistar com esforço através do trabalho. Aqui, no entanto, não está em jogo apenas nossa autoestima. O reconhecimento social dos outros em relação a nós também depende de nossa capacidade de contribuir para o bem comum do qual todos participam. Tanto isso é verdade que a progressiva extensão dos direitos políticos aos trabalhadores se deu, historicamente, a partir do convencimento público de sua participação e sua contribuição na construção da riqueza geral.

O princípio da afirmação da vida cotidiana e a importância paradigmática do trabalho têm a ver, portanto, com o potencial democrático da revolução protestante que funda o Ocidente moderno. Taylor vai chamar o conjunto de ideais que se articulam nesse contexto de "princípio da dignidade".[54] Dignidade vai designar, portanto, a possibilidade de igualdade tornada eficaz, por exemplo, nos direitos individuais potencialmente universalizáveis. Em vez da honra pré-moderna, que pressupõe distinção e é, portanto, privilégio de uns poucos, a dignidade pressupõe um reconhecimento universal entre iguais e pode ser generalizada.[55]

Esse sentimento de dignidade é produto, antes de tudo, da subordinação do corpo à mente. Agora nos orgulhamos do autocontrole e da disciplina que nos impomos, não mais como obediência a Deus, mas para a realização *racional* de nossos próprios objetivos. Mas não apenas controlamos e subordinamos nossa própria natureza interna. Passamos a controlar e a subordinar também toda a natureza e a realidade exterior. Na história das ideias, esse passo foi dado por Descartes ao objetificar toda a realidade exterior em relação à mente – seja nosso corpo, seja a natureza. Libertar-se da concepção que mistura mente e matéria é compreender esta última de maneira instrumental, é desencantá-la. O desencantamento da matéria – tanto da natureza quanto da realidade exterior – e sua subordinação à razão do indivíduo são pressupostos do nosso próprio senso moderno de dignidade da pessoa humana enquanto ser racional. Esse tema torna-se central em Kant, mas Descartes já se move nessa direção.

Compreendemos melhor a radicalidade e a importância dessa mudança em relação ao mundo antigo. Existe aqui uma transposição da ética aristocrática grega e romana da glória e da fama – algo que se conquistava no espaço público, na ágora, nas campanhas militares – para o interior da mente, engendrando uma forma qualitativamente nova de produção de nossa própria autoestima – também agora de algum modo subjetivada, e não mais apenas algo "para os outros". Há uma mudança enfim nos termos e na forma como a virtude é concebida.

O outro elemento constitutivo da nova configuração moral é a entrada em cena de mais um componente cristão, este de influência estoica, e não platônica, que confere à capacidade de escolha uma dignidade própria e autônoma em relação ao conhecimento e um lugar central à noção de vontade. Resolução, determinação, controle: as virtudes do guerreiro e do aristocrata da ética da glória e da fama são internalizadas, conferindo à *vontade individual* um posto privilegiado no Ocidente.

Essa mudança é radical porque inverte a noção de virtude e de bem que imperava até então. A ética da honra da Antiguidade é reinterpretada nos termos do ideal cartesiano de controle racional. A racionalidade deixa também de ser substantiva e passa a ser "processual", ou seja: ser "racional" passa a significar pensar de acordo com certos cânones. Locke é o sistematizador do novo ideal de independência e autorresponsabilidade interpretado como algo livre do costume e da autoridade local, transformando o novo sujeito racional no fundamento de uma teoria política sistemática.[56]

É interessante notar aqui que a nova ideia de sujeito é instrumental, ou seja, ele é antes uma forma do que um conteúdo. É isso que se quer dizer quando se diz que a racionalidade deixa de ser substantiva.

Dito de outro modo: o que é importante nela é precisamente seu caráter plástico e moldável, o fato de poder ser usada para a realização dos mais variados fins e objetivos. Assim, a tríade *disciplina, autocontrole e pensamento prospectivo* é o que constitui a noção de sujeito moderno.[57] Um sujeito autocontrolado e disciplinado, capaz de renúncia no presente em nome de um ganho futuro – que é o que "pensamento prospectivo" significa –, pode idealmente implementar qualquer fim ou objetivo na realidade exterior. Em outras palavras: esse indivíduo é o instrumento perfeito para a realização de qualquer fim econômico, social ou político. Ele não *é, em si,* mais nada, mas pode ser moldado e utilizado para qualquer fim.

Em um contexto como o da sociedade moderna ou capitalista, em que os fins e objetivos já estão decididos de antemão para a imensa maioria das pessoas, esse é o sujeito social perfeito. Idealmente, ele ou ela será capaz de alta produtividade em qualquer área da divisão social do trabalho. Como sua própria autoestima, além do reconhecimento dos outros, depende disso, ele ou ela tenderá a empregar todas as suas energias na mais perfeita realização daquilo que se espera dele ou dela.

Esse ponto é fundamental. O sujeito racional moderno é, portanto, um *habitus*, ou seja, uma certa forma de economia emocional pré-reflexiva que implica controle dos afetos e cálculo de suas chances futuras. Vejam bem, cara leitora e caro leitor. Aqui não importa tanto sua substância ou seu conteúdo, ou seja, *quem* você é, se é sensível ou não, generoso ou mesquinho, apaixonado ou frio. O que importa é se é possível contar com a sua energia produtiva – com sua disciplina, seu autocontrole e seu pensamento prospectivo – como uma peça útil na divisão social do trabalho. Essa é a base de respeito mínimo para o valor individual socialmente produzido, uma espécie de "*habitus* disciplinar mínimo" exigido para que exista o respeito interpessoal necessário tanto para a vida produtiva quanto para a vida democrática. Esse "*habitus* disciplinar mínimo" é de importância decisiva tanto no mundo da economia – para a ideia de produtor útil – quanto no da política – para a noção de cidadão. No mundo do trabalho, sem esse *habitus* não existe o aprendizado de uma profissão nem produtividade, muito menos trabalho bem-feito. No mundo da política, não existe a possibilidade de perceber os próprios interesses, que é o que a noção de cidadania exige, nem o ganho em autorreflexividade que o autocontrole enseja e muito menos a dimensão do futuro que o cálculo prospectivo inaugura.

Esse ponto será de importância central quando nos perguntarmos sobre a situação brasileira, já que muitos entre nós não têm sequer acesso a essa dimensão mínima do respeito social. Aqui, como um projeto político do bloco antipopular composto por elite e classe média branca, há toda uma classe social de pessoas construídas sem o *habitus* produtivo e disciplinar mínimo e que, por conta disso, não são respeitadas nos seus direitos mais básicos enquanto indivíduos. Mais adiante aprofundaremos essa análise da construção social individual como precondição para a participação na vida democrática moderna.

A outra dimensão aberta pela afirmação da vida cotidiana no mundo pós-religião é a esfera da família. Se na dimensão do trabalho existe uma espécie de substituição do orgulho de ser o instrumento de Deus pelo orgulho de ser um instrumento racional de si mesmo e da sociedade, aqui o contexto é ainda mais multifacetado. É que o princípio da interioridade, a ideia de que temos em nós mesmos um espaço simbólico que não se confunde com nossos órgãos vitais, adquire todo o seu significado na família.

Com o advento do protestantismo, muito especialmente na sua versão clássica e luterana, essa noção de que temos um espaço interior que não se confunde com nossos órgãos vitais passa a significar também que temos a divindade "dentro de nós", no nosso "coração". Essa linguagem, que antes era religiosamente motivada, também permanece no mundo secular, agora com um sentido modificado e profano.

Assim, além da dignidade do trabalhador útil, teremos uma segunda fonte moral a determinar silenciosa e inarticuladamente nosso comportamento: a autenticidade individual. Autenticidade ou expressivismo significa que o que temos "dentro de nós", no lugar que antes pertencia a Deus, é precisamente o conjunto de nossos sentimentos e emoções mais íntimos e que, portanto, nos definem melhor que qualquer outra coisa. A partir daí, cada um de nós, quer tenhamos consciência disso ou não, vai se definir não apenas pela dignidade do trabalhador útil, mas também pela atitude em relação aos sentimentos e emoções que vivenciamos como nossa dimensão mais íntima e pessoal. Como cada um tem uma biografia peculiar, cada um possui também uma vivência e uma experiência emocional singular e intransferível. O mais importante é que passamos a ter a obrigação de viver de acordo com nossos sentimentos autênticos, de viver de acordo com nossa autenticidade, ou seja, não é mera escolha superficial, mas um dever moral para cada um de nós.

Qualquer leitor sincero consigo mesmo pode encontrar a prova empírica do que estou dizendo. Como filho ou filha do racionalismo ocidental e sendo um ser social, necessariamente definimos o sucesso ou o fracasso na vida nos termos da ética da dignidade e da autenticidade. Dito de outra maneira, ao modo da linguagem cotidiana: todos nós, sem exceção, avaliamos a nós mesmos e os outros como dignos de valor ou de desprezo a partir do fato de termos ou não um trabalho digno e útil e de levarmos a vida de acordo com nossos sentimentos ou não. Se perguntarmos em uma pesquisa o que as pessoas mais valorizam na vida, a resposta será sempre o trabalho e o amor ou a família, ou seja, as duas esferas da vida encarregadas da institucionalização dos valores tanto da dignidade do produtor útil quanto da autenticidade emotiva e sentimental individual. Tudo o mais é percebido como secundário ou menos importante e decisivo. Ser bem-sucedido no trabalho e no amor condiciona a forma como avaliamos a nossa própria vida e a vida dos outros. Para quem imagina que nosso comportamento é determinado apenas por dinheiro ou poder, refletir sobre esse fato pode ensinar muita coisa.

No Ocidente, a institucionalização dessas esferas da vida foi construída historicamente aos poucos. A valorização do trabalho, que passa a ser entendido como o caminho para Deus e para a salvação, foi um dos aspectos centrais da revolução protestante. Como todos podem trabalhar, todos podem ter dignidade na vida social. Pela primeira vez na história havia a possibilidade de reconhecimento social abrangente e universal para todos que trabalham produtivamente, o que explica o enorme poder revolucionário e democrático da mensagem protestante. Com o tempo e o processo de secularização, a tradição religiosa vai sendo pouco a pouco traduzida em termos de luta política secular. Em vez da salvação no outro mundo, típica do proselitismo religioso, vemos crescer a ênfase na salvação neste mundo, típica da mensagem secular e política.

Se a sacralização e a dignidade do trabalho foram produtos da revolução protestante do século XVI, a institucionalização da fonte moral da autenticidade foi, historicamente, mais tardia. Ela começa no século XVIII entre as elites culturais de artistas, poetas e pensadores, embora tenha tido precursores mesmo antes disso. Do mesmo modo que a sociedade disciplinar secular tem sua origem na tradição religiosa da valorização do trabalho, a expressão da autenticidade desenvolve, em termos seculares, um processo de aprendizado que também tem seu ponto de partida na religiosidade protestante.

Enquanto o ímpeto da dominação da realidade exterior pelo trabalho diligente e disciplinado reflete, antes de tudo, uma atitude em relação ao mundo que tem seus primórdios na vertente ascética do protestantismo, cujos pontos de inflexão principais serão representados pela Holanda, a Inglaterra e os Estados Unidos, a ética da autenticidade tem outra origem. Aqui a principal influência, ainda que obviamente haja antecedentes e figuras de proa em vários lugares e tradições, parece ser o luteranismo em suas raízes alemãs e escandinavas.

A ideia de que Deus está "dentro" de cada um de nós, mais precisamente em nosso "coração" e, portanto, no nosso centro afetivo e emocional, é a marca mais significativa do protestantismo luterano, além da revalorização do trabalho, que depois de Lutero se torna o dado central de todo tipo histórico de protestantismo. Com o processo de desencantamento do mundo, instaurado, como vimos, como consequência não intencional do próprio protestantismo, a linguagem da interioridade expressiva e de seu conteúdo emocional também passa a ser expressa cada vez mais em termos seculares.

O que antes era o lugar do culto à divindade com vistas à salvação no outro mundo, no contexto secular se torna o lugar da singularidade emocional e sentimental que cada biografia peculiar produz na construção da esfera íntima do indivíduo. O romantismo alemão da segunda metade do século XVIII vai criar toda uma linguagem, agora em termos seculares, para perscrutar as profundezas do ser e do nosso inconsciente afetivo. Restrito às elites intelectuais nos séculos XVIII e XIX, o expressivismo, como movimento social e intelectual, vai atingir as grandes massas mundiais de modo decisivo e irreversível a partir da chamada revolução contracultural dos anos 60 do século passado. A juventude dos países centrais e periféricos mais importantes passa a reivindicar uma redefinição radical do que significa uma "boa vida".

O que confere o caráter de dever ético e de obrigação moral a essa busca por nossa originalidade é que, agora, não é apenas o trabalho produtivo o que nos define como seres humanos. Afinal, não somos apenas abelhas produtivas e trabalhadoras. Começamos a acreditar, como os românticos, que também podemos criar um sentido profundo e novo e nos redefinir de outro modo. Assim, a "verdadeira vida" passa a ser percebida, cada vez mais, como a busca por quem somos e pelo que nos define como seres singulares. Passar pela existência sem buscar e procurar desenvolver o nosso eu autêntico, baseado nos sentimentos e nas emoções que nos individualizam, é percebido, especialmente pelos estratos mais cultos da sociedade, como uma vida desperdiçada e sem real valor. Nesses círculos, a autenticidade é uma fonte valorativa que se contrapõe à visão da vida limitada à produção e ao trabalho. De certa maneira, o corpo se vinga da disciplina e passa a ser redefinido também nos termos do espírito. O que antes era pulsão ou emoção sem controle é renomeado como *sentimento*, ou seja, como uma pulsão perpassada pelo espírito e pela reflexão.

A racionalização da esfera erótica mostra esse processo de modo exemplar. Antes o sexo era, para a imensa maioria das pessoas, pouco mais que uma necessidade do corpo, como comer e beber. Pouco a pouco, tanto a vida cortesã quanto a nascente literatura romanesca passam a associar o desejo sexual a um conjunto de sentimentos, os quais substituem a salvação no outro mundo pela salvação aqui e agora a partir da fruição do desejo amoroso transfigurado e sublimado. Na verdade, a sublimação do desejo transforma a pulsão sexual por dentro, dando ensejo à sua vinculação com um conjunto de sensações, desejos e sentimentos que antes não existiam como tais. A partir daí, encontrar o amor se torna um desafio decisivo, a grande promessa de felicidade mundana na vida de cada um. Nasce, especialmente a partir do século XVIII, o ideal do amor romântico, que institucionaliza a esfera erótica na forma do casamento por afinidade e da família nuclear.

Além da dimensão erótica, o dever moral de seguir a autenticidade dos desejos e sentimentos de cada um é institucionalizado de diversas maneiras. A arte e o artista, como modelos de busca exemplar da autenticidade, ganham museus, galerias, teatros e cinemas. A simples produtividade do trabalho já não é suficiente para a definição de uma "boa vida". Torna-se imperativo reconhecer e cultivar nossa vida emocional e sentimental em todas as suas dimensões. Essa faceta estética da vida ganha uma valorização também moral, na medida em que passa a ser percebida por cada um de nós, sem exceção, como um dever, o dever de conhecer os sentimentos que nos fazem únicos e de viver de acordo com eles. Apesar de existir uma comunicação ativa com nossa vida corporal e pulsional, a dimensão estética é uma dimensão do espírito e irá produzir hierarquias morais a partir disso.

A partir daí, a busca pela dignidade do trabalho útil e a busca pela realização amorosa e familiar começam a determinar nosso comportamento prático e cotidiano como fontes morais que não se confundem com os estímulos empíricos da riqueza e do poder. Um processo histórico de aprendizado moral construiu essas esferas tão importantes para nós hoje em dia e passa a dar sentido à nossa vida cotidiana, frágil e passageira como ela é. Antes as pessoas encontravam consolo na salvação "além deste mundo", sendo o mundo cotidiano percebido como um vale de lágrimas. Agora a dimensão do trabalho como realização profissional e a do amor e da amizade como realização afetiva constroem toda a gramática moral e valorativa para que possamos doar sentido à realidade e à nossa vida, mesmo no mundo secular, transitório e desencantado que habitamos. Essas *fontes morais* nos permitem imaginar uma "salvação neste mundo", mesmo no contexto de uma vida finita e transitória, mas com sentido, prazer e orientação valorativa.

# A luta pelo reconhecimento social

Até aqui desenvolvemos a construção histórica da moralidade no Ocidente desde sua fundação religiosa até sua transformação secular. Refazer esse caminho é importante porque apenas a compreensão dessa dimensão fundamental da vida nos esclarece quem somos hoje em dia. Como a dimensão da moralidade tende a ser reprimida pelos poderes políticos e sociais e aparecer sob a forma de economia e de necessidades econômicas aparentemente naturais e sem origem, a reconstrução que fizemos até este ponto nos permite recuperar a ideia de que somos, antes de tudo, seres morais em processo de autointerpretação e aprendizado. São as necessidades e os estímulos morais que comandam nosso comportamento e nossa vida em todas as dimensões.

Mas ainda falta um passo fundamental para que possamos compreender a vida moral como o centro da vida individual e social. Temos que entender também como as lutas morais são o estofo das lutas políticas de nosso tempo. É o que faremos a seguir. Aqui o trabalho do filósofo social alemão Axel Honneth[58] me parece decisivo. Honneth aprofunda e atualiza a intuição hegeliana de que "a luta por reconhecimento é o verdadeiro motor de toda a vida social".

Na obra de Axel Honneth, o resgate da categoria do reconhecimento social como a necessidade social mais básica de cada um de nós – e, portanto, a categoria central da política moderna – remete à intenção de recuperar a herança tradicional hegeliana em um registro contemporâneo, ou seja, aberto à investigação empírica. Do pensamento hegeliano mantém-se, no entanto, sua intuição original da necessidade de um contexto preexistente como dado primário e original para a prática social e política e, portanto, de uma concepção dialógica da formação da identidade social e cultural. Em outras palavras: o indivíduo não cai das nuvens nem é uma página em branco, como alega o liberalismo, mas é, desde sempre, um produto social.

## A semente hegeliana

O conceito de reconhecimento social era central no projeto do jovem Hegel de estabelecer uma mediação entre a doutrina da liberdade individual moderna e a tradição do pensamento político da Antiguidade, especialmente de Aristóteles, que enfatizava o componente comunitário da questão ética. Hegel procura construir essa mediação ao adotar uma concepção que parte das motivações morais como o dado fundamental. Assim, a partir de suas ideias, o reconhecimento social pode ser percebido como o componente mais primário e decisivo no processo de formação ética do espírito humano. A questão central aqui é perceber que o principal fator determinante da vida social não é a autopreservação material ou os interesses econômicos, como se dirá mais tarde, mas sim regras morais – mesmo que tornadas implícitas e invisíveis – de reconhecimento mútuo.

No contexto de transição entre a visão de mundo religiosa e a secular, muitos pensadores imaginavam que o contexto moral era um mero reflexo da eficácia da religião. No entanto, nossa reconstrução mostrou o contrário, demonstrando como, mesmo no contexto secular, a moralidade continua comandando nossa vida e nosso comportamento. Mas essa demonstração precisa ser explicitada e tornada empírica para ser convincente, já que não existe mais o centro visível da instância moralizadora que a Igreja Católica medieval incorporava antes. Como a moralidade secular, ao contrário da religiosa, está embutida e invisível na própria socialização familiar e institucional, ela tende a ser "esquecida" e condenada a não ser reconhecida como tal. Daí que as necessidades econômicas, aparentemente naturais e eternas, ou a autopreservação material tenham entrado no seu lugar. As teorias do contrato social, no início da modernidade, tendiam já a interpretar a vida social e política desse modo instrumental e econômico.

Maquiavel foi o primeiro a perceber a autonomia das esferas política e econômica em relação ao contexto tradicional anterior, especialmente de fundo religioso. Para ele, a política não deveria mais ser percebida com base nas noções clássicas de comportamento virtuoso. Também pela primeira vez, temos a definição da esfera da ação social como espaço de luta pela preservação da integridade *física* dos sujeitos. Já em Hobbes, o que era ainda meramente descritivo e intuitivo em Maquiavel se torna um projeto analítico e ambicioso. Seu intuito era descobrir as "leis da vida burguesa". Hobbes alcança seu objetivo ao interpretar o homem – a partir dos recursos da ciência natural já disponíveis na época – como uma espécie de autômato que anda por si só, ainda que dotado da capacidade extraordinária de se importar com seu próprio bem-estar futuro e a própria autopreservação. É precisamente esse comportamento antecipatório que faz com que, ao se deparar com outro homem, perceba seu interesse em se proteger e aumentar seu poder relativo.

É nesse contexto que entendemos a singular importância de Hegel. A singularidade do esforço filosófico e político do jovem Hegel não está evidente apenas em sua crítica à tendência de reduzir o comportamento social a imperativos de poder, mas sobretudo no fato de, para construí-la, ter usado o próprio modelo de Hobbes, que presumia a existência de uma luta genérica entre todos os homens. O conceito de *eticidade* foi escolhido por Hegel para expressar o conjunto de inclinações morais práticas nas relações entre as pessoas – para além tanto do ordenamento do Estado quanto das convicções morais individuais.

Nesse sentido, o sujeito individual deve ser visto como alguém que, através da aceitação por parte de outros sujeitos, se sente reconhecido e consequentemente em comunhão com eles, nascendo daí sua disposição a também reconhecer o outro em sua originalidade e singularidade. O argumento hegeliano é construído de tal modo que a dinâmica do reconhecimento mútuo obedece a um desenvolvimento em espiral segundo o qual a cada nova forma de reconhecimento social o indivíduo aprende a conhecer e realizar novas dimensões de sua própria identidade. É precisamente a lógica desse reconhecimento progressivo que o estimula a novas lutas e novos conflitos por reconhecimento.

Entretanto, ao contrário do que pensava Hobbes, para Hegel a luta por reconhecimento não se limita à autopreservação física. A aceitação das distintas dimensões da subjetividade humana entre os indivíduos seria a base ética da vida social enquanto tal. Ou seja, *o contrato social não encerra a luta de todos contra todos*. Ao contrário, o conflito é um elemento constitutivo da vida social, pois possibilita a construção de relações sociais cada vez mais desenvolvidas, refletindo o processo de aprendizado moral da sociedade em cada estágio. O conflito deixa, então, de ser algo negativo e transitório e passa a indicar o momento positivo de formação e desenvolvimento do processo social, que de outro modo permaneceria opaco e inconsciente, sendo o próprio motor da lógica do reconhecimento.

Hegel procura mostrar que é necessário supor a existência de alguma forma de aceitação recíproca e elementar entre as pessoas que caberia ao contrato social restabelecer de forma explícita e consciente. O contrato social, nesse sentido, deve ser pensado como a realização refletida de direitos que já existiam sob a forma de concepções de justiça inarticuladas, em forma elementar. É essa pressuposição que permite a reinterpretação que vê no mundo social não mais uma luta de todos contra todos pela preservação física, mas uma luta moral e política por reconhecimento social. Assim, por exemplo, a ameaça à propriedade alheia não é respondida pelo agredido, em sua forma mais básica e elementar, com o sentimento de medo, mas com o sentimento de injustiça pelo fato de ter sido *ignorado e não reconhecido* pelo outro.

Em um assalto, a sensação de termos sido vítimas de uma violência não é apenas nem principalmente causada pela mera carência provocada pelos 100 ou 500 reais roubados, embora a circunstância obviamente envolva uma perda real. O grave sentimento de fragilidade e vulnerabilidade existencial que todo assalto nos provoca não pode ser medido apenas em termos monetários. Ele tem a ver, antes de tudo, com o fato de não termos sido reconhecidos como sujeito de direitos e com o desrespeito social à nossa esfera individual. Um ataque a essa dimensão logo provoca uma sensação de perda de orientação e de valor próprio que sequer pode ser comparada à mera perda de 100 reais. Em resumo: o indivíduo não existe isolado, pois está sempre moralmente construído por uma intersubjetividade, por uma relação entre as pessoas que não só já existia antes dele mas também define seus sentimentos e limites enquanto indivíduo.

## O reconhecimento social como motor das lutas políticas

O objetivo de Honneth poderia ser definido como uma tentativa de desenvolver um conceito de sociedade e especialmente de *mudança social* a partir da luta por reconhecimento nos termos propostos por Hegel. Seu projeto é perceber de que modo as motivações morais das lutas de grupos sociais permitem a progressiva institucionalização e aceitação cultural das várias dimensões de reconhecimento social que antes eram negadas a esses indivíduos. Como vimos rapidamente, Hegel, em oposição a Maquiavel e Hobbes, foi o primeiro pensador a interpretar a luta social de tal modo que o desenvolvimento moral e político da sociedade pudesse ser percebido como o motor da mudança social e política.

Esse passo é importante não apenas para que possamos compreender como a história foi motivada moralmente pelas concepções de justiça das pessoas. Na verdade, só podemos compreender adequadamente nossa vida contemporânea e suas lutas sociais e políticas se conseguimos compreender a dinâmica da mudança social comandada pelas demandas morais. O que Honneth procura mostrar é precisamente que demandas são essas e como elas estão embutidas em nossa vida e prática cotidianas. Esse esclarecimento é fundamental para não sermos feitos de tolos pelos poderosos e seus porta-vozes de plantão. O que será discutido a seguir se refere à dinâmica moral da sociedade contemporânea, ou seja, não apenas às concepções de justiça que compartilhamos, mas também à centelha moral que acende nosso interesse e motiva nosso comportamento político.

Honneth quer demonstrar, com os novos desenvolvimentos da ciência empírica moderna, que a intuição hegeliana pode ser comprovada cientificamente e se tornar o germe de uma nova teoria da sociedade baseada na luta pelo reconhecimento social. Espero que nossa discussão sobre a evolução das formas religiosas no Ocidente tenha conseguido provar que a história do Ocidente pode ser percebida como um grande processo de aprendizado moral. Mas esse aprendizado não se restringe à evolução religiosa. É importante, nesse sentido, perceber como formas seculares de aprendizado moral continuam a ser o verdadeiro motor do desenvolvimento social mesmo em um contexto secular.

O aspecto dinâmico desse ponto de partida, que é o que nos interessa aqui, fica evidente à medida que os indivíduos passam a procurar se libertar dos constrangimentos sociais que impedem a livre expressão de suas subjetividades de acordo com demandas crescentes por reconhecimento social. Desse modo, podemos partir do pressuposto de que a história da espécie, na crescente individualização ocidental, está ligada a um concomitante aumento das possibilidades de reconhecimento social recíproco. Portanto, é perfeitamente possível reconstruir a história social como um processo moralmente motivado de lutas políticas por meio do qual grupos sociais passam a exigir a institucionalização progressiva de formas cada vez mais amplas e profundas de reconhecimento social.

Nesse contexto, é fundamental reconstruir cada uma das esferas que correspondem a formas específicas de reconhecimento social. A primeira esfera social é a do *amor*, como Hegel a denominou originariamente. Ela é a primeira porque, em sua origem, se refere à socialização primária e vai determinar em boa medida tanto a vida adulta de cada um de nós quanto a possibilidade de reconhecimento social nas outras esferas fundamentais da sociedade.

Honneth pretende, desde o começo, ampliar essa esfera e abranger todo tipo de relação afetiva poderosa entre poucas pessoas, como o amor sexual, mas também a relação entre pais e filhos e as relações de amizade. Aqui ganha especial interesse a tradição neofreudiana da "teoria do objeto",[59] a qual se dedicou a estudar empiricamente os primeiros anos da infância, sobretudo a relação simbiótica entre mães e filhos. Esse campo de estudos implicou uma ampliação importante do modelo monológico da tradição freudiana, afastando-se do tema das articulações entre pulsões libidinosas e capacidades do ego – centradas no próprio sujeito – em direção à dimensão dialógica e intersubjetiva das interações pré-linguísticas da criança com a mãe.

A atenção de Honneth se concentra em propostas psicanalíticas alternativas como a de Donald Winnicott, por sua visão da relação afetiva intersubjetiva como um componente essencial para o processo de amadurecimento pessoal. A ideia central aqui é a de que apenas uma relação bem-sucedida entre mãe e filho permite uma resolução satisfatória da complexa balança entre simbiose e autonomia na vida social futura do adulto. As pesquisas de Winnicott demonstraram que a retirada do carinho materno, mesmo quando todas as outras necessidades corporais foram atendidas, acarretou graves distúrbios no comportamento de bebês.

Ele percebeu fases distintas nessa relação. A primeira é marcada por alta dependência recíproca. O recém-nascido ainda não consegue comunicar as próprias necessidades e a mãe sente uma compulsão interior – que começa já na gravidez – a se identificar com o bebê e se dedicar integralmente a ele. Nessa fase, as necessidades da criança se confundem com as suas próprias. Essa é a *fase do colo*, marcada pela simbiose entre mãe e filho. A segunda fase corresponde àquela em que a criança, por volta dos seis meses de idade, começa a ser capaz de se diferenciar em relação ao meio ambiente e a compreender sinais que indicam que suas necessidades serão atendidas no futuro. Assim, ela consegue suportar progressivamente a ausência da mãe. Essa fase de relativa independência é decisiva, pois abre a possibilidade de "ser-se si próprio no outro" – uma faculdade essencial a toda forma madura de relação afetiva.

Ainda nessa fase é comum o "ataque físico" da criança à mãe, que passa a ser percebida como algo independente. É precisamente o fato de a mãe não "se vingar" que vai permitir à criança uma existência na sociedade ao lado de outros com igual direito. Essa luta seria a primeira e a mais primária e importante de todas as lutas por reconhecimento. Com ela, abre-se à criança a possibilidade de amar a mãe sem fantasias de onipotência narcísica, ou seja, sem vê-la como mera expressão do seu próprio desejo. Fundamental para o sucesso dessa empreitada é a formação de um "bom objeto" na memória, ou seja, a existência de uma mãe que não "se vingou" dos ataques da criança com a retirada do carinho e da atenção. Se isso aconteceu dessa forma, então a segurança do amor materno acompanha a criança sob a forma da confiança em si mesma, que lhe permite ficar só sem medo e sem ansiedade, sentindo-se amada mesmo quando a atenção é retirada. É a libertação da ansiedade de "ser abandonada" e de "ser esquecida" que permite a experiência de se dedicar aos próprios impulsos interiores de forma aberta e criativa. É o sentimento de autoconfiança, portanto, o produto específico dessa forma primária de reconhecimento, que abre ao indivíduo a possibilidade de estar sozinho sem perda da segurança do amor do outro pela vida afora.

Apesar do particularismo típico das relações amorosas, Hegel já havia percebido nelas o próprio núcleo da possibilidade de uma vida ética, pois é a dialética entre simbiose e autonomia que permite a construção da autoconfiança enquanto elemento indispensável para a participação também em todas as dimensões da vida pública. Desse modo, o tipo de autoconfiança elementar das relações amorosas é um pressuposto tanto lógico quanto genético de todas as outras relações de reconhecimento social na esfera pública. Como toda relação pública de reconhecimento social, como a do direito, implica também respeitar e reconhecer o espaço alheio, o padrão da "dialética do reconhecimento" é exatamente o mesmo do desenvolvimento do bebê que se autonomiza em relação à mãe e aprende a respeitá-la como um ser com necessidades próprias sem se considerar, por conta disso, abandonado. Nesse sentido, o processo afetivo de formação do indivíduo "privado" – que se torna afetivamente maduro pelo reconhecimento do espaço próprio à mãe como ser distinto – prefigura todas as outras formas "públicas" de reconhecimento. Embora essa dimensão tenha sempre existido de alguma maneira intuitiva, é claro que o expressivismo, a partir do século XVIII, cria toda uma linguagem da autenticidade que vai nomear e tornar reflexivo o que antes era apenas intuitivo. A dimensão do amor passa a ser valorizada como uma fonte de dotação de sentido e justificativa à vida em si mesma.

A segunda dimensão fundamental do reconhecimento social é a relação de reciprocidade típica do direito. Essa dimensão, ao contrário do amor, acontece apenas a partir de certo desenvolvimento histórico. A mera existência de direitos e deveres, na Antiguidade e no mundo medieval, possui um limitado significado normativo se comparado à existência, no contexto contemporâneo, de princípios morais universalmente válidos. Apenas nesse último caso os sujeitos de direito se "reconhecem" mutuamente enquanto indivíduos submetidos às mesmas leis e possuidores de autonomia para escolher racionalmente entre diferentes normas.

A questão aqui é o distanciamento das relações que envolvem afetividade, como as amorosas e as pessoais, assim como das relações tradicionais baseadas na honra, que envolvem respeito reverencial à tradição. O tipo de respeito pressuposto no direito é puramente cognitivo, distanciando-se de sentimentos de simpatia e antipatia e sendo, por conta disso, capaz de estruturar o comportamento individual e coletivo segundo regras universalizáveis. Fundamental na relação jurídica desse tipo é sua possibilidade de estruturar a vida social mesmo tendo se desligado de contextos emotivos e particulares como os que são formados por simpatia e afeição, ou seja, mesmo limitando e impondo barreiras internas aos estímulos afetivos.

Os trabalhos de T. H. Marshall[60] nos mostram que também esse último processo de universalização e impessoalidade das relações sociais pode ser pensado em termos de luta por reconhecimento. Esse autor apresenta sua visão de uma carta de direitos que se impõem progressivamente na história à medida que o princípio da formação racional coletiva da vontade ganha validade social. O imperativo da igualdade começa a se impor desde a institucionalização dos direitos civis no século XVIII – cuidando ainda meramente da proteção do indivíduo em relação ao Estado, aos direitos políticos, típicos do século XIX, seguidos da implementação dos direitos sociais no século XX, refletindo precisamente a pressão da demanda por igualdade que mobiliza lutas por reconhecimento cada vez mais amplas e profundas. O fio condutor que une todas essas lutas é a ideia de que qualquer indivíduo, pertencente a qualquer grupo social, não pode ficar excluído do processo de deliberação racional da vontade coletiva que constitui a soberania popular.

É claro que, nesse estágio de desenvolvimento social, estão pressupostas todas as mudanças, que analisamos no capítulo anterior, acerca da importância do trabalho útil funcionando como elemento nivelador de um tipo de respeito social que devemos a todos que contribuem para o bem-estar e para a riqueza coletiva. Tanto isso é verdade que os direitos que estamos discutindo aqui eram restritos aos burgueses no começo e foram as lutas das classes trabalhadoras, defendendo *sua contribuição à riqueza e ao bem-estar geral através do trabalho*, que permitiram a universalização desses direitos a todos. Essas lutas permitiram o reconhecimento dos trabalhadores não apenas como força de trabalho explorada mas como cidadãos com direitos iguais.

Para que pudesse nascer o sujeito social moralmente responsável, foi se formando historicamente a compreensão de que, além da mera proteção da esfera individual, eram necessários a participação política efetiva e o acesso a certo nível de bem-estar social. Desse modo, a possibilidade de participar com igual direito na esfera pública política que decide acerca da vida coletiva produz no sujeito a consciência do próprio autorrespeito, pois ele se percebe como participante, respeitado por todos, do processo de formação racional da vontade coletiva. A noção de cidadania, portanto, está ligada à soberania popular, ou seja, à possibilidade de participar com igual direito da escolha racional e autônoma das regras da vida social.

O direito, percebido como participação igualitária por meio da soberania popular, proporciona autorrespeito, vindo somar-se à autoconfiança que é atributo das relações primárias de cunho afetivo. É da dimensão do autorrespeito que toda pessoa, não importando seu status, seja considerada capaz de julgamento autônomo em igualdade de condições. *Uma verificação empírica do autorrespeito só é possível, no entanto, em situações negativas, ou seja, quando as pessoas sofrem visivelmente por sua falta.*

Também aqui temos um ponto de partida extremamente profícuo para examinar situações particulares como a existência de uma "classe/raça" de condenados à barbárie, como acontece na sociedade brasileira. Veremos como a história brasileira pode ser analisada não apenas como um processo incompleto de reconhecimento universal, mas também como um projeto político deliberado para impedir o reconhecimento social da classe/raça dos excluídos e marginalizados. Cada vez que um governo pretende incluir social e politicamente a classe/raça de negros e pobres marginalizados, temos, invariavelmente, um golpe de Estado para evitar que isso aconteça. As diversas justificativas para isso, como o falso moralismo canalha da classe média branca, são apenas racionalizações legitimadoras. Esse é o verdadeiro atraso social, moral e político brasileiro. Todo o resto é secundário em relação a essa questão central e fundamental precisamente por eternizar a negação do reconhecimento social e, portanto, do "estatuto de gente" a essa classe/raça. Examinaremos também como esse processo se constituiu historicamente no Brasil. Mas é a dinâmica peculiar da negação do reconhecimento social no Brasil, marcado por sua história particular, que nos ajuda a esclarecer, como veremos, a função do racismo de classe e de raça entre nós.

Além do reconhecimento jurídico, temos uma terceira dimensão independente do reconhecimento social que poderíamos chamar de "valoração social", em uma tradução mais literal do conceito, ou de "mérito individual", em uma tradução mais livre. Enquanto o direito garante o reconhecimento de características universalizáveis das pessoas sob formas particulares, o mérito garante o reconhecimento de certas qualidades diferenciais entre os sujeitos segundo critérios culturais predominantes na sociedade. Essas qualidades não são arbitrárias e se restringem apenas às pessoas que realizam fins sociais considerados importantes por todos. Para Honneth, o mérito e o direito estão ligados, na medida em que este último só pode assimilar o que é universalizável, enquanto o primeiro engloba tudo aquilo que é socialmente valorizado e percebido por todos como meritório, mas não generalizável porque produto de um desempenho individual diferencial.

Na sociedade tradicional, esse elemento da vida social estava ligado à noção de honra estamental, como estratégia de alguns grupos sociais dominantes para monopolizar toda a avaliação social positiva para si mesmos. Nesse contexto, um comportamento honroso era tudo que o indivíduo podia acrescentar a uma escala de avaliação social já predefinida desde o nascimento. A luta da burguesia contra a sociedade estamental feudal fez com que o indivíduo enquanto tal, e não mais o estamento ou o grupo social, fosse o objeto da avaliação social positiva. Assim, o *mérito* passa a indicar desempenhos individuais diferenciados, considerados dignos de avaliação positiva pelos outros, mas que nem todas as pessoas estão em condições de realizar.

Como o mérito é individualizado e construído a partir de uma condução de vida peculiar, abrem-se novas perspectivas para novas formas de autorrealização que passam a ser consideradas socialmente significativas, vistas como uma contribuição para a sociedade como um todo. Por conta disso, o mérito permite a valorização da contribuição individual para a sociedade ao enriquecê-la com aspectos que já existiam e foram aprofundados ou com aspectos novos que não existiam antes. Obviamente, como os indivíduos e grupos sociais estão em constante luta para mostrar que sua própria contribuição é socialmente relevante, o que é avaliado como meritório e prestigioso depende, em grande medida, do resultado dessa luta.

A individualização do desempenho diferencial milita no sentido da valorização social de certas formas de realização individual em detrimento de outras. Esse movimento reflete o processo histórico da passagem da honra estamental ao prestígio individual, já que no prestígio a questão da realização individual desses valores não está predefinida, como na ética da honra. Honneth define o espaço de eficácia social dessa esfera por exclusão, ou seja, a partir do que ela não é. Assim, seu espaço de positividade é definido como aquele no qual a honra no sentido tradicional não se transformou em dignidade (ou direito), mas na noção do mérito diferencial. A simetria possível nessa esfera é a da igualdade de oportunidades para a realização diferencial de certos valores sociais. O aumento dessa simetria reflete um grau de aprendizado moral da sociedade como um todo. Aqui importa a diferença que produza no indivíduo diferenciado a sensação legítima de "autovalorização", ou *mérito*, e um sentimento ativo e positivo de admiração e reconhecimento por parte dos outros. É esse último componente o responsável pela construção da solidariedade social. A simetria da igualdade de oportunidades ao mesmo tempo estimula e limita a concorrência segundo regras aceitas por todos. Nessa dimensão, se juntam os aspectos tanto da demanda por autenticidade quanto da dignidade pelo trabalho. Os meios de obtenção do mérito são o trabalho e o desempenho diferencial, mas a singularidade de experiências vividas afetivamente – o sentido da autenticidade – também está presente nessa equação.

A importância da reconstrução das distintas formas de reconhecimento social e das correspondentes formas de autoestima individual ligadas a ele é decisiva para a compreensão das formas de moralidade pós-religiosa e pós-tradicional. Elas esclarecem como os indivíduos em si mesmos – enquanto uma criação do processo de evolução moral do Ocidente – passam a ter como motivação de sua ação e de seu comportamento não mais as promessas religiosas no além-mundo, mas as lutas por reconhecimento social e autoestima em todas as dimensões sociais aqui mesmo, "neste mundo".

Elas permitem perceber o mundo pós-religioso e pós-tradicional não como amoral e coisificado, mas como um mundo tão determinado moralmente que suas lutas políticas só podem ser compreendidas como lutas por reconhecimento cada vez mais profundas. Dito de outra maneira: a dimensão moral – com sua dupla face de necessidade subjetiva de autoestima, autoconfiança e autorrespeito a partir dos outros e de reconhecimento social dos outros a partir de nós mesmos – é um componente tão essencial da vida social de cada um de nós que sua ausência pode ser percebida como a causa de todos os conflitos sociais e políticos.

Decisivo aqui é o componente sempre individual e subjetivo das demandas sociais envolvidas. Isso não implica necessariamente individualismo ou egoísmo, na medida em que o móvel de toda ação social coletiva nesse contexto passa a envolver a articulação explícita das demandas dos vários indivíduos que se encontram em uma mesma situação social de privação. Como o progresso moral é medido em termos do aumento da reflexividade e da autonomia individual, ninguém pode "falar" pelo outro sem autorização. A ação coletiva de grupos passa a exigir o *convencimento real* de cada indivíduo que participa do grupo acerca do que são seus interesses e direitos. É por conta disso que é sempre autoritário falar de interesses de grupo sem a devida autorização dos indivíduos que compõem o grupo. O desafio de transformar as diversas insatisfações individuais em ação coletiva envolve outros aspectos, como uma esfera pública plural e aberta ao debate público de ideias. Discutiremos esse aspecto logo a seguir.

# Entre moralidade e racismo

Nossa reconstrução histórica da moralidade ocidental nos levou do judaísmo antigo até os dias de hoje, em um longo trajeto de mais de 3 mil anos. Esse longo trajeto foi necessário, visto que, de outro modo, não teríamos como saber quem somos nem o que move nossa ação no mundo – que é o que verdadeiramente importa conhecer. A história do Ocidente é a história da construção do indivíduo como ideia moral mais fundamental. Um indivíduo construído intersubjetivamente, a partir da interação com outros indivíduos, com expectativas morais que podem ser reconhecidas ou negadas. Tanto o racismo racial quanto os diversos tipos de racismo multidimensional, como veremos adiante, são formas de negar reconhecimento social a indivíduos e grupos sociais. Por conta disso, não compreenderemos o que é o racismo em suas diversas formas se não compreendermos o que é reconhecimento social nas suas diversas dimensões.

Como vimos, a jornada histórica do Ocidente se deixa reconstruir como um gigantesco processo de aprendizado moral possibilitado por lutas por reconhecimento. Nesse sentido, só compreenderemos as lutas religiosas, sociais e políticas que se desenvolveram ao longo desse tempo se percebermos seu conteúdo moral, ou seja, as concepções ou expectativas de justiça inarticuladas que motivaram a luta social por reconhecimento.

Na passagem do mundo religioso para o mundo secular, muitos dos que condenavam o caráter reacionário das instituições religiosas tenderam a tornar invisível a dimensão moral secular contemporânea. Para ocupar o lugar dela, foram inventadas coisas como o "instinto de autopreservação" ou "interesses econômicos invariáveis". No entanto, se refletirmos apenas por um instante, cara leitora e caro leitor, como já vimos no começo deste livro, entenderemos que os interesses econômicos sempre representam demandas morais, que permanecem ocultas, não tematizadas enquanto tais. Como vimos, sem a existência de demandas não articuladas sobre a distribuição justa de bens econômicos, não faz qualquer sentido falar na existência de interesses econômicos de indivíduos e grupos sociais específicos. Isso porque quando falamos de "interesses econômicos" sempre estamos nos referindo a demandas morais de tal modo cristalizadas e generalizadas que parecem óbvias para nossos contemporâneos.

O desconhecimento do caráter moral de nosso comportamento social, por outro lado, tem sempre consequências desastrosas, como, por exemplo, no marxismo. A percepção da classe trabalhadora como possuidora de certo tipo de "interesse econômico" – visto a partir de uma leitura redutora e instrumental do ser humano e que poderia ser "atribuído" pelo intelectual ou pelo partido ao conjunto da classe trabalhadora – teve consequências catastróficas nos partidos comunistas e no socialismo real. Coube, como já mencionamos, a historiadores como E. P. Thompson mostrar que as lutas da classe trabalhadora só poderiam ser adequadamente compreendidas como lutas por reconhecimento a partir de categorias morais como o sentimento de honra ferida e desrespeitada. Problemas semelhantes vicejam nas chamadas minorias identitárias, as quais supostamente também teriam interesses que poderiam ser atribuídos "de fora", por seus "representantes". Esse "progressismo neoliberal", que se pretende vagamente de esquerda, não só se presta a todo tipo de manipulação elitista do tipo dividir para conquistar como literalmente reduz ao silêncio o sofrimento não articulado do qual se autoproclama "representante".

Nesse contexto, ganham importância as considerações de Jürgen Habermas acerca da esfera pública como uma terceira instituição fundamental do mundo moderno, ao lado de Estado e mercado competitivo.[61] Uma sociedade democrática depende da existência de um conjunto de instituições que possibilitem um debate público plural. Apenas o confronto de vozes e de opiniões dissonantes é capaz de restituir a inteligência do público, permitindo-lhe conhecer e articular seus próprios interesses – ou seja, suas demandas morais inarticuladas e não atendidas. É essa possibilidade que permite a conexão entre os indivíduos que estão em uma mesma situação social de privação e exclusão e a consequente formação de uma vontade coletiva articulada.

Obviamente, o problema aqui é que o mundo social e a esfera pública já "têm dono". Contra a articulação e a defesa política consciente das massas excluídas militam os interesses de grupos sociais privilegiados, que vão construir uma interpretação da vida social considerada legítima precisamente por conta de seu monopólio privado da informação e da difusão do conhecimento. Em grande medida, será o que Honneth chama de mérito o elemento decisivo para a construção de discursos legitimadores da dominação social. Assim, do mesmo modo que ninguém negaria o mérito diferencial de um médico que descobre uma vacina que vai beneficiar milhões de pessoas, e que por conta disso irá desfrutar de nosso reconhecimento, existem também, por outro lado, precondições sociais para o mérito individual que são cuidadosamente retiradas da atenção do público. Assim constrói-se uma verdadeira *meritocracia* como justificação de racismos de classe, como veremos com Pierre Bourdieu em seguida. Em países como o Brasil, os racismos de classe e de raça permitem até que o próprio princípio da igualdade jurídica seja atacado, tornando-o meramente formal para os excluídos e abandonados na base da pirâmide social, composta em sua esmagadora maioria por pessoas negras.

É por conta disso que proponho neste livro a tese da existência de um racismo multidimensional, que se constitui ao mesmo tempo como prática e como discurso de modo a negar a certos indivíduos e grupos sociais as possibilidades de autoestima, autoconfiança e autovalor ou mérito. Afinal, o que salta aos olhos na reconstrução histórica que fizemos é o fato de que todas as formas de reconhecimento pressupõem processos de aprendizado que implicam *espiritualizar o corpo*, bem no sentido da tradição milenar do Ocidente – seja no mundo religioso, seja no mundo secular.

Não existe nenhuma dimensão do reconhecimento, na produção de autoestima, autoconfiança e mérito, que não implique um aprendizado cognitivo, moral ou estético – as três dimensões do espírito no seu sentido secular. A capacidade de autocontrole de pulsões como medo e ansiedade, por exemplo, é fundamental para a segurança do recém-nascido ao adulto. A percepção cognitiva da importância da superação do horizonte afetivo imediato que nos prende a relações particularistas é fundamental para a universalização do respeito social pressuposto no direito pós-tradicional. Além disso, sem a disciplina, o autocontrole e o pensamento prospectivo, que permitem o controle das pulsões corporais e a renúncia ao prazer imediato, não existiria nenhuma forma de mérito baseada no desempenho diferencial.

Não existe nada que contribua para nossa autoestima, nossa

autoconfiança e nosso sentimento de autovalor que não suponha a subordinação de pulsões e afetos do corpo pela mente ou pelo espírito. A construção do sujeito de direito, que pressupõe sua participação na formação racional da vontade expressa na soberania popular, exige, por exemplo, algum nível de escolarização – daí a importância da escola obrigatória em muitos países a partir do século XIX. O próprio sucesso escolar requer autocontrole, disciplina e pensamento prospectivo, assim como os papéis sociais tanto do cidadão quanto do produtor útil. Mesmo o tipo de sublimação que cria a esfera do amor exige que a pulsão sexual seja atravessada por significados morais e estéticos e consiga elevar os afetos sexuais à categoria de *sentimentos* eróticos.

Para onde quer que olhemos, veremos que a subordinação dos afetos e do corpo pelo espírito é a gramática de todo tipo de real aprendizado social, por um lado, e de seu uso para fins de dominação social, por outro. Com base na oposição corpo/espírito, passa a existir essa estrutura dupla no Ocidente, que possibilita todo aprendizado real mas também toda construção de preconceitos e racismos. Tudo que consideramos superior, nobre, valoroso está inextricavelmente ligado ao espírito e a suas dimensões.

As culturas consideradas "superiores", por exemplo, são as que identificamos com o espírito – como a europeia e a americana –, enquanto as consideradas "inferiores" são as que identificamos com o corpo e os afetos – como a latino-americana ou a africana. A partir dessa suposta "superioridade" cognitiva, se acopla muito facilmente a superioridade moral e estética. Assim, esses povos supostamente do "espírito" são também percebidos como mais honestos e bonitos. Veremos, por exemplo, como a dominação política e a cultura de golpes de Estado na sociedade brasileira estão ligadas à construção desse mesmo tipo de preconceito cultural contra o próprio povo.

Depois, toda uma indústria cultural, que vive de estereótipos, vai cuidar de criar arquétipos inconscientes que nos acompanharão pelo resto da vida.

Inversamente, todo tipo de preconceito e de racismo implica um processo de "animalização" dos sujeitos, em que o corpo tende a preponderar em relação ao espírito. É como se existisse uma linha imaginária que nos classifica como mais ou menos em todas as dimensões da vida. Em uma ponta, ela nos leva ao divino, ou seja, a tudo que é identificado com o espírito, enquanto, na outra, nos lembra de nossa origem animal e nos leva em direção a tudo que é identificado com o corpo. Todo o mundo social é avaliado segundo essa perspectiva. Não apenas as "culturas" superiores se distinguem das inferiores, mas também as classes sociais, os gêneros, as "raças", etc. As classes do privilégio são as classes do espírito, enquanto as classes trabalhadoras são as classes do trabalho manual e do corpo. Por outro lado, na dimensão do gênero, o homem é percebido como espírito calculador e moralidade distanciada, e a mulher, como corpo, afetividade e sexo. No contexto do racismo racial, o branco é pensado como a incorporação do espírito, e o negro, do corpo e das virtudes ambíguas da força e da sexualidade.

Ora, se o Ocidente construiu toda a sua gramática moral com base na oposição corpo/espírito, então nada mais razoável que todo preconceito e todo tipo de racismo assumam a forma mais ou menos velada de um processo de animalização, de uma perda de humanidade percebida em termos espirituais e, no limite, de uma percepção social de suas vítimas como subgente animalizada – com toda a ferida existencial e toda a carga negativa e mórbida que isso implica. Surpreendentemente, no entanto, não é assim que os diversos racismos são compreendidos. Primeiro, eles nem sequer tendem a ser *efetivamente compreendidos,* como vimos na introdução a este livro.

Tenta-se mostrar sua existência empírica, como se isso fosse o mesmo que compreender sua gênese e sua lógica social. Ou então o racismo racial é percebido como algo que surge do nada e que produz práticas e discursos que não se sabe de onde vêm nem como nasceram, como na obra de Achille Mbembe, por exemplo. Quando a gente, na verdade, não sabe do que fala, é impossível perceber a comunidade íntima e interna entre todos os tipos de racismo e preconceito. É precisamente isso que pretendo reconstruir no restante deste livro.

Essa gramática da moralidade faz parte do capitalismo em todo lugar do globo. Apesar de historicamente terem sido criadas pela religiosidade ocidental, sobretudo pelo protestantismo e pelo processo de secularização que se seguiu, essas orientações valorativas passaram a ser institucionalizadas e exportadas para todo o planeta na forma de modelos familiares, fábricas, escolas, burocracias de todo tipo, museus e da indústria cultural e do entretenimento. Não é mais necessário ir à igreja protestante para estar sob a influência desse processo histórico. O que toda família, toda escola, toda fábrica e todas as burocracias públicas e privadas pretendem construir é esse mesmo *habitus* protestante no que ele efetivamente importa: o tipo de economia emocional que permite o controle das emoções e o cálculo do futuro.

Somos construídos por estímulos institucionais, em grande medida pré-reflexivos e inconscientes, mas esse aspecto decisivo é esquecido pela ciência hegemônica mundial, seja na borda Norte, seja na borda Sul do planeta. Tudo funciona como se as antigas culturas religiosas estivessem ativas até hoje, separando os "protestantes", ou seja, os novos "brancos" da ideologia imperial, dos "não protestantes", ou seja, os novos "negros", inferiorizados e humilhados de modo a serem explorados com indiferença e sem culpa. Veremos em detalhe como esse racismo científico se constitui e como domina tanto a produção científica moderna quanto todos os consensos públicos.

Especialmente na sua versão do "excepcionalismo americano", mas também na Europa, a construção da "superioridade protestante" é, hoje em dia, uma crença popular fortemente enraizada. Nenhum americano ou europeu ocidental deixa de se considerar superior a latino-americanos, africanos e asiáticos. Os que não são abertamente racistas se policiam conscientemente, como nos rituais do politicamente correto, contra aquilo que efetivamente "sentem" no comportamento espontâneo. Desde muito tempo e por efeito da propaganda, da indústria cultural e da pregação supostamente científica, essas ideias racistas que separam gente de subgente se tornaram "emoções" não mais passíveis de crítica racional.

Essa crença visa não apenas criar uma sensação de superioridade difusa nas nações ricas e legitimar seu respectivo sistema social particular. Ela também cria a indiferença, como um sentimento compartilhado nas sociedades ricas, em relação ao sofrimento, à manipulação e à exploração do Sul global. A indiferença da mídia mundial em relação à tragédia recente brasileira, de um processo de inclusão social interrompido por um golpe de Estado orquestrado nos Estados Unidos com a colaboração da elite colonizada brasileira, mostra o que acabo de dizer. Centenas de milhões de vidas perdidas e sem futuro nem sequer são tematizadas e percebidas enquanto tais. A solidariedade com as árvores da Amazônia é centenas de vezes maior do que com as dezenas de milhões de vidas e chances de futuro perdidas.

Para uma sociologia que "culturaliza" o mundo e confunde a questão da gênese do mundo moderno com a questão muito diferente da expansão do capitalismo para todo o globo, a noção de "culturas superiores", percebidas como um estoque supostamente homogêneo e contínuo de conteúdos de outras épocas, substitui com vantagens o racismo explícito das "raças superiores" do colonialismo do século XIX. Quando vemos que essas orientações culturais já foram, desde muito tempo, institucionalizadas no mundo todo, percebemos que as distinções entre as sociedades não se dão em termos de qualidade – ou seja, uma "cultura" produzindo gente com "espírito" no Norte global e outra produzindo subgente animalizada e reduzida ao corpo no Sul global. As distinções, por mais importantes que sejam – e elas efetivamente *existem* –, se dão em termos de quantidade, ou seja, os processos históricos de aprendizado foram mais profundamente realizados em algumas sociedades e permanecem incompletos em outras.

Mas a gramática da moralidade tende a ser a mesma onde quer que a sociedade moderna tenha fincado pé. Por conta disso, as classes sociais são mundiais na sua dinâmica, compartilhando tanto estilos de vida quanto esquemas de avaliação da realidade. A dignidade do trabalho útil produz a disciplina necessária para o trabalho produtivo nas fábricas e nas burocracias das empresas e do Estado em todo lugar do planeta. A socialização familiar e escolar no mundo inteiro tem como intuito construir nas crianças um *habitus* disciplinar: um conjunto de predisposições para o comportamento destinadas a fabricar produtores úteis para o mercado e cidadãos e clientes para o Estado.

Nada disso é "natural" nem se dava desse modo no passado. No entanto, como todo esse processo tem início desde a mais tenra idade, seu processo de incorporação, ou seja, de literalmente "tornar-se corpo" e se tornar um reflexo automático, é "esquecido". Acreditamos que "nascemos" com essas predisposições. Mas ninguém nasce com disciplina, autocontrole, pensamento prospectivo ou capacidade de se concentrar. Apenas a socialização familiar privilegiada, capaz de produzir modelos de comportamento nesse sentido, pode transmitir com sucesso esse tipo de herança imaterial. A escola continua esse mesmo processo de incorporação insensível do modelo disciplinar em cada criança e cada adolescente.

Essa dimensão institucional que nos cria e nos molda em um

sentido específico é, hoje em dia, mundial e independe de cultura regional específica. Apesar de terem sido criadas na Europa, a família nuclear e a escola disciplinadoras, além do Estado centralizado e das burocracias públicas e privadas, funcionam no mesmo sentido no Brasil e na América Latina, por exemplo. Mesmo a imensa maioria dos intelectuais não consegue perceber a importância decisiva dessa ideia. Se somos criados por instituições que foram exportadas para o mundo inteiro e globalizadas, então a hierarquia moral também é global. Elas produzem o mesmo tipo de gente, no mesmo sentido disciplinador, em todos os lugares.

O que muda culturalmente nessa herança comum é a tradição histórica das lutas políticas de cada sociedade. A dignidade do produtor útil, por exemplo, que pressupõe a socialização familiar e escolar bem-sucedida, pode tanto abranger a imensa maioria da sociedade quanto apenas uma pequena parte dela. Em uma sociedade como a alemã, aprendeu-se que todas as pessoas de todas as classes devem ter acesso a uma boa educação, tanto na família quanto na escola, que as capacite para o exercício racional dos papéis de cidadão e produtor útil. Em sociedades como a brasileira, habituadas a produzir e reproduzir indefinidamente contingentes de marginalizados e humilhados, acostumou-se a naturalizar a marginalidade, a exclusão e a humilhação dessas dezenas de milhões de pessoas.

*É a luta entre as classes – e o processo de aprendizado que ela permite ou interdita – que é cultural e contingente.* De resto, as pessoas no Brasil, por exemplo, possuem as mesmas aptidões e fraquezas que os seres humanos em todo lugar. Não é o modelo de ser humano que é produzido culturalmente de modo específico, como nos contaram nossos intelectuais colonizados nas balelas do "homem cordial" ou do "jeitinho brasileiro".[62]

É que a miopia da maior parte dos intelectuais e das pessoas comuns advém do fato de a eficácia das instituições na modelagem dos tipos sociais nunca ser percebida. Se as instituições são, ao menos em boa medida, as mesmas em todo lugar, então elas vão produzir um tipo humano muito semelhante em tudo que é essencial no mundo inteiro. E, como são facilmente vistas e evidentes, as diferenças de menor importância, como o tipo de roupa ou a bebida preferida, a maior ou menor afetividade no trato cotidiano, vão tornar invisível o que é o principal e real fundamento da vida social. O que é produzido "culturalmente" no Brasil é a reprodução, com novas máscaras, do descaso e do prazer escravocrata de humilhar e oprimir. Por conta disso, toleramos a existência de subgente, ou seja, de pessoas cuja socialização familiar e escolar, que corresponde à socialização de classe, não dá a elas qualquer chance de integração na dimensão econômica e no mercado de trabalho competitivo, por exemplo.

De dezenas de milhões de brasileiros pobres e negros foi retirada a possibilidade de aprendizado do papel social do produtor disciplinado e útil. Isso é um projeto político das elites cínicas e primitivas brasileiras que nunca pôde ser contraposto e revertido pelas classes populares. Assim, em vez de desenvolver um *habitus* disciplinar que lhe permitiria se transformar tanto em cidadão quanto em produtor útil, reconhecido por todos, essa massa de pessoas é condenada à barbárie do *habitus* precário que produz o analfabeto funcional condenado ao trabalho corporal e desqualificado e à humilhação da marginalidade social e política.

Uma classe de pessoas objetivamente animalizadas, à qual reagimos, necessariamente, ou com compaixão, ou com desprezo – simplesmente duas faces de uma mesma moeda, comprovando que todos, sem exceção, compartilham da percepção negativa e inferiorizada dessa classe social. Afinal, só sentimos pena ou desprezo por quem é objetivamente percebido como inferior. Não importa, portanto, se temos "bom coração" e sentimos pena ou se temos coração frio e sentimos desprezo ou raiva. Essas pessoas são *objetivamente* inferiorizadas porque a avaliação moral acerca do valor relativo delas é socialmente produzido e se impõe às consciências individuais. É isso que significa dizer que somos, enquanto indivíduos, criações sociais.

Como veremos, esta é a real diferença em termos de aprendizado moral entre as sociedades concretas: se toleramos ou não a fabricação de indivíduos percebidos como lixo descartável. Esta é a diferença realmente fundamental entre Brasil e Alemanha ou Suécia, por exemplo. Mas nem isso é privilégio de nações "atrasadas" economicamente como o Brasil. Os Estados Unidos são o país mais rico e também condenam e animalizam boa parte de sua população negra ao esquecimento e à marginalidade. É preciso compreender, portanto, como se dá a combinação entre todos os racismos e o papel de simplificador universal que será atribuído ao racismo racial nesse contexto. É precisamente isso que faremos agora na segunda parte deste livro.

Até aqui reconstruímos a gênese da moralidade ocidental e de toda forma possível de aprendizado social como um processo crescente de sublimação do conteúdo afetivo e pulsional dos seres humanos e a consequente espiritualização da vida social. Do mesmo modo, podemos reconstruir todas as formas importantes e significativas de racismo e preconceito como um processo de animalização do outro.

Essa foi precisamente a estratégia de Norbert Elias, como vimos, na sua análise do processo civilizatório da Idade Média ao alvorecer da Modernidade. Tal processo, no entanto, não para por aí. Ele vai agora, na Modernidade Contemporânea, assumir mais e mais as vestes do prestígio científico para melhor se legitimar como neutro e imparcial. Como a imensa maioria dos grandes intelectuais, Elias privilegia apenas um dos lados da questão. Mas não podemos esquecer que ela envolve tanto o aprendizado real quanto uma lógica de distorção e dominação e tem que ser examinada na sua ambiguidade constitutiva. No caso de Elias, como no de Pierre Bourdieu, a ênfase está na dominação. Para os neo-hegelianos como Taylor e Honneth ou para Habermas, a ênfase está, ao contrário, no processo de aprendizado. Neste livro nosso desafio é unir as duas perspectivas.

Essa escolha me parece fundamental para mostrar o caráter inextricavelmente dual e contraditório da experiência humana, marcada por ganhos e aprendizados efetivos e também pelo desprezo e a humilhação do outro. Porém, antes de tudo, essa discussão é essencial para compreendermos o racismo em toda a sua profundidade e multidimensionalidade e o que ele destrói nas pessoas. Veremos que apenas assim conseguiremos perceber como os diversos racismos se juntam para oprimir povos, classes e raças e como se separam para continuarem vivos fingindo que estão mortos.

# O RACISMO MULTIDIMENSIONAL

O racismo destrói o núcleo moral do indivíduo, essa criação histórica e contingente do Ocidente, e sua capacidade de obter reconhecimento social, a necessidade mais básica de todo ser humano. Ele consegue isso na medida em que impede o desenvolvimento das formas mínimas de segurança existencial que proporcionam autoestima, autoconfiança e autorrespeito – os quais estão pressupostos em qualquer interação social saudável, seja no ambiente privado e íntimo, seja na vida pública da política e da atividade produtiva em todas as suas dimensões.

Como somos seres precários, transitórios e vulneráveis, necessitamos do reconhecimento social dos outros para podermos exercer nossas capacidades e faculdades mais básicas. Nesse sentido, o racismo é, antes de tudo, a negação do reconhecimento social em suas múltiplas formas. Ser reconhecido em nossas necessidades básicas e em nossos direitos também é o pressuposto para que possamos reconhecer as mesmas necessidades e os mesmos direitos nos outros. Portanto, o racismo em suas diversas formas impede não apenas o florescimento da vida individual das vítimas do racismo mas também o desenvolvimento de qualquer vida coletiva que garanta efetivo respeito à autonomia e à liberdade recíprocas entre os indivíduos e grupos sociais que a compõem.

Sem compreender como se construiu a história das lutas sociais por reconhecimento, não compreenderemos o que é o racismo nem o que ele destrói nas pessoas. Do mesmo modo, já vimos que a gramática do reconhecimento se constrói a partir de uma hierarquia moral baseada na oposição entre espírito e corpo, a qual comandará todas as nossas avaliações – e por consequência todo nosso comportamento prático – acerca do que é superior e nobre ou inferior e vulgar. Então o racismo, como forma de distorcer e impedir o desenvolvimento de formas individuais e coletivas mais justas e abrangentes, irá se utilizar necessariamente dessa mesma hierarquia moral para humilhar e oprimir.

De certa maneira, a hierarquia moral pressuposta em todas as nossas avaliações, quer tenhamos consciência dela ou não, reflete uma espécie de linha imaginária, a qual, em uma das suas pontas, nos leva ao divino, enquanto, na outra, nos liga ao mundo animal do qual queremos nos diferenciar. Em seu sentido secular, o divino é representado pelas dimensões da razão humana: inteligência na percepção do mundo, capacidade de escolha racional na dimensão moral e capacidade de criar e perceber o belo e de se expressar com sinceridade na dimensão estética. Todo aprendizado humano, sob qualquer forma, aponta para ganhos e aprofundamentos nesse processo e nessas dimensões.

Ao mesmo tempo, e já que a hierarquia moral que nos comanda age tanto para enobrecer quanto para oprimir, toda forma de humilhação e desprezo irá assumir a forma da animalização, buscando reduzir o oprimido e o inferior social a mero *corpo*. Assim sendo, se quisermos compreender o racismo em suas múltiplas variações, temos que compreender as diversas formas de redução dos seres humanos à sua dimensão mais básica e animalizada.

Como a violência física aberta é um caso necessariamente transitório e limítrofe de dominação e opressão, dados seu custo e sua instabilidade, a dominação que se pretende contínua no tempo precisa "convencer" o oprimido de sua própria inferioridade, de que ele é um mero corpo animalizado. Essa é a minha tese neste livro. Proponho, portanto, definir racismo como toda forma de amesquinhar, humilhar e desprezar o oprimido convencendo-o de sua própria inferioridade. Nos termos definidos pela hierarquia moral do Ocidente, esse convencimento se fundamenta na suposta essência animal e corporal do oprimido, negando-lhe, portanto, o reconhecimento social de sua humanidade. Meu objetivo é demonstrar que apenas quando compreendemos a estrutura básica de todo tipo de racismo podemos entender a importância do racismo racial para sociedades como a brasileira. Essa nova compreensão também nos habilita a perceber as máscaras que esse racismo assume para se apresentar com outras roupas e outros nomes.

Como o Brasil não é uma ilha verde e amarela no mundo, conforme pensa a tolice da inteligência brasileira, então é necessário localizar o país no mundo para que possamos perceber sua real posição global. Assim sendo, a primeira dimensão do racismo multidimensional que precisamos analisar é a que separa as sociedades divinas – do espírito, do Norte global – das sociedades animalizadas – do corpo, do Sul global. Esse tipo de racismo cultural preside as formas mais abstratas de exercício de racismo e se refere a uma espécie de "racismo global", mais abrangente do que qualquer outro, posto que irá animalizar as sociedades condenadas à pobreza, ao saque imperialista e à exportação de produtos primários. Além disso, também será a base para as estratégias das elites colonizadas do Sul global na sua opressão interna e doméstica.

A dominação global não se dá entre países – por exemplo, dos Estados Unidos contra o Brasil. A elite americana oprime e explora seu povo também. A verdadeira dominação global se dá pela associação entre as elites mundiais do Norte global, comandadas pela elite americana, e as elites colonizadas dos países do Sul global. Conhecer esse racismo global, portanto, é essencial para que possamos compreender toda a gramática entre os diversos racismos e como eles podem ser utilizados para substituir um ao outro, inclusive o racismo racial, sem perda de sua capacidade de humilhar e convencer o oprimido de que ele é tão inferior que "merece" ser explorado e humilhado.

Empoderamento e opressão são duas faces de uma mesma moeda. Assim, do mesmo modo que é possível reconstruir a gênese daquilo que nos empodera e liberta, ou seja, das formas cada vez mais aprofundadas de reconhecimento social mútuo, também podemos reconstruir as formas multidimensionais de racismo que permitem humilhar e oprimir. Por conta disso, peço paciência ao caro leitor e à cara leitora de me acompanhar em mais esse trajeto antes de chegarmos ao caso concreto brasileiro. É um trajeto necessário, pois veremos que o Brasil e suas formas de racismo e opressão só podem ser compreendidos como parte do Ocidente e de seu esquema de dominação global.

Mais uma vez passaremos das formas mais abstratas e abrangentes de racismo para as mais particulares e concretas, evitando a fragmentação da análise e a perda dos elos que permitem a verdadeira compreensão totalizante.

Desse modo, vamos reconstruir as formas do racismo multidimensional em três passos. Veremos:

1) O racismo global, desde a escravidão "abençoada por Deus" até sua transformação em ciência e em visão de mundo abrangente, a partir do estudo da dominação imperialista informal e simbólica americana.

2) Como o racismo de classe, o qual sempre está ligado ao racismo racial de modo inextricável, se reproduz globalmente do mesmo modo, seja no Norte, seja no Sul global.

3) E, finalmente, como a articulação entre os racismos de classe e de raça, no caso particular do Brasil, permite ao racismo racial comandar todo o processo de dominação social e política que explica a vida social e política brasileira como nenhuma outra variável. Como o racismo de classe é tornado invisível, são as formas e os estereótipos do racismo racial que assumem o comando de todo o processo de subordinação, humilhação e exclusão social da sociedade brasileira.

# O racismo global

É sempre melhor começar a análise de um fenômeno social partindo de sua expressão mais universal e abstrata. Afinal, essa forma mais geral e abstrata em geral comanda os processos mais particulares e concretos. Começar pelas manifestações mais concretas e particulares do racismo é reduzi-lo a um fragmento descolado do todo maior que o torna compreensível. Acredito que muito do desconhecimento acerca do que é o racismo advém precisamente da falta de análise de sua forma mais abrangente, que irá influenciar todas as outras. Quando temos em vista apenas o dado imediato, a capacidade de reflexão é reduzida ao aqui e agora e não somos capazes de reconstruir os elos que ligam os fenômenos entre si. É aí que somos feitos de tolos pela dominação e suas estratégias de dividir para conquistar.

Existe uma continuidade e uma contiguidade entre todas as formas de opressão, e é isso que torna a dominação bem-sucedida no seu todo, pois, em todas as suas apresentações, ela se baseia na mesma gramática calcada na oposição entre corpo e espírito. Dito de outro modo e mais diretamente: não existe maneira mais fácil de se deixar fazer de tolo do que, por exemplo, imaginar que o racismo está ligado somente à cor da pele – apenas porque essa é a forma mais óbvia de dominação e opressão social que muitos percebem na vida cotidiana. Nesse caso, é inevitável que, como vimos no começo deste livro, não se consiga explicar o racismo, não se saiba de onde ele vem nem o que destrói nas pessoas, e muito menos como assume outras máscaras para continuar vivo fingindo que morreu. Espero deixar esse argumento claro como a luz do Sol até o fim deste livro.

Será necessário perceber como se constituem os diversos racismos, os quais possuem, todos eles, a mesma gramática e o mesmo modo de operação, e compreender qual das suas formas é a mais geral e abrangente. Partiremos, portanto, do que estamos chamando de *racismo global* para explicar o mecanismo que torna possível a construção de uma "raça" branca e depois protestante, destinada a dominar o planeta, e de uma "raça" negra e depois genericamente animalizada e reduzida aos afetos, destinada a obedecer. Veremos que a transformação recente, a partir do século XX, dessa "raça" em "cultura" em nada muda a relação de dominação e exploração, mas apenas a torna mais difícil de perceber pela negação do racismo biológico explícito.

Nesse sentido, é muito interessante a percepção da intelectual negra brasileira Lélia Gonzalez de que quem possui o privilégio epistêmico, ou seja, o privilégio possibilitado pelo prestígio científico de dizer o que é verdade ou mentira e definir o que é relevante ou irrelevante, também possui o privilégio social. Para a autora, uma vez que o modelo valorizado e universal de ciência é branco, então a ciência é racista. Ou melhor ainda: o racismo se constituiu, ele mesmo, como ciência da superioridade euro-cristã, branca e patriarcal.[63] Essa intuição de Lélia Gonzalez não poderia ser mais certeira. Em um contexto em que muitos intelectuais confundem a abrangência da ciência com o ramerrão do seu estreito cotidiano universitário, é uma intuição brilhante e que precisa ser desenvolvida, certamente, já que, como vimos, não basta nomear ou intuir as coisas para compreendê-las. O que produz a verdadeira compreensão são a reconstrução da gênese histórica de um fenômeno social e o esclarecimento de sua dinâmica e função na dominação e na reprodução social. Assim, será necessário, antes de tudo, perceber a permanência do racismo quando ele é renomeado como "cultura" de modo a continuar sendo racista sem que ninguém perceba.

Assim, já na primeira onda de verdadeira globalização da história, quando as grandes descobertas de portugueses e espanhóis abrem o planeta inteiro para a dominação europeia, temos a necessidade da primeira formulação de um racismo global como doutrina. Afinal, como não nos cansamos de repetir, não existe dominação possível sem um processo de justificação simbólica que a torne legítima seja para quem a exerce, seja para quem a sofre. Nesse caso, teremos um racismo ainda explícito, que se apega ao dado fenotípico e biológico como base da legitimação do domínio e do privilégio.

Luiz Felipe de Alencastro, em seu belíssimo livro sobre o tráfico negreiro e sua função no comércio triangular do Atlântico e na constituição do Brasil, já nos aponta o caminho que essa doutrina justificatória do domínio assume.[64] Como ele nos conta, aproximadamente 12 mil viagens de navio cruzaram o Atlântico Sul, ao longo de três séculos, para vender cerca de 4 milhões de negros escravizados que aqui chegaram vivos. Assim que chegava à fazenda do novo proprietário, o indivíduo era surrado severamente sem nenhum motivo. O objetivo era tornar automáticos o medo e a imposição da vontade e do arbítrio do novo senhor. O intuito era a desumanização. Nada muito distinto do que faz até hoje a polícia da classe média branca e da elite com os jovens negros nas periferias das grandes cidades.

O grande formulador da justificação ideológica do tráfico atlântico de negros africanos seria o padre Antônio Vieira:

> *Oh, se a gente preta tirada das brenhas da sua Etiópia, e passada ao Brasil, conhecera bem quanto deve a Deus, e a sua santíssima mãe por este que pode parecer desterro, cativeiro e desgraça, e não é senão milagre, e grande milagre!*[65]

O padre Vieira interpreta o tráfico negreiro como um milagre de Nossa Senhora do Rosário, que caridosamente resgata os negros do paganismo africano para que possam ser salvos no Brasil cristão e católico. Assim é a própria tarefa evangelizadora, ou seja, quase um dever moral de salvar almas, que passa a exigir e justificar o monopólio luso-brasílico do tráfico de africanos. Vemos aqui já uma primeira aproximação com a ideia, que depois seria adotada pela Europa como um todo, do peso moral, do dever de "civilizar" os povos primitivos da banda Sul do planeta, especialmente a África, mas também a América Latina e a Ásia. A partir do século XVIII, quando o conceito de civilização, no sentido elaborado por Norbert Elias, passa a definir a autoconsciência europeia da própria superioridade, o dever moral de guiar povos percebidos como infantilizados e inferiores será secularizado e justificado em termos profanos.

Como discutimos na parte que tratou da gênese da gramática moral do Ocidente, no início da primeira grande onda de globalização, os povos a serem dominados, especialmente os africanos, eram considerados "sem espírito" pelo seu paganismo, de modo a infantilizá-los e animalizá-los. O prêmio pelo trabalho na escravidão seria dado em outra vida, pela salvação eterna que os tornaria "espírito" finalmente. Paulatinamente, a justificação do racismo contra a África e contra o Sul global vai abandonando a linguagem religiosa da oposição pagão/cristão e assumindo sua feição secular na oposição barbárie/civilização. No século XIX, o século da ciência, ou seja, o século no qual a ciência passa a dominar a linguagem da esfera pública no lugar da religião e fornecer o material de justificação das práticas sociais dominantes, o racismo assume a forma do *racismo científico*.

Intelectuais públicos, como o conde Gobineau, que era amigo de Pedro II e chegou a servir como diplomata no Brasil, foram expoentes do racismo científico que influenciaria tanto o pensamento brasileiro quanto, postumamente, o pensamento europeu de sua época. Se Gobineau ficou encantado com seu amigo imperador, o qual visitava pelo menos duas vezes por semana para horas de conversa literária e científica, definindo-o como "o príncipe mais inteligente e erudito que existiu",[66] sua avaliação "racial" do povo brasileiro era a pior possível:

> *Já não existe nenhuma família brasileira que não tenha sangue negro e índio nas veias; o resultado são compleições raquíticas que, se nem sempre repugnantes, são sempre desagradáveis aos olhos.*[67]

Isso se devia ao caráter "mestiço" da população brasileira. No contexto do darwinismo social em voga na época, a condenação peremptória do cruzamento entre "raças" se dava pela suposição de que os mestiços herdavam as características negativas das raças em contato. Para Gobineau, os brasileiros eram não apenas feios como os macacos mas também "mestiços degenerados" condenados à extinção. Em sua obra máxima, o *Ensaio acerca da desigualdade das raças humanas*, Gobineau defendia a tese de que apenas as raças puras, como eram para ele os "arianos", teriam acesso ao progresso, tendo a história demonstrado cabalmente como nações outrora poderosas tinham perdido poder por meio de processos de mestiçagem.[68]

Essa defesa dos arianos fez com que o grande compositor Richard Wagner e seu amigo Ludwig Schemann se empenhassem na divulgação das ideias de Gobineau na Alemanha, criando inúmeros clubes de leitura e debate de suas ideias por todo o país – o que, para muitos teóricos, foi decisivo para a construção do mito ariano utilizado pelos nazistas mais tarde. No Brasil, a posição de Gobineau com respeito à mestiçagem foi acolhida por praticamente todos os grandes intelectuais da época. Para Nina Rodrigues, importante figura da época, os negros e mestiços eram degenerados com tendência natural ao crime, sendo sua presença marcante no Brasil a causa da inferioridade social e cultural brasileira.[69]

Sílvio Romero, um dos mais influentes intelectuais de sua época e cujo pensamento teve profundo impacto na forma como a "questão racial" era percebida no Brasil, também participava do pessimismo de Gobineau. Para ele:

> *Povo que descendemos de um estragado e corrupto ramo da velha raça latina, a que juntaram-se o concurso de duas das raças mais degradadas do globo, os negros da costa e os peles-vermelhas da América (...)* [de que] *resultaram o servilismo do negro, a preguiça do índio e o gênio autoritário e tacanho do português* [que] *produziram uma nação informe e sem qualidades fecundas e originais.*[70]

No Brasil, a tese de Gobineau acerca da inferioridade natural de mestiços e negros, aceita por todos, sem exceção, até pelo mais radical entre os abolicionistas, como Joaquim Nabuco, foi temperada com uma pitada de esperança. Em vez da condenação à extinção e à morte da espécie, como assegurava Gobineau, desenvolveu-se a ideia do "branqueamento" como a lei social mais permanente do Brasil republicano. A ideia que animava todos os espíritos era a morte lenta do componente mestiço e negro pela extinção do tráfico negreiro, o desaparecimento progressivo dos índios e a imigração europeia. Romero será, inclusive, um dos mais ferrenhos defensores da imigração de europeus latinos como motor do processo de branqueamento, evitando a aglomeração de brancos não dispostos à mestiçagem, como as colônias de alemães no Sul do país haviam demonstrado, e privilegiando a imigração italiana e portuguesa.

Não havia intelectual brasileiro dessa época que não compartilhasse desses pressupostos. Aí se incluem Oliveira Viana, defensor da eugenia social e de uma política de imigração seletiva, e Euclides da Cunha, de quem nos lembramos, quase sempre, pela alcunha que deu ao nordestino como "antes de tudo, um forte", mas que logo depois, na frase seguinte, lembra que o nordestino não teria o "raquitismo exaustivo dos mestiços neurastênicos do litoral".[71] O amigo imperador de Gobineau resume a única divergência dos brasileiros em relação ao racismo científico em uma carta enviada a ele datada de 1879, quando afirma: "Como sabeis, não protesto senão contra o que julgo ser muito absoluto em vossa doutrina sobre as raças humanas",[72] referindo-se, certamente, ao caráter peremptório da condenação absoluta e eterna da sociedade mestiça.

De resto, a política republicana de imigração será toda pautada pela hipótese do branqueamento progressivo da população, daí a escolha dos povos europeus considerados mais propensos à mestiçagem com o elemento nativo. O decreto nº 528 de 28 de julho de 1890 estabelece, de acordo com o paradigma racial dominante, como "inteiramente livre a entrada nos portos da República" de imigrantes válidos e aptos para o trabalho, excetuados os indígenas da Ásia ou da África, cuja admissão no país dependia de autorização do Congresso Nacional. Como nota com brilhantismo Giralda Seyferth:

*As teorias racistas calhavam às elites locais, que as utilizavam para bloquear as discussões sobre cidadania que decorriam da abolição da escravatura e das promessas liberais do direito republicano que se implantava. Em nome da ciência, transformavam a igualdade em um postulado teórico sem respaldo na realidade biológica da humanidade.*[73]

Esse aspecto é o decisivo. A interpretação científica dominante, a qual sempre é, ao mesmo tempo, a opinião dos jornais e da nascente mídia, e, portanto, da opinião pública como um todo, vai "racializar" a questão social no Brasil desde a abolição, implantando um paradigma de explicação e legitimação da realidade social que culpa o povo, negro e mestiço, e não a elite que o explora, pelo atraso e pela pobreza relativa do país. Minha tese neste livro é a de que esse panorama não muda desde então, nem com a passagem do racismo científico à "ciência culturalista", dominante até os dias de hoje, que apenas muda de nome para continuar sendo racista fingindo que superou todo racismo.

Antes, no entanto, de adentrarmos essa continuidade do racismo explícito para o racismo que se reveste de "cultura" para fingir que deixou de ser racista, teremos que examinar um interregno em que o culturalismo tenta, efetivamente, ainda que sem êxito completo, ser efetivamente antirracista.

## Do racismo científico ao culturalismo que ainda tenta não ser racista

No último quartel do século XIX, paralelamente ao discurso racista pretensamente científico, desenvolve-se, principalmente na Alemanha, uma escola de pensamento que daria origem ao que chamamos hoje em dia de culturalismo. Essa tradição de pensamento, em vez de enfatizar os estoques raciais e fenotípicos como base do comportamento humano e social diferencial, irá localizar na tradição cultural, ou seja, na herança comum de costumes, tradições, língua e crenças, a verdadeira motivação para o fato de distintos povos, nações e grupos sociais terem comportamentos diferentes.

Aqui veremos as ideias de dois dos maiores expoentes dessa tendência – Franz Boas, antropólogo alemão que emigra para os Estados Unidos e ajuda a fundar a tradição culturalista americana do século XX, e Gilberto Freyre, aluno de Boas, que funda o culturalismo brasileiro que tenta ser antirracista. Gilberto Freyre foi o pensador brasileiro que criou não apenas a tradição culturalista brasileira hegemônica, mas o próprio mito nacional dominante. De modo muito interessante para nossos propósitos, Freyre é formado no mesmo ambiente universitário americano que começava a gestar a escola culturalista americana, primeiro na antropologia e depois nas ciências sociais como um todo.

O papel de Boas no desenvolvimento da antropologia cultural americana é decisivo. Confrontando pacientemente um mundo acadêmico então dominado pelo evolucionismo do tipo simples, Boas transpõe para os Estados Unidos a tradição anti-iluminista alemã do *Volksgeist* (espírito do povo). Partindo de uma tradição de pensamento que remonta a Kant e sua crítica do otimismo ingênuo do iluminismo, o historicismo alemão, que se cria com J. G. Hamann e é depois desenvolvido por figuras do porte de J. G. Herder e Wilhelm Humboldt, afirma sua descrença em uma razão humana tomada em termos abstratos. Criticando Voltaire e sua ideia de uma razão universal, que seria a base de um desenvolvimento civilizacional uniforme, Herder defende que cada povo (*Volk*) desenvolve um espírito (*Geist*) próprio, o qual se manifesta em um todo orgânico formado por seus valores, crenças, tradições e, muito especialmente, sua língua específica.[74] Para que se possa conhecer o espírito de um povo (*Volksgeist*), é necessário compreendê-lo, portanto, a partir de dentro, assumindo a perspectiva de um membro dessa comunidade.

Em W. Humboldt, essa tradição adquire uma virada linguística. O conjunto de características de um povo que Humboldt define como seu "caráter nacional" (*Nationalcharakter*) reflete seu patamar de desenvolvimento relativo e sua contribuição específica para o espírito humano em geral, o que permite combinar relativismo e universalismo de forma peculiar. É também Humboldt quem irá unir cultura e língua. A língua é percebida como o reservatório de todas as experiências afetivas, morais e cognitivas que formam o caráter nacional, implicando uma forma única e singular de ver o mundo. Essa dialética entre língua e caráter nacional será constitutiva da noção de cultura desenvolvida mais tarde por Franz Boas.

É que, embora a língua seja, ela própria, um produto histórico, também é um pressuposto de todo processo de aprendizado social por conta de seu processo de aquisição pré-reflexivo na socialização primária. Assim, do mesmo modo que aprendemos a utilizar inconscientemente as regras da gramática de cada língua, aprendemos a desempenhar as regras de comportamento de cada cultura singular. A partir dessa definição de cultura – como produto inconsciente presente tanto em cada indivíduo quanto no todo social e que determina a forma como forjamos nossas opiniões e nosso comportamento efetivo –, Boas irá influenciar decisivamente o pensamento da antropologia e das ciências sociais nos Estados Unidos e no mundo durante todo o século XX.

E Gilberto Freyre, por sua vez, vai operacionalizar de modo muito pessoal e peculiar essas ideias do novo culturalismo antropológico. Na sua obra, ao contrário de Boas e da tradição expressivista alemã, Freyre não tem a mesma preocupação em separar raça e cultura, que são percebidas, muitas vezes, como equivalentes. Tendo em mente a enorme influência do racismo científico no mundo intelectual brasileiro da época, isso não é de admirar. Ainda assim, de modo ambíguo e muitas vezes impreciso, Freyre foi fundamental para a crítica do racismo científico e do racismo social brasileiro enquanto tal. Embora sua perspectiva seja elitista e, em grande medida, estabelecida a partir do olhar do dominador, o uso político das ideias de Freyre foi, como espero deixar claro ao leitor, infinitamente mais progressista que o racismo travestido de moralismo construído por Sérgio Buarque e seguido por pelo menos 90% da intelectualidade brasileira bem pensante da época – e amplamente hegemônico ainda hoje.

Na verdade, Freyre percebeu o culturalismo de Boas como uma forma de superar o pessimismo cultural que a aceitação sem restrições do pior racismo científico, ao estilo de Gobineau, significava para o Brasil como povo de negros e mestiços. O país seria uma espécie de "lixo racial" do planeta, pela presença de um povo mestiço que nem as virtudes ambíguas do "negro puro" teria. Essas ideias eram encampadas por praticamente toda a inteligência nacional, com poucas variações da mesma melodia. O Brasil era – e certamente ainda é – assombrado pelo fantasma do "branqueamento", o qual era percebido, em uma sociedade que une raça e classe social de modo inextricável, tanto como aprendizado de estilo de vida burguês e europeizado quanto como apagamento de características fenotípicas negroides.

É precisamente nesse contexto de uma autopercepção nacional que implicava sufocante autodesprezo e baixa autoestima que Freyre passa a celebrar o mestiço como algo bom em si e passível inclusive de celebração nacional. Essa inversão de valoração, como toda inversão especular, já deixa perceber que o trabalho principal não foi realizado – o que implicaria uma crítica dos pressupostos racistas seja da desvalorização, seja da valoração do mestiço. Mas essa crítica de pressupostos, que é o mais importante trabalho da reflexão científica, não havia sido realizada nem por Freyre nem por ninguém até meu próprio trabalho crítico, no contexto da tradição culturalista brasileira ainda dominante.[75]

O que importa verdadeiramente é que Freyre ao menos tentou mitigar os efeitos deletérios do racismo científico, seja na reflexão científica de sua época, seja nos efeitos gigantescos dessa autopercepção desprezível para a sociedade como um todo. Por esse motivo, o Brasil jamais havia construído um mito nacional abrangente antes de Gilberto Freyre. O mito nacional, ou seja, a narrativa socialmente compartilhada que forja a "identidade nacional" comum, precisa ter algum aspecto positivo para poder fazer parte constitutiva da personalidade individual de cada membro da sociedade nacional. Sem isso, ela não se constrói. Ao mesmo tempo, não se constrói uma sociedade vibrante sem uma narrativa da identidade nacional positiva que possa produzir solidariedade social entre diferentes classes sociais e galvanizar todos em uma direção comum.

Até Freyre, o Brasil não possuía uma narrativa abrangente nesse sentido. Antes de *Casa-Grande & Senzala* e de seu extraordinário impacto social e político, eram as tradições locais e regionais mais significativas, como as do Rio Grande do Sul, de São Paulo, da Bahia, de Pernambuco ou do Pará, que possuíam narrativas sociais importantes. Mas, como percebia com clareza José Bonifácio, o patriarca da independência,[76] uma nação não se faz apenas com proclamação formal de independência ou integrando seu mercado produtivo. Uma nação não é construída simplesmente pela presença de infraestrutura material. É necessária a presença também desse elemento ideacional, simbólico e narrativo que "constitui" um povo enquanto tal. Esse elemento não apenas constrói cognitivamente uma ideia de pertencimento mas também possui um decisivo componente afetivo e moral expresso na ideia de partilhar um destino comum e de forjar uma solidariedade social a partir da consciência desse pertencimento. Sem isso, não é possível ganhar o apoio popular para projetos nacionais de grande porte ou resistir a guerras, tentativas de invasão ou imposições de submissão externa.

Freyre será o construtor do primeiro mito nacional brasileiro bem-sucedido, precisamente porque conseguiu transformar a ideia humilhante do brasileiro mestiço, com a qual ninguém poderia se identificar positivamente no contexto do racismo reinante, na ideia, pelo menos ambiguamente positiva, do "bom mestiço". O contraponto, desde o início, é o americano, como será o caso, seja de modo explícito ou implícito, de praticamente todo intelectual brasileiro desde o século XIX. Freyre não consegue perceber que a ideia do "branco", pensado como estoque racial privilegiado, é simplesmente mantida e repetida no "pioneiro" protestante e ascético pensado como estoque cultural da suposta superioridade americana. Mas ele luta bravamente, dentro do terreno demarcado pelo inimigo, para perceber as ambiguidades do antigo branco que agora é o pioneiro protestante e que se pretende superior e perfeito.

Dito ainda de outro modo: como Freyre não percebe que tanto o racismo biológico quanto o racismo cultural partem do mesmo princípio da oposição entre espírito como virtude e corpo como animalidade, ele luta desesperadamente dentro do contexto do racismo cultural para mostrar as ambiguidades da noção de espírito e revalorizar, a partir dessa contraposição, as virtudes dominadas do corpo. O "bom mestiço" brasileiro é o produto dessa transformação valorativa. Freyre observa que, no contexto americano, a segregação racial e cultural é a regra. No Brasil, como a própria mestiçagem, facilmente verificável, empiricamente atestaria, a interpenetração entre "raças" e culturas seria a regra.

Partindo dessa distinção, Freyre constrói toda a sua metamorfose valorativa sem jamais abandonar verdadeiramente o terreno envenenado do racismo cultural que combate. Desse modo, o autor "positiva" o mundo dos afetos e dos sentimentos, que, na cultura ocidental, é considerado negativo pela proximidade com o mundo animal e pela distância em relação ao espírito, definido justamente como o controle da esfera afetiva. Freyre se aproveita, portanto, da unilateralidade de uma visão desencarnada e fria do espírito para celebrar a brasilidade mestiça como a vitória da afetividade que supostamente aproxima ao invés de distanciar. Obviamente, os temas e as virtudes ambíguas que se apresentam nesse contexto são a sexualidade não reprimida, a hospitalidade, a cordialidade, a celebração da vida, a festa, a espontaneidade, a amizade, o encontro de contrários e o aprendizado cultural com o diferente. Esses são os temas que todo brasileiro, assim como o cinema, a música e o teatro nacionais, liga espontaneamente à brasilidade como virtude e celebração. Esses são também os temas das festas da brasilidade, como o carnaval, por exemplo. Tudo isso foi criado por Gilberto Freyre e não existia desse modo nem com essa força antes dele.

Assim, em vez de preguiçoso, burro e feio, como o mundo e a elite brasileira o viam, o mestiço é transformado por Freyre no homem plástico, capaz de se adaptar às mais diversas situações sociais e climáticas e aprender com outras "raças" e culturas, ao mesmo tempo que convive com todas elas em harmonia. Mais ainda, seria um tipo social menos racista e segregador, que celebra a alegria de viver, o sexo, a música, a dança, a hospitalidade e a espontaneidade. Estava criada aí uma fantasia social com a qual todo brasileiro podia se identificar de modo positivo, sem se sentir a última das "raças". Na construção do "bom mestiço", Freyre cria a ideia de uma cultura luso-brasileira bem próxima da noção de cultura de seu mestre Franz Boas. A cultura luso-brasileira seria, afinal, um conjunto de propensões ao comportamento prático, com a adaptabilidade, o compromisso e a plasticidade à frente, que havia reproduzido no Brasil uma experiência semelhante à do português que conquista boa parte do mundo conhecido.

No entanto, como toda ideia individual, o "bom mestiço" tinha que se ligar a poderosos interesses econômicos, sociais ou políticos para se tornar uma ideia social compartilhada por todos. A revolução cultural que a publicação de *Casa-Grande & Senzala* provocou em 1933, sobretudo entre os artistas e pensadores brasileiros, já comprovava a necessidade social e objetiva de um resgate da autoestima nacional sentida por todos como tarefa urgente. Mas foi o uso das ideias de Freyre por Getúlio Vargas e sua propaganda que ajudou a disseminar a nova mensagem.

Essa nova mensagem do "bom mestiço" caía como uma luva no projeto político varguista de desenvolvimento, industrialização e inclusão popular. Ela dizia que não precisávamos buscar brancos lá fora para "embranquecer" o povo de modo a torná-lo útil e civilizado. O povo brasileiro, mestiço e negro como era, tinha virtudes próprias e uma rica tradição cultural que devia ser celebrada e preservada. O que esse povo precisava era de estudo – o que a ideia de educação pública e universal visava – e de emprego nas novas indústrias que se criavam. A ideia aqui não era excluir e marginalizar o mestiço e o negro, como no restante da tradição colonial e republicana. Vargas inaugura a tradição antirracista brasileira que seria continuada por Jango, Lula e Dilma, todos derrubados por golpes de Estado precisamente por serem inclusivos e antirracistas – e não por corrupção, obviamente. Veremos mais adiante que a tradição do falso moralismo da corrupção supostamente presente apenas no Estado seria no futuro a forma de ser racista e segregador tirando onda de que é defensor da moralidade pública.

Como o Brasil é um país informalmente colonizado pelos Estados Unidos, como de resto toda a América Latina, há um vínculo orgânico entre todos os discursos pseudocientíficos que legitimam a narrativa política dominante e influenciam diretamente a vida das pessoas comuns. Getúlio Vargas se aproveitou do relativo vácuo de poder entre guerras, quando a Inglaterra estava decadente e os Estados Unidos ainda não tinham assumido o papel de nova potência imperialista. Do mesmo modo, Freyre participava de uma geração de intelectuais que incluía Mário de Andrade e os modernistas paulistas e que procurava interpretar o Brasil de modo autônomo e distinto dos paradigmas dos colonizadores. Mais adiante analisaremos em maior detalhe essa tradição e sua ênfase antirracista em Vargas. Depois da Segunda Guerra Mundial, no entanto, essa situação muda dramaticamente para o mundo todo em geral e para o Brasil em particular. É o que analisaremos a seguir.

## Um novo racismo para um novo império: o racismo cultural

A assim chamada teoria da modernização, que analisaremos em detalhe mais adiante, é a mais bem-sucedida teoria científica usada como arma de dominação política. Ela desenvolveu os pressupostos do culturalismo que acabamos de discutir, possibilitando a construção de uma explicação de mundo que repete o racismo científico no essencial, mas finge não ser mais racista. No Brasil, o culturalismo até hoje dominante será uma espécie de "cópia no espelho" desse racismo, apenas invertendo seus termos e usada para oprimir o próprio povo. É essa a história que iremos contar a partir de agora.

Começaremos analisando a teoria que, a partir de meados do século XX, passou a aplicar os esquemas de interpretação dessa escola em escala global com a ajuda da moldura conceitual abstrata de Talcott Parsons. A chamada "teoria da modernização" foi o primeiro esforço coletivo coordenado e com alcance mundial que mobilizou gerações de pesquisadores para encontrar uma resposta ao desafio de compreender as causas do desenvolvimento diferencial entre as diversas sociedades existentes. Nesta parte do livro, compreender a teoria da modernização vai nos ajudar a entender a justificação científica do racismo prático e multidimensional em suas diversas fases de desenvolvimento de modo a compreender como a esfera pública política, a imprensa, as artes e a indústria cultural, que são as instâncias que criam e manipulam a opinião pública das pessoas comuns, produzem um racismo prático tornado invisível enquanto tal. Esse racismo prático, no entanto, tem que ser legitimado cientificamente da mesma maneira que a vida prática das sociedades tradicionais tinha que ser legitimada religiosamente. Afinal, a ciência herda o prestígio das antigas grandes religiões mundiais para dizer o que é verdade ou mentira e, a partir disso, decidir o que é justo ou injusto.

Assim, do mesmo modo que a inteligência brasileira foi dominada pelo racismo explícito do século XIX, ela também será dominada pelo racismo implícito do culturalismo do século XX, que passa a dominar as ciências sociais mundiais. A partir da ciência, que não só forma todas as elites universitárias mas também é a fonte de todas as indústrias culturais e de todas as opiniões dos jornais e da mídia, domina-se a opinião de toda a sociedade. Na verdade, entre nós os intelectuais mais importantes vão tomar o partido das elites domésticas dominantes interessadas em culpar o povo – se consciente ou inconscientemente, não tem a menor importância para sua eficácia social, que é o que importa – pelo infortúnio produzido por elas próprias. E irão fazer isso tirando onda de que são críticos e democráticos. Essa foi a sacada de gênio da inteligência vira-lata brasileira.

A ciência globalmente dominante, como veremos, vai abandonar a linguagem baseada nos estoques raciais para começar a falar de estoques culturais, continuando a atribuir, no entanto, os mesmos defeitos e as mesmas virtudes das "raças" agora às "culturas". Essa será a linguagem da nova dominação do Norte global para submeter o Sul global. Também será a linguagem das elites colonizadas do Sul global para colonizar o seu próprio povo.

O mesmo processo de legitimação dos interesses das elites mundiais no processo de dominação global será adaptado pela inteligência vira-lata brasileira para dominar e desprezar o próprio povo. Faz parte da grande fraude intelectual e política não só fingir que o "racismo científico" estava superado como também alegar que agora uma ciência popular e crítica estava nascendo. Uma mentira deslavada, na qual grande parte do país e de seus intelectuais acredita ainda hoje, e que precisa ser desconstruída nos seus vínculos internacionais e nacionais para mostrar a continuidade do racismo biológico com outras vestes.

A verdadeira diferença da ciência hegemônica de hoje para a ciência abertamente racista do século XIX é que ela substitui os estoques raciais pela noção de estoques culturais na explicação da questão fundamental acerca das causas dos diferentes níveis de desenvolvimento das sociedades efetivamente existentes. Esse discurso teve que ser construído como uma legitimação da dominação de algumas nações sobre outras, uma espécie de identidade regional positiva, criando o mito regional de um "Ocidente mítico", restrito à Europa Ocidental e aos Estados Unidos, que permitia legitimar a dominação imperialista do Norte global sobre o Sul global.

Quem logrou construir o exemplo mais eficaz desse novo racismo científico foram os Estados Unidos após a Segunda Guerra Mundial. Assim, precisamos começar pela reconstrução do contexto teórico e prático que confere compreensibilidade à teoria da modernização americana como a parteira do moderno mito ocidental da superioridade americana.

O *timing* histórico da criação da chamada teoria da modernização é muito interessante para nossos fins. Ela se situa cronologicamente não apenas depois da Segunda Guerra Mundial, quando a hegemonia mundial americana é evidente, mas também coincide com os movimentos de libertação das antigas colônias do Sul global. Em boa medida, a teoria da modernização é uma resposta a esse novo desafio. Além disso, esse movimento também surge logo depois de experiências de modernização autônomas começarem a surgir no período entre guerras em vários dos países mais importantes da periferia do sistema capitalista mundial, como Turquia, Brasil, Argentina e México. Aliás, o termo modernização foi utilizado pela primeira vez por Atatürk, fundador da República da Turquia e cujo slogan dava ênfase à "modernização da Turquia", indicando, com isso, um processo consciente e dirigido de formação nacional.

Na realidade, esses processos espontâneos de modernização puderam ocorrer porque, no período entre guerras mundiais, o poder imperial hegemônico enfrentava um período de redefinição: a Inglaterra se mantinha como império decadente desde o fim da Primeira Guerra Mundial, enquanto os Estados Unidos ainda se mostravam em vários sentidos despreparados para assumir o comando hegemônico global.[77] A possibilidade de um real desenvolvimento capitalista dos principais países periféricos estava ligada, portanto, à ausência temporária de um poder imperial hegemônico, o que permitia um espaço de ação significativo aos Estados desenvolvimentistas. Isso deixa de acontecer depois da Segunda Guerra Mundial, pois aí a hegemonia americana se estabelece, com a única e apenas parcial exceção, no contexto do capitalismo, da Coreia do Sul.[78]

Com o final da guerra e o novo reposicionamento americano como líder mundial inconteste, o quadro anterior muda radicalmente. Os Estados Unidos assumem o controle irrestrito do mundo capitalista e passam a se empenhar em construir o mundo material e simbólico que melhor se acomode aos interesses de sua classe dominante. A diferença mais marcante em relação ao imperialismo europeu anterior é a recusa do exercício de um imperialismo formalizado pela submissão política e militar explícita. É bem verdade que essa transição é fluida, já que o próprio domínio inglês anterior – e em parte até o francês – já se utilizava de elites nacionais domesticadas nos países dominados como seus prepostos e representantes dos interesses metropolitanos.

Mas os Estados Unidos, agora desafiados tanto ideologicamente quanto econômica e tecnologicamente pela URSS, assumem de modo explícito a bandeira da autodeterminação dos povos. Essa posição permitiria combinar um discurso aparentemente libertário com as considerações pragmáticas da dominação imperialista. De resto, os americanos percebiam que a mera repressão às aspirações de independência das antigas colônias iria drenar quantidades imprevisíveis de recursos militares, econômicos e políticos. Além disso, corriam o risco de perder o discurso da liberdade e da autonomia para a URSS. É com esse pano de fundo em mente que podemos compreender a escolha dos Estados Unidos por uma forma de imperialismo "informal", fundado na exploração econômica dos recursos e das riquezas de outras nações a partir dos próprios mecanismos de mercado, abdicando, sempre que possível, da dominação militar e política direta.

Esse é o contexto formador da teoria da modernização a partir do início dos anos 1950. A necessidade aqui é a de construir um arcabouço de legitimação simbólica e ideológica da nova dominação americana no mundo periférico, sobretudo no que se chama hoje em dia de Sul global. Vários interesses convergem para que essa empreitada se torne possível. Primeiro, o próprio governo americano a partir de Truman, com a ajuda decisiva de diversas fundações privadas, passa a financiar sistematicamente estudos para a "compreensão" do mundo subdesenvolvido. Fundações privadas, como a Rockefeller, a Ford e a Carnegie, se tornam financiadoras inesgotáveis de estudos, especialmente na área de ciências sociais.

É imensa a importância dos fatores simbólicos em jogo. Por isso, como essa forma de dominação pretende alcançar certa longevidade, precisam existir uma base material militar e industrial e uma base simbólica acadêmica e hollywoodiana. Hollywood, cujos principais estúdios passam a ter efetivamente o controle direto do Estado americano e de seus ramos estratégicos de espionagem, serviria como referência de toda uma nova indústria cultural, que surge naturalizando a suposta defesa do "mundo livre" em uma série de arquétipos e clichês culturais que passam a ser consumidos acriticamente pelo mundo inteiro.

A vertente acadêmica e a indústria cultural da nova dominação simbólica agem na mesma direção e no mesmo sentido, capturando ao mesmo tempo a cultura sofisticada do conhecimento universitário – que passará a formar e orientar crescentemente todas as elites mundiais – e a cultura popular dos filmes de grande bilheteria, das nascentes séries de TV e dos romances best-sellers – que passará a influenciar as grandes massas. Basta que pensemos nas produções Disney, com o preguiçoso e malandro Zé Carioca, que se torna paradoxalmente um herói brasileiro, nos musicais de Carmen Miranda, ridicularizada com um chapéu de frutas na cabeça, ou nos faroestes com os mexicanos invariavelmente fazendo os papéis de criminosos não confiáveis – tudo isso representando os maiores preconceitos contra os povos do Sul global, produtos que passam a ser consumidos acriticamente pelos mesmos povos ridicularizados. Pensemos ainda em séries de cinema, como a franquia 007, com a naturalização de todos os preconceitos e clichês culturais de países "bons e maus", que passam a subjugar inclusive os povos oprimidos pela dominação cultural subliminar contra a qual não possuem defesa. A nova violência simbólica americana, tanto na sua versão acadêmica quanto na sua versão da indústria cultural, assume o desafio de construir uma resposta alternativa convincente para os povos subdesenvolvidos e assim se contrapor ao desafio comunista.

## As bases racistas da nova ciência mundial americana

É certamente um grave engano imaginar que essas novas ideias servem simplesmente para opor países uns contra os outros. Ainda que as novas relações imperialistas efetivamente ajudem a tornar possível que as classes trabalhadoras dos países centrais se beneficiem do excedente global que se cria em favor do G7 – o grupo formado pelos maiores países capitalistas sob a influência americana –, é fundamental considerar a variável da classe social para uma adequada compreensão do processo como um todo. É essencial perceber como as armas utilizadas pela elite americana contra os países condenados a serem satélites de sua economia e de sua hegemonia cultural foram primeiro testadas e utilizadas contra seu próprio povo. Assim, a articulação de interesses globais entre países avançados e atrasados, destinada a se reproduzir indefinidamente enquanto tal, se dá muito mais como uma aliança entre as elites metropolitanas dos países industrializados e as elites colonizadas dos países explorados do que como uma mera oposição entre interesses nacionais conflitantes.

O que estava em jogo era a construção de uma imagem da sociedade americana como modelo universal para o mundo do pós-guerra. Esse desafio foi enfrentado por Talcott Parsons, o mais importante cientista social americano do século XX por qualquer critério objetivo. Coube a ele distorcer e utilizar a força do pensamento weberiano para criar uma teoria social cujo objetivo maior era garantir a conformidade social internamente e justificar moralmente o protagonismo internacional americano na arena global.

Entre todos os pensadores envolvidos naquela que seria chamada mais tarde de teoria da modernização, Talcott Parsons foi o mais importante e o mais brilhante. Ele não foi um ideólogo qualquer, embora seja possível demonstrar cabalmente o interesse ideológico de Parsons em construir uma interpretação totalizante para defender a ideia de que os Estados Unidos merecem o "direito" de comandar o mundo de acordo com seus interesses, garantindo ao país não apenas seu papel como império de fato, mas também justificando-o como moralmente superior. Na formulação de seu pensamento, ele empenhou o resultado de décadas de estudos teóricos, procurando compreender as questões centrais da teoria social de seu tempo. Já em 1937, quando publica seu primeiro livro clássico, *The Structure of Social Action*,[79] Parsons procura combinar as perspectivas da economia, da ciência política e da sociologia dentro de um quadro de referência comum.

Para ele, a economia é percebida como o conhecimento que lida com a questão da racionalidade em relação à escassez e a meios materiais limitados; a ciência política é percebida como o saber que lida com as lutas pelo poder; e a sociologia explica como a ação social pode ser integrada em relação a valores compartilhados. Mais tarde, Parsons ainda integraria a psicologia pós-freudiana como um modo de compreender de que forma a personalidade individual se integra ao sistema social. No contexto dessa moldura de referência teórica extremamente ambiciosa para as ciências humanas em geral, a unidade de análise mais importante é o sistema social. Isso garante ao teórico da ação social, ou seja, o próprio Parsons, o papel de comando sobre a produção de todo conhecimento social considerado válido.

Mas a ambição parsoniana não ficou só no papel. Audacioso, ele consegue, com a preciosa ajuda de seus amigos e colaboradores, convencer a Universidade Harvard de que sua inovação teórica merece uma materialização institucional original para que sua visão possa ser perseguida de modo sistemático e coletivo. Ele apresenta a proposta e recebe sinal verde para criar um superdepartamento que espelha o tipo de "superciência social" que ele criou, possibilitando incluir e integrar os interesses parciais da economia, da sociologia, da ciência política e da antropologia dentro de um quadro de referência teórica comum. Essa foi a ideia que permitiu a criação do famoso Departamento de Relações Sociais de Harvard, que serviria de base institucional para o desenvolvimento do projeto parsoniano e de seus amigos: a construção de uma ciência universal e geral acerca da sociedade e do comportamento humano.[80]

O desafio de Parsons visava, antes de tudo, subordinar a economia, que passava a ser percebida como apenas uma entre outras esferas dentro de um sistema sociológico mais amplo. A principal crítica de Parsons à economia é a forma de tratamento das variáveis não econômicas, sempre percebidas como constantes ou guiadas por uma série de "propensões" lineares simplesmente admitidas como verdadeiras sem qualquer comprovação. Para evitar esse tipo de simplificação, todos os problemas econômicos devem ser tratados como qualquer outro problema de qualquer outro subsistema social, ou seja, devem ser tratados como uma "questão sociológica". Seu interesse era, portanto, o de criar uma ciência teórica da sociedade que fosse abstrata o bastante de modo a deduzir as leis da vida social. Nesse sentido, a economia seria apenas uma das formas possíveis de lidar com valores para a orientação da ação social. No caso da economia, os valores que guiam a ação social são aqueles que agem no sentido da maximização material, ou seja, orientados a partir do cálculo entre meios e fins com a finalidade do lucro material.

Parsons segue Max Weber tanto na percepção da ação racional – cujo protótipo é a ação econômica – como articulação entre meios e fins quanto também na sua percepção do processo de racionalização das diversas esferas sociais, ou seja, do processo que leva a uma especialização crescente de cada esfera social no sentido da percepção cada vez mais clara do valor que lhe serve de guia. Esse processo era chamado por Parsons de "diferenciação estrutural", sendo o motor da evolução dos sistemas sociais. Mas Parsons considerava os aspectos não racionais da ação social tão importantes quanto os aspectos racionais. Mais ainda, ele considerava que o principal modo de ação humana é precisamente o não racional, o modo não comandado por considerações do cálculo entre meios e fins. Os conceitos de inconsciente na psicologia, de cultura na antropologia e de função latente na sociologia procuram justamente representar os aspectos não racionais do comportamento humano que estão por toda parte.

É precisamente nesse ponto, buscando permitir a compreensão de comportamentos que aos olhos ocidentais parecem irracionais ou atrasados, que Parsons e suas ideias passam a ser decisivas para o que mais tarde seria chamado de teoria da modernização. Afinal, compreender o que acontecia na periferia do capitalismo e nas nações que se descolonizavam era um desafio muito mais complexo que "mandar os alemães para o trabalho de novo", que havia sido o desafio do Plano Marshall no imediato pós-guerra. O padrão de comportamento de povos os mais variados, recém-saídos de esquemas de opressão colonial, muitos deles camponeses e ligados a culturas locais, parecia um desafio instransponível para a nova narrativa do imperialismo metropolitano ocidental – uma nova narrativa que agora se pretendia não apenas não racista mas decididamente "antirracista". Como construir um quadro de referência teórica que fosse abstrato o suficiente para abranger todas as sociedades existentes e, ao mesmo tempo, pudesse manter a aparência de neutralidade em relação aos valores culturais? Esse era o desafio da nova narrativa imperialista a ser construída sob a aparência da neutralidade e da objetividade científica.

O livro-chave, que viria a se transformar no guia teórico de milhares de pesquisas ao redor do mundo todo ao longo das décadas seguintes, foi a obra conjunta, uma espécie de manifesto do

Departamento de Relações Sociais construído por Parsons e seus amigos em Harvard, denominado *Toward a General Theory of Action*.[81] A ideia geral que perpassa o livro é a de que a agência social – individual ou grupal –, de modo a não ser disruptiva para a sociedade, precisa se adequar às "expectativas de comportamento" criadas para cada um dos "papéis", cabendo aos sistemas culturais fornecer a justificação e a sanção moral para tais papéis, integrando-os sistematicamente. O ponto de partida conservador é óbvio: inadequação ou individualidade excessiva são patologias sociais, enquanto equilíbrio, homeostase e estabilidade são os indicadores de um corpo social sadio. Em resumo: o valor social mais alto é o conformismo e o maior valor político é a estabilidade. Não seria excessivo, certamente, defender que a teoria geral parsoniana tinha o intuito de "fabricar consenso" – como reconstruímos em mais detalhe em outro livro[82] – de acordo com a visão de mundo da elite americana em seu próprio país e no mundo.

Mas o texto decisivo que compõe esse livro coletivo é o trabalho do próprio Talcott Parsons, em parceria com Edward Shills, acerca das famosas "variáveis padrão" (*pattern variables*). As *variáveis padrão* são um conjunto de pares dicotômicos de orientação valorativa, os quais são percebidos como partilhados coletivamente, permitindo, desse modo, a orientação dos atores sociais, ou seja, cada um de nós, em qualquer situação concreta. Essas variáveis padrão, desse modo, serviriam como uma espécie de "mapa social" para compreender a singularidade de qualquer sociedade específica. Afinal, quer saibamos disso refletidamente ou não, são valores específicos que guiam todo o nosso comportamento prático. Normalmente, na vida cotidiana, apenas agimos de modo automático e pré-reflexivo, ou seja, sem refletir sobre o que nos move e nos guia. Se refletirmos, veremos que valores específicos efetivamente comandam nosso comportamento. Essas variáveis padrão seriam, portanto, uma espécie de explicitação dos "valores-guia" que comandam nosso comportamento na vida prática e cotidiana, quer tenhamos ou não consciência clara disso.

Os pares são os seguintes:

>  Afetividade × Neutralidade afetiva
>  Auto-orientação × Orientação coletiva
>  Particularismo × Universalismo
>  Atribuição × Realização
>  Difusão × Especificidade

Basta prestar um pouco de atenção, caro leitor, que logo descobrimos que a oposição real que confere sentido a cada uma das oposições binárias apresentadas, e que está presente em todas elas como seu aspecto principal, é, na realidade, a oposição entre *espírito*, como lugar da reflexão e da moralidade distanciada, que nos liga ao divino, e *corpo*, representando nossa parte afetiva que nos liga à animalidade: precisamente, e não por acaso, a mesma estrutura da hierarquia moral do Ocidente que vimos na primeira parte deste livro. Para Parsons e Shills, tanto indivíduos quanto sociedades tendem a se orientar de modo consistente em relação a cada um desses polos dicotômicos. Obviamente, as virtudes do *espírito*, no lado direito, representam a modernidade e o progresso, enquanto as virtudes ambíguas do *corpo*, no lado esquerdo, representam a tradição e o atraso.

Nesse sentido, a história da Europa e sobretudo de seu prolongamento americano – o Ocidente, de acordo com a visão que se tornou hegemônica – passa a ser compreendida como uma progressiva vitória do universalismo sobre o particularismo, ou seja, do valor mais importante de todo o processo de modernização. Para conferir um sentido diacrônico aos pares das variáveis padrão, Parsons publica em 1964 o artigo "Evolutionary Universals in Society". A base da evolução social passa a ser percebida como uma dialética entre diferenciação e integração, levando as sociedades da tradição à modernidade por meio de sua crescente complexidade organizacional. Para Parsons, a fabricação do consentimento, no contexto dos conformistas Estados Unidos de sua época, já era percebida como um ponto final do desenvolvimento humano, uma espécie de "fim da história", antecipando os debates que mais tarde se concentrariam no tema do fim das ideologias já sob o impacto da globalização dos anos 1990.

As variáveis padrão de Parsons e Shills funcionaram como o esquema mais abstrato e geral, um verdadeiro quadro de referência teórico e empírico, para a grande maioria das pesquisas desse verdadeiro novo paradigma científico levado a cabo pelos teóricos da teoria da modernização no mundo inteiro. O "atraso" social relativo era explicado como influência de orientações valorativas influenciadas pela tradição, percebida como uma síndrome e um todo unificado. Já a direção a todo desenvolvimento e "modernidade" era percebida como imitação e emulação do exemplo histórico concreto representado pelos Estados Unidos em todas as dimensões da vida.

Como Nils Gilman analisa em seu exaustivo estudo sobre os "mandarins do futuro",[83] a teoria da modernização, a partir das ideias abstratas de Parsons, feitas sob medida para a legitimação do novo império americano, implica a redefinição das ciências sociais e econômicas no mundo inteiro. Seja com financiamento direto do governo americano, seja por meio de instituições privadas como as fundações Rockefeller, Carnegie e Ford, uma quantidade inaudita de dinheiro começa a jorrar nos campi universitários das principais universidades americanas. Repetindo o sucesso das estratégias de produção de consentimento que ligavam ciência e propaganda desde o início do século nos próprios Estados Unidos,[84] a ideia principal é utilizar tanto o prestígio quanto o *know-how* da ciência para mapear os problemas e antecipar as soluções para o novo império que se criava.

Um "novo império" que atualizava a velha ideia europeia do "peso de civilizar" outros povos para legitimar o saque e a exploração real, deixando a força e a violência militar como recursos de último caso. A arma principal desse novo império é a utilização do convencimento científico – com o apoio precioso de sua máquina de propaganda de Hollywood e de toda a poderosa indústria cultural e do entretenimento. Marilyn Monroe e Brad Pitt em vez de rifles e granadas.

Mais adiante veremos o sucesso dessa estratégia do imperialismo "informal" americano no convencimento das elites colonizadas, como no caso da elite brasileira americanizada, espelhando seu papel como "mediadoras" dos interesses americanos em seus países. A própria escolha de um imperialismo "informal", que mantém a autonomia política de fachada das novas colônias economicamente subordinadas, significa um novo impacto e uma nova força relativa para os mecanismos de *soft power*, ou seja, para os mecanismos de violência simbólica que serão empregados no lugar da subjugação material, militar e física. Nesse contexto, assume importância fundamental o desenvolvimento de uma "ciência imperial" que estimula e legitima a imitação e a subordinação aos valores americanos, ao mesmo tempo que é percebida também como um verdadeiro "avanço científico".

Foi essa respeitabilidade científica que Parsons atribuiu à teoria da modernização, engajando gerações de pesquisadores ansiosos por reconhecimento acadêmico – um tipo de trabalho acadêmico que também poderia ser facilmente percebido como serviço patriótico. Os Estados Unidos conseguiram engajar suas melhores mentes, durante várias gerações, no serviço meio patriótico, meio intelectual de difundir e dissimular o exercício do poder de seu país como algo desejável e benévolo para os povos explorados e humilhados por ele.

Contam-se nos dedos da mão intelectuais verdadeiramente insubmissos e críticos, como C. Wright Mills, que não só não participaram do engodo como também criticaram a empreitada como um todo.

Gilman elenca em seu livro algumas áreas do conhecimento nas quais essa influência foi especialmente poderosa e direta, sendo decisiva nas pesquisas comparadas da ciência política americana durante décadas. Até hoje seus pressupostos fundamentais, ainda que parcial e superficialmente criticados, continuam sendo a base das análises comparativas de sistemas políticos em todo o mundo.

Sob a direção de Gabriel Almond, o Committee on Comparative Politics, regiamente financiado por fundações privadas, teve um papel decisivo na redefinição da ciência política em escala mundial,[85] contribuindo para que essas ideias se universalizassem e se tornassem, em boa medida pelo menos, um pano de fundo inquestionável. Sua influência indireta nesse campo continua até hoje. Também no sensível campo de estudos das relações internacionais, o impacto da teoria parsoniana e do paradigma da teoria da modernização foi avassalador.

Como nos conta Gilman, a criação do Center for International Studies do MIT, sob a batuta de Walt Rostow, contou com a ajuda financeira direta da CIA – cujas contas eram confidenciais – e de fundações como Rockefeller, Ford e Carnegie. Com o livro *The Process of Economic Growth*,[86] Rostow construiu uma teoria da evolução econômica extremamente influente, que unia aspectos culturais e tecnológicos e fora diretamente inspirada no esquema parsoniano de *Toward a General Theory of Action*, com enorme sucesso mundial. Rostow queria que seu livro fosse lido como um substituto do *Manifesto comunista*, com a diferença de que o fim da história fosse representado pelo consumo de massas como o ponto final do desenvolvimento econômico. Cada vez mais, seus colegas do CIS passaram a refletir sobre os meios para se atingir a "modernização", chegando, inclusive, a considerar golpes militares os reais parteiros da modernização, desde que se acomodassem à nova ordem americana.[87]

Mas não apenas a ciência política e as relações internacionais passaram a ser compreendidas e estudadas segundo uma perspectiva completamente nova. A teoria da modernização é muito mais que uma escola de pensamento ou uma mera "arma política". Outro estudioso crítico, Michael Latham, se utiliza do sentido mais profundo do termo ideologia em Karl Mannheim para perceber a teoria da modernização como o pano de fundo ideacional por meio do qual a nova posição mundial e a "missão" americana no mundo, ou seja, os tempos do imperialismo informal que se cria, passam a ser aceitas pelos próprios americanos e depois pelo restante do mundo.[88]

Segundo a teoria da modernização – aplicada à questão do desenvolvimento diferencial em nível global –, a expansão americana representaria de modo neutro e automático um aumento do espaço de liberdade no mundo, reproduzindo assim antigas concepções de destino manifesto e do imperialismo americano interno anterior. Dessa forma se construiu a necessária legitimação ideológica de que todo esquema de poder precisa para se afirmar e se reproduzir enquanto tal. Em tempos modernos e seculares, de supremacia científica, esse novo modelo de narrativa discursiva, que ao mesmo tempo esconde e explicita de modo distorcido o funcionamento dos mecanismos de poder real, deve assumir a estrutura de um campo de saber.

O aspecto principal aqui é que as diferenças de desenvolvimento relativo entre as nações são percebidas não como resultado da exploração imperialista ou mesmo de causas sócio-históricas contingentes, mas sim pela ausência do "espírito ocidental", racional, ativo ou, como diz Parsons na forma de um de seus polos de referência padrão mais importantes, pela falta da atitude orientada para o sucesso, ou *achievement oriented*. Assim, o imperialismo informal americano não se dirigiu apenas à contenção política dos recalcitrantes e à dominação do mercado, mas pretendeu também construir um estilo de vida totalizador, a partir do qual todas as dimensões do espírito humano, nas suas virtualidades cognitivas, morais e estéticas, passassem a ter os Estados Unidos como referência absoluta e idealizada.

## O racismo cultural dos povos colonizados

De nada adianta, no entanto, os americanos simplesmente apregoarem aos sete cantos do mundo que eles próprios são os mais inteligentes, bonitos, moralmente superiores e honestos, e que, por conta disso, devem comandar os povos do Sul global e saquear suas riquezas. Era essencial que os povos a serem dominados se convencessem disso também. Dominar simbolicamente significa, nesse sentido e antes de tudo, convencer o oprimido de sua própria inferioridade. Para estar completo, esse processo exigia o "convencimento" da vítima da dominação de que ela própria era a única culpada pela própria pobreza e fraqueza relativa. Desse modo, a dominação se tornava perfeita e sem ruído, produzindo seus efeitos pelo encontro aparentemente "mágico" entre opressor e oprimido, tamanha a afinidade de perspectivas que se completam e se harmonizam mutuamente.

Para que isso acontecesse era necessário convencer os oprimidos de que, se os americanos são o "sal da terra", os mais belos, mais inteligentes e, acima de tudo, os mais dignos de confiança e mais honestos, eles próprios são o seu perfeito oposto especular: feios, burros, preguiçosos e – como sempre, com a dimensão moral servindo de cereja do bolo do pacote envenenado do dominador – também corruptos e indignos de confiança. A teoria da modernização deve, portanto, não apenas convencer seu próprio povo de sua superioridade e com isso produzir conformismo interno e obediência às elites locais. Ela deve também convencer os povos, destinados agora a serem colonizados por ideias supostamente científicas, não mais apenas pelo chicote ou pelo rifle, de que eles próprios são como crianças ou delinquentes juvenis: possuem cérebro, mas não sabem usá-lo, além de serem irresponsáveis e dominados pelas emoções. A ciência do dominador deve ser uma espécie de "pedagogia para a opressão", na medida em que o dominado está condenado a ser pupilo para sempre.

Em poucos países essa "pedagogia para a opressão" foi tão bem-sucedida como no maior país da América Latina, o Brasil. Nesse sentido, o estudo do caso brasileiro pode servir, inclusive, como tipo ideal, ou seja, um exemplo perfeito da eficácia da violência simbólica americana – em articulação com a violência simbólica da elite brasileira neocolonizada – contra todo o povo brasileiro. E, por seu caráter exemplar, pode servir de ilustração para expressar toda a força destrutiva desse tipo de violência simbólica e ideológica contra os países do Sul global.

A história das ideias em um país como o Brasil pode ser reconstruída como o inverso no espelho perfeito das ideias americanas durante todo o século XX e até hoje. Afinal, só existe uma ciência do senhor se existir também uma ciência do escravo. No caso brasileiro, inclusive, a elite colonizada se mostra digna de toda a confiança de "seu senhor" e o sentido de sua vida é tentar sempre adivinhar-lhe os desejos, inclusive os mais íntimos, para melhor servi-lo sempre.

Na verdade, não existe melhor definição para a inteligência brasileira no século XX do que essa, como qualquer leitor poderá se convencer muito em breve. Uma inteligência que, salvo raríssimas exceções, irá agir como preposto e representante dos interesses das piores elites, fingindo que se comporta criticamente em defesa do povo. Como no caso da teoria da modernização, o tipo de material simbólico utilizado pela inteligência brasileira para retirar a autoestima do próprio povo é a noção imprecisa, ambivalente e compósita de "cultura".

De certo modo, a construção do culturalismo vira-lata e colonizado brasileiro é contemporânea e até anterior à formulação parsoniana da teoria da modernização. Sem dúvida, o impacto dessa teoria entre nós vai tornar a postura colonizada ainda mais automática e generalizada, abrangendo praticamente toda a vida intelectual. Mas o que comprova o estatuto de "bom escravo" das elites e da intelectualidade brasileira é que ambas farão uso dos mesmos preconceitos que os americanos utilizaram para dominar simbolicamente o mundo, só que nesse caso para oprimir e humilhar o próprio povo. Nessas duas circunstâncias, a "ciência", que não fica restrita aos livros e às universidades, dominando também a imprensa, a indústria cultural e a esfera pública, será utilizada como um tipo de racismo "prático", supostamente legitimado pelo próprio prestígio científico. Uma situação em nada distinta, como veremos, do discurso abertamente racista do conde Gobineau.

Ainda que a primeira aproximação da inteligência brasileira com o culturalismo tenha sido ambígua o bastante para criar uma autoimagem relativamente positiva do povo brasileiro, a associação da mensagem freyriana com Vargas e seu projeto de inclusão popular abriu espaço, no entanto, a uma reação elitista e conservadora – responsável pela formação do pensamento liberal conservador brasileiro moderno, ainda hoje hegemônico na direita e também em boa parte da esquerda. A oposição intelectual a Vargas foi o início dessa tradição intelectual profundamente elitista e antipopular que pretendeu e ainda pretende se passar por "crítica social".

Seu grande criador foi Sérgio Buarque de Holanda, o pensador social brasileiro mais influente sob qualquer critério objetivo. Com a exceção parcial de Florestan Fernandes, Buarque é até hoje a maior influência de todos os pensadores que vieram depois dele, como Raymundo Faoro, Roberto DaMatta e Fernando Henrique Cardoso, apenas para citar os mais importantes. Todos os lugares-comuns da inteligência brasileira vêm de Buarque, como o patrimonialismo, o jeitinho, a cordialidade e a famosa confusão entre o público e o privado, pensada, até hoje e ingenuamente, como uma jabuticaba brasileira. Buarque criou a forma de pensar hoje dominante no Brasil: um racismo prático contra negros e pobres que finge ser crítica social. Não seria exagero dizer que o país inteiro, da direita à esquerda, comprou e ainda compra essa leitura da realidade.

Buarque usou todo seu inegável talento para reverter o esforço de Freyre por mitigar o racismo implícito do culturalismo ocidental. Se Freyre havia lutado para mostrar as ambiguidades e os aspectos positivos da suposta brasilidade, Buarque vai construir uma variante cultural, a qual, na realidade, apenas continua a versão freyriana,[89] invertendo, no entanto, seu sentido. Buarque aceita de Freyre todos os pressupostos da luso-brasilidade fundada na suposta plasticidade e adaptabilidade, embora tenha tentado *a posteriori* apagar cuidadosamente as provas de sua dívida intelectual.[90] Se na versão freyriana o homem plástico luso-brasileiro era ambiguamente positivo, na versão de Buarque, o seu "homem cordial" é só defeito e negatividade. Ele representa a aberta animalidade do corpo, do homem que não tem controle sobre os próprios impulsos nem respeita, portanto, as leis ou a ordem "impessoal" que seria supostamente existente em outros países. Também sem criticar, como Freyre, os pressupostos racistas que permanecem intactos na passagem do biologismo para o culturalismo, Buarque na verdade constrói uma versão culturalista do brasileiro colada ao racismo biológico anterior do "mestiço" e do negro como escórias da história. Afinal, qual a diferença entre o "homem cordial", como pura negatividade e animalidade, e o "mulato doentio" do racismo explícito do conde Gobineau que discutimos antes?

Estranho, muito estranho aliás, é que a construção do brasileiro como escória do mundo – percebido inclusive como construção cultural autônoma, e não como produto de relações de dominação assimétricas destinadas a manter o povo excluído e humilhado – tenha sido celebrada, e ainda seja até hoje, como um primor de teoria crítica pelos maiores intelectuais brasileiros.[91] O engraçado e estranho na história, se não fosse também ridiculamente trágico, é que precisamente a completa ausência de qualidades positivas do "homem cordial" e a consequente redução do povo brasileiro a uma percepção humilhante e desprezível de si mesmo eram e ainda são percebidas como uma espécie de prova irrefutável das qualidades críticas da teoria buarquiana. Essa tolice criou uma tradição intelectual profundamente conservadora e elitista, a qual, no entanto, "tira onda" de crítica e avançada. Toda essa tradição remonta a Sérgio Buarque de Holanda e logrou conquistar um amplo espectro não só da direita como também da esquerda política brasileira.

No entanto, caro leitor e cara leitora, a ideia do "homem cordial" é frágil e superficial de fio a pavio. Primeiro, ela é percebida como representando "o brasileiro" em geral, independentemente de sua classe social ou "raça", por exemplo. Essa estratégia, típica de conceitos holísticos como um tipo cultural único, serve à perfeição para tornar invisíveis todas as relações de exploração, racismo, humilhação e dominação de classe, criando generalizações descabidas, como se as sociedades criassem tipos sociais homogêneos. Com isso, não apenas pressupõe-se que marginalizados e excluídos se comportem do mesmo modo que os privilegiados por conta dos mesmos motivos, mas também torna-se impossível a reconstrução das relações internas de dominação que criam precisamente marginalizados e humilhados de um lado e ricos e poderosos do outro. A desigualdade social e o desvelamento de sua gênese são ofuscados pela suposta criação de um tipo social único a partir de relações culturais supostamente seculares.

Depois, a noção do "homem cordial" só é compreensível a partir de sua contraposição ao pioneiro protestante ascético americano, pensado como polo perfeito e apenas positivo, o completo oposto do brasileiro. Aqui nem sequer se trata de discutir a idealização do pioneiro transformado no *self-made man* como tipo social americano mais típico. O próprio Weber, de quem mais uma vez todas essas ideias e fantasias são retiradas, deixou claro que tanto o protestantismo ascético quanto o protestante são "mediadores evanescentes"[92] do capitalismo e "morrem" enquanto tal ao realizá-lo. Aliás, isso seria a contradição de todo ascetismo que cria a riqueza que abomina. As gerações seguintes, que já nascem na riqueza, tendem a simplesmente consumir a riqueza acumulada. Weber reconstrói essa tragédia de todo ascetismo não apenas economicamente mas também no contexto político e moral. Para Weber, o ascetismo protestante é substituído primeiro pelo utilitarismo, que troca a noção religiosa de Deus pela noção mundana de bem comum como móvel moral da ação. Finalmente, perde-se qualquer relação com a moralidade explícita no consumismo e no hedonismo.

O próprio Weber, no seu estudo sobre as seitas americanas a partir de sua visita aos Estados Unidos no começo do século XX, já nota que o pertencimento sectário só sobrevive por considerações pragmáticas de manutenção de clientela e interesses comerciais, tendo se degradado em hipocrisia aberta.[93] Para o grande sociólogo americano C. W. Mills, o *self-made man* e o pioneiro se mantêm, depois da Guerra Civil Americana, apenas como uma ideia e um ideal sem correspondência na realidade. Mas o intelectual colonizado brasileiro só se interessa pela idealização fantasiosa, sem qualquer vínculo com a realidade, desde que possa servir de contraponto à humilhação de seu próprio povo.

Partindo da tese do patrimonialismo de Buarque, desenvolve-se outra ideia que tomou 99% da inteligência brasileira: a famosa e supostamente ultrabrasileiríssima confusão entre público e privado, que passa a ser a pedra de toque de toda análise de praticamente todo intelectual brasileiro que reflita sobre a singularidade brasileira. Se perguntado sobre a maior peculiaridade brasileira, o intelectual brasileiro, seja de direita ou de esquerda, conservador ou de "vanguarda", invariavelmente fará uma cara de reflexão profunda, contrairá os músculos da testa e, com o olhar profundo perdido no horizonte, por fim dirá que a confusão entre o público e o privado é o aspecto que mais caracteriza a singularidade brasileira. Isso é um reflexo e uma comprovação empírica da enorme influência das ideias de Buarque até hoje sobre toda a vida intelectual brasileira.

Isso tudo é dito como se a confusão entre o público e o privado não fosse a realidade cotidiana de qualquer sociedade capitalista moderna. E como se a privatização do que é público não fosse, em todo lugar, sem exceção, a forma dominante de apropriação e acumulação capitalista desde seus primórdios. Mais uma vez, tamanho autodesprezo seria uma piada se não fosse uma tragédia: construir uma singularidade negativa aceita por todos exige uma idealização tão basbaque de outros povos que é típica de um povo e de um tipo intelectual dominado a ponto de todas as suas reflexões já serem desde sempre envenenadas por categorias e pressupostos jamais refletidos. Um povo escravizado intelectualmente já nasce e está condenado a pensar a vida inteira como um servo dócil que engole sem reflexão as ideias de seu algoz como se fossem suas. De outro modo, sem a servidão intelectual e moral que se torna uma espécie de "segunda natureza" automática e "tornada corpo", a seletividade das escolhas teóricas e interpretativas seria inexplicável.

Mas a humilhação do próprio povo realizada por intelectuais que fingem ser críticos possui sua legitimação última no fato de esse ataque à população ser feito em nome da verdade. Como se assumir as "verdades desagradáveis" fosse uma decorrência do dever de ser verdadeiro. Porém, na realidade, se prestarmos atenção, veremos que a elite e a classe média branca não são percebidas como corruptas e cordiais no sentido de Buarque. Se todo o povo é percebido como não confiável, corrupto e cordial, por que Buarque projeta a influência desse suposto estigma cultural unicamente no Estado e na política? Por que o mercado não é percebido do mesmo modo negativo? Ora, se todo brasileiro é cordial, atrasado, passional e corrupto por natureza – ou por "cultura naturalizada" –, ele deveria sê-lo em todo lugar e em todas as esferas da sociedade. Mas esse não é o caso. Buarque coloca a institucionalização e a versão societária do "homem cordial" apenas no Estado e na política, que passam, portanto, a ser percebidos do mesmo modo negativo.

Pensemos juntos, caro leitor e cara leitora: será que a construção do vínculo do "homem cordial" apenas com o Estado teria o sentido de criminalizar o Estado e a política varguista de inclusão popular? Será que, por extensão, teria também a intenção de criminalizar para sempre toda a política de desenvolvimento e inclusão popular – cuja única viabilidade é o uso do Estado e de sua capacidade de regulação e intervenção? Se fossem ousar pensar com seus próprios neurônios, sem a ajuda de intelectuais colonizados, o que vocês achariam? Nada mais perfeito para criminalizar a soberania popular do que estigmatizar a política e a ação do Estado enquanto tais, não é mesmo? E nenhum serviço é mais importante para uma elite escravocrata e antipopular do que criminalizar o voto e a participação popular no próprio nascedouro.

Ao se construir a autoimagem de um povo de corruptos que elege políticos corruptos – que irão, por sua vez, dominar um Estado patrimonial igualmente corrupto –, constrói-se também a justificativa perfeita para a legitimação de golpes de Estado supostamente contra a corrupção sempre que a elite antipopular não estiver contente com quem ocupa o poder. Veremos como esse tipo de moralismo elitista reproduz, na verdade, o pior tipo de racismo com outras máscaras.

Por enquanto, ainda no terreno da construção do elitismo liberal brasileiro, que hipocritamente se diz crítico, é necessário compreender como se engendra o contraponto teoricamente "sadio" à doença do "homem cordial" e do Estado patrimonial.

Nesse particular, outro autor fundamental, cuja compreensão é decisiva para a autoimagem colonizada dos brasileiros, é Raymundo Faoro. Se Buarque é o pensador social mais influente, Faoro é o historiador oficial e mais influente do pensamento social brasileiro hegemônico. Ainda que o próprio Buarque tenha estigmatizado a política, e não o mercado, além de ter buscado construir a "cultura do bandeirante paulista" como contraposta ao restante da cultura brasileira do "homem cordial",[94] coube a Faoro a narrativa de maior sucesso nesse campo particular. É que Faoro, também ao seu modo influenciado por Freyre, recua a tradição da corrupção do povo brasileiro em 700 anos, criando a secular tradição luso-brasileira da corrupção. Afinal, o recuo histórico dá a impressão de coisa bem fundamentada, contra a qual ninguém em sã consciência poderia levantar objeções.

Desse modo, Faoro localiza as raízes institucionais e culturais da cultura da corrupção luso-brasileira no Portugal medieval que se unifica precocemente já em 1381. Em seu *Os donos do poder*,[95] Faoro contrapõe o desenvolvimento histórico luso-brasileiro ao desenvolvimento anglo-saxão. O desenvolvimento luso-brasileiro começaria com o Estado forte português, o qual permitiria, por um lado, o domínio de um pequeno país sobre meio mundo, mas levaria também à inibição de todas as forças autônomas da sociedade portuguesa por conta do efeito mortificante do Estado e da burocracia estatal sobre toda a liberdade e a livre iniciativa. Uma burocracia patrimonialista e corrupta que parasitaria a sociedade como um todo. O desenvolvimento anglo-saxão, ao contrário, não teria tido essa patológica ação do Estado e teria sido, portanto, fruto do espírito econômico livre e empreendedor: a base e o fundamento de todas as outras liberdades e alegrias humanas.

Esse não é apenas um argumento que reúne em si todos os clichês liberais da iniciativa e da propriedade privada como berço de todas as maravilhas do mundo. O lugar-comum de que o desenvolvimento da Inglaterra e dos Estados Unidos não foi produto de ação concertada do Estado deixa de fora as políticas estatais elisabetanas de construção de uma marinha poderosa e da política de realocação das manufaturas têxteis de Flandres para a Inglaterra no século XVI. Deixa de fora também o fato de que, depois da Guerra de Secessão americana, as políticas estatais viabilizaram as linhas férreas americanas e a construção de universidades agrícolas por todo o país, propiciando produtividade para produtos agrícolas de exportação como base do financiamento interno das indústrias posteriores.

Toda essa falsa história do liberalismo é somada ainda ao clichê da historiografia americana de que o pioneiro ascético, na verdade o pequeno e médio produtor rural, teria continuado a ser a força propulsora do desenvolvimento americano mesmo depois da Guerra de Secessão, com a entrada do grande capital industrial e monopolista. Trata-se de uma historiografia comandada pela teleologia do "destino manifesto", que distorce a influência das instituições centrais do capitalismo exatamente como no caso da historiografia brasileira, só que "para o bem". Uma balela liberal que simplesmente associa, ao arrepio da história concreta, propriedade privada a liberdade e iniciativa e presença do Estado a corrupção e atraso social.

Mas essa não é a única fraude histórica perpetrada. O ponto aqui não é sequer o fato de o Estado inglês, por exemplo, de Henrique VIII ter se utilizado de exatamente os mesmos subterfúgios que o Estado português, como distribuição de privilégios e monopólios para os amigos e prisão na torre de Londres para os inimigos. Mais ridícula é decisivamente a presunção anacrônica – a distorção de perceber a história passada com ideias que só fazem sentido hoje em dia – de chamar de "corrupção" a distribuição de privilégios e monopólios do Estado na Idade Média. Ora, o sentido moderno de corrupção exige a noção de *propriedade pública* que possa ser indevidamente apropriada por um particular.

A noção de propriedade pública, por sua vez, só pode nascer por força da ideia de soberania popular, ou seja, da ideia segundo a qual não mais o "sangue azul" e divino dos reis deve servir de justificativa última do poder legítimo, mas sim a vontade popular soberana. Ora, cara leitora e caro leitor, essas ideias, como se sabe, só foram inventadas e tiveram efeito prático na Revolução Francesa, ou seja, 400 anos depois da época em que Faoro percebe o começo da corrupção em Portugal. Uma ideia tão ridícula quanto os filmes históricos que forjam rituais do amor romântico, inventado apenas no século XVIII, como se existissem, por exemplo, na Antiguidade.

Apesar de ser uma tese ridícula, o Brasil inteiro acreditou nela. E, em grande medida, ainda acredita. Faoro foi também um dos principais autores do mito de que o estado de São Paulo seria uma espécie de Massachusetts do Brasil e de que suas elites representariam algo análogo ao "americano protestante" nos trópicos. Essa ideia é fundamental, já que corrupto e atrasado tem que ser apenas o povo, e não as elites que o escravizam. Estas devem ser compreendidas como a classe dos empreendedores e, portanto, a classe da liberdade e do progresso. Tal é a ideia dominante até hoje no Brasil. Sem que haja reprodução especular da visão de mundo do opressor no país colonizado simbolicamente, não existe perpetuação possível da dominação global material, política e econômica.

## A crítica ao culturalismo

À primeira vista, o argumento de que existe uma cultura que explica toda a especificidade da vida social é inatacável. Afinal, hoje em dia todos tendemos a compreender toda singularidade cultural nos termos do historicismo e do expressivismo alemão, ou seja, como um todo orgânico, articulado entre si, com uma memória comum que junta tradições, experiências e ideias compartilhadas quase sempre por meio de uma língua comum. Essa é a ideia que nos foi passada de geração em geração nos últimos 250 anos de história. À primeira vista, portanto, as culturas são percebidas por cada um de nós como tão únicas quanto seus idiomas. Efetivamente, costumamos compreender a maior ou menor proximidade cultural em termos linguísticos. As culturas latinas parecem mais próximas para nós brasileiros do que as culturas germânicas, por exemplo, do mesmo modo que a língua francesa nos é mais próxima que a língua alemã. Mas o que é esquecido, afinal, na construção dessas tradições culturais que parecem tão completamente singulares quanto as línguas faladas por cada povo? Para mim o que é esquecido é o principal, ou seja, a "gramática" comum a todas essas culturas.

Assim, do mesmo modo que, no ato da fala, nos concentramos de modo refletido no conteúdo explícito que queremos transmitir, mas, normalmente, não temos nenhuma consciência das regras gramaticais que aplicamos e que permitem a compreensão do que dizemos, com a cultura acontece algo muito semelhante. O que é esquecido, portanto, no culturalismo é a gramática comum a todas essas culturas, as quais são percebidas, na superfície, como tão distintas. Desse modo, nosso desafio aqui é reconstruir a "gramática profunda" que é esquecida e tornada secundária pelo culturalismo dominante. No entanto, nosso primeiro passo tem que ser "desconstruir" o culturalismo e mostrar sua superficialidade.

Vimos que o "protestante ascético", a partir de certa leitura seletiva da tese weberiana acerca da origem do espírito do capitalismo, é uma espécie de substituto para o branco do racismo científico, na medida em que reuniria em si as mesmas virtudes e a mesma pretensão de superioridade. Como também já vimos, essa superioridade é, na verdade, uma ideia compartilhada por todos de diversas maneiras – refletidas e irrefletidas – e remete às virtudes do espírito, sobretudo o controle e a disciplina dos afetos e o planejamento da vida a longo prazo. De fato, tudo que é dito acerca da superioridade do protestante ascético, que é o fundamento da autoimagem do americano como modelo para o mundo, pode ser resumido na tríade disciplina, autocontrole e pensamento prospectivo.

Max Weber falava, no entanto, da contribuição dessa atitude religiosamente motivada para a gênese do capitalismo. Em um contexto histórico dominado há milênios por uma atitude tradicionalista em relação à economia, quando as pessoas encaravam o trabalho racionalmente como satisfação de necessidades, como explicar que em um curto espaço de tempo tenha surgido uma grande quantidade de pessoas que passaram a encarar o trabalho irracionalmente, ou seja, como acumulação infinita de riquezas sem qualquer relação com suas necessidades materiais? É nesse contexto que adquire importância fundamental o fato de que, em várias seitas importantes do protestantismo ascético, tenha sido criada uma doutrina específica, a ideia de um "sinal da salvação" capaz de aplacar o desespero dos crentes protestantes que não tinham como saber se estavam salvos ou condenados por toda a eternidade, já que os desígnios de seu Deus não estão ao alcance dos humanos.

Nesse contexto se desenvolve a ideia do "sinal divino" que proporciona ao fiel a certeza da salvação. Esse sinal tende a ser percebido como contribuição para a glória divina na Terra e é cada vez mais interpretado em termos materiais, como aumento da riqueza material. Desse modo, o interesse ideal na salvação assume a forma de acumulação infinita de riquezas materiais sem qualquer vinculação com necessidades concretas. Assim, a mudança da atitude econômica básica em relação ao mundo pode ser explicada pelo caminho específico da salvação de todo protestante ascético.

Essa atitude básica certamente não é, como muitos pensam, apenas econômica. Ela significa, ao contrário, o surgimento de um novo racionalismo, ou seja, de uma nova forma de avaliar, classificar e se comportar em relação ao mundo e a nós mesmos em todas as dimensões da vida.[96] Weber chama esse racionalismo específico, diferente de todas as outras grandes culturas mundiais, de "racionalismo da dominação do mundo".[97] Essa nova racionalidade implica uma nova forma de perceber o mundo em todas as esferas, pois, para ter sucesso e dominar o mundo externo, é necessário compreendê-lo de modo objetivo e científico. Assim, o mistério do mundo que envolve qualquer atitude religiosa tende a se enfraquecer a partir da percepção do mundo como um conjunto de inter-relações objetivas passíveis de compreensão e de controle científico.

É precisamente nesse sentido, como vimos, que Weber percebe o protestantismo como mediador evanescente do racionalismo capitalista da dominação do mundo. É que o mundo objetivado, passível de controle e de conhecimento empírico pela ciência, tende a retirar as bases objetivas de todo "encantamento do mundo", que é o pressuposto de qualquer atitude religiosa. Na leitura weberiana, o protestantismo será substituído pelo utilitarismo, que troca a noção religiosa de divindade pelo bem comum, mas mantém ainda um vínculo moral explícito em relação à comunidade como um todo. O terceiro passo, para Weber, é a passagem ao consumismo e ao hedonismo do mundo moderno. Na sua visão, nessa última fase o vínculo moral se perde, criando um mundo de indivíduos amesquinhados. São os "especialistas sem espírito", que sabem tudo de seu pequeno mundo profissional e nada do mundo que os cerca, e os "hedonistas sem coração", que perderam qualquer vínculo real com as próprias emoções e são, portanto, condenados ao consumo desenfreado de pequenas satisfações pontuais.

Mas vejam bem, cara leitora e caro leitor: um diagnóstico ao mesmo tempo complexo, desencantado e pessimista como este não serve para legitimar a superioridade inata de uns povos sobre outros nem de algumas classes sociais sobre outras. Ao contrário, ele se refere a um destino inglório, quando homens e mulheres, na sua busca pela salvação individual, criaram um mundo que agora se impõe a todos independentemente da vontade individual de quem quer seja. O homem mais rico do mundo tem que obedecer às leis do mercado que ele não criou, senão irá à falência rapidamente. É claro que, em um contexto de desigualdade, quem não tem acesso ao mínimo para sobreviver reproduz uma vida indigna desse nome, mas, a partir dessa leitura weberiana, a vida de todos nós pode ser percebida como algo sem significado e superficial. É impossível que essa visão crie uma aura de perfeição, de modelo a ser copiado, muito menos de "fim da história", que jura que já teríamos finalmente encontrado a felicidade e os Estados Unidos refletiriam essa excelência maravilhosa para o mundo.

É necessário usar e manipular o prestígio científico de Max Weber e falsear completamente sua teoria, transformando-a em uma história de felicidade e sucesso continuado. Foi isso que Parsons fez com a teoria da modernização, que é a base da atual teoria da globalização e funciona até hoje como pano de fundo hegemônico e dominante de qualquer discurso afirmativo sobre o mundo globalizado. Foi isso que fizeram também Buarque e Faoro ao imaginar que as classes liberais do mercado no Brasil, ao contrário do povinho mestiço e corrupto, herdavam também um pouco dessa herança maravilhosa e divina nos trópicos. Como dizia o próprio Weber, os ricos e felizes não querem apenas ser ricos e felizes. Eles querem se saber tendo *direito* à riqueza e à felicidade. Do mesmo modo, poderíamos acrescentar, é necessário fazer com que o oprimido se convença de que sua própria opressão é merecida, senão ela é impossível de se reproduzir no tempo. Mais adiante veremos como as "identidades nacionais" são construídas precisamente para atender a essas duas necessidades complementares, justificando um racismo multidimensional.

Mas esse "conto de fadas" para adultos, criado por meios pretensamente científicos, não é o único aspecto problemático nem o mais importante do culturalismo dominante que funciona como um equivalente funcional ao racismo explícito anterior. O ponto fundamental e esquecido, nesse contexto, é o fato de que os seres humanos são construídos por instituições impessoais, que nos fazem ser como somos sem anuência de nossa vontade, como bem percebeu Max Weber. Se esquecermos por um minuto as fantasias criadas para legitimar as opressões reais, o que temos são seres humanos mais ou menos disciplinados para o trabalho e para a vida social. E essas instituições, como também sabia Weber,[98] são agora exportadas "prontas" para o mundo inteiro, produzindo em todo lugar a mesma "economia emocional" que caracterizava, antes, o protestante. O protestante do século XVII "escolhia" a temperança e a autodisciplina como meios de salvação individual; hoje não temos escolha: ou somos disciplinados como os protestantes de antigamente, ou estamos fadados ao fracasso e à exclusão social.

Essas instituições disciplinadoras são as mesmas e agem de modo muito semelhante nos quatro cantos do mundo. São fábricas, escolas, burocracias públicas e privadas, prisões, empresas e até modelos familiares criados pelo cinema e por séries de TV ou da Netflix. Como o acesso privilegiado a elas decidirá as chances relativas de cada classe social e de cada indivíduo, todas as famílias de todas as classes sociais vão passar a educar seus filhos procurando socializá-los antecipadamente de acordo com o padrão de disciplina, autocontrole e pensamento prospectivo que é o que será exigido deles mais tarde. Boa parte da competição social entre as classes será pré-decidida já nessa dimensão familiar, seja na transmissão de capital econômico, seja na transmissão dos pressupostos invisíveis para a reprodução do capital cultural, o que é ainda mais importante para as classes que não possuem propriedade econômica efetivamente relevante.

Obviamente, muito pouco nesse processo acontece de maneira consciente ou refletida. Na verdade, isso pouco importa. As fantasias que temos na cabeça só são importantes para esclarecer o vínculo genético do nosso comportamento muito mais como racionalizações e justificativas para a única vida que temos do que como um esclarecimento real de nosso lugar no mundo. O que importa é que somos todos socializados, desde tenra idade, de modo a que incorporemos a mesma economia emocional do protestante ascético. Esse fato é o decisivo, já que mostra a superficialidade de todo culturalismo que imagina que apenas algumas culturas do Ocidente teriam acesso à disciplina necessária para a "dominação do mundo" em todas as suas dimensões.

No entanto, essa ideologia substitui com vantagens o racismo científico anterior. Como ela é pseudocientífica e imagina a continuidade e a transmissão cultural operando por processos conscientes e refletidos, tem que supor a continuidade de uma religiosidade ética que não existe mais em nenhum lugar. Nas suas versões mais sofisticadas, a ideologia da supremacia cultural do Ocidente, fossilizada como continuidade imaginária da revolução protestante, assume a forma de uma "religião civil", como reconstruída por Robert Bellah,[99] não por acaso aluno dileto de Talcott Parsons. Caberia a essa "religião civil", como o próprio nome indica, operar uma espécie de mediação entre o antigo contexto religioso e o novo mundo secular, mantendo as antigas virtudes protestantes vivas e operantes no contexto secular, muito especialmente vivificando a política participativa e comunitária.[100] Em um contexto de cada vez maior passividade política, fabricação de consenso e conformismo social, a tese de Bellah – sua sinceridade o obriga, em alguma medida pelo menos, a ver o mundo real como ele realmente é – assume um tom crescente de desespero.[101]

O pior de tudo é que não conheço nenhum autor que faça críticas ao culturalismo dominante e até hoje hegemônico no mundo inteiro. O chamado *pós-colonialismo* opera, em grande medida, no próprio terreno demarcado pelo opressor, obrigando a uma crítica meramente reativa, que de resto apenas consolida a dominação cultural. Nesse sentido, a tradição pós-colonial, pelo menos em sua maior parte, age como Gilberto Freyre agiu com relação a Boas: simplesmente invertendo os termos do discurso dominador sem criticar seus pressupostos. A reatividade consiste em aceitar todos os pressupostos não tematizados do discurso dominante como existentes e válidos e apenas mudar o sentido da crítica apontando-a contra o próprio dominador.

Nesse sentido, "provincializar" a Europa equivale a redobrar e reforçar o próprio discurso culturalista que está longe de ser desconstruído.[102] Em outras vertentes, mesmo as mais conscientes e críticas, como a de Achille Mbembe,[103] os pressupostos não tematizados da dominação simbólica também nunca são reconstruídos, o que reduz a crítica social a uma mera metáfora. Como os princípios de classificação e de avaliação do processo global de dominação não são analisados, seus efeitos podem ser arbitrariamente "racializados", a partir de uma gênese histórica também arbitrária. A metáfora de que muitos passam a ser tratados como negros, ou seja, como intrinsecamente desvalorizados e desumanizados, acerta o alvo prático, mas não explica *como* nem *por que* essa desumanização para além da cor e da biologia se produz. E é precisamente essa explicação que é o desafio real.

Os grandes pensadores críticos do século XX, como Jürgen Habermas ou Pierre Bourdieu, também não criticaram o culturalismo dominante enquanto reprodução, por outros meios, do racismo científico. Habermas inclusive joga água no moinho culturalista ao defender que sua teoria comunicativa está restrita ao "Ocidente", percebido do mesmo modo ideológico, produto da própria eficácia da teoria da modernização no decorrer do tempo, como se correspondesse ao G7 ou à OTAN.[104] Até Bourdieu, normalmente mais atento à crítica de pressupostos, da mesma forma não apenas reproduz leituras típicas da teoria da modernização[105] como não reconstrói os fundamentos de uma teoria global das classes sociais, que exigiria a compreensão da origem de um sistema de classificação e de avaliação único para todo o globo.[106] Isso acontece muito embora ele próprio tenha lançado as bases, ainda que parciais, de uma análise universal partindo do estudo dos casos particulares francês e argelino.

Tudo acontece como se, efetivamente, o mundo fosse dividido entre um Norte moderno e superior e um Sul tradicional e inferior – exatamente como Parsons e a teoria da modernização defendem desde meados do século passado –, cada qual com seu critério específico de classificação e avaliação. Como as formas de sociabilidade culturais se referem ao todo da vida individual e coletiva, elas assumem a forma totalizante do juízo avaliativo abertamente racista anterior. Afinal, não são apenas as sociedades que são "atrasadas", mas também todos os indivíduos que as compõem. O racismo implícito evita que a questão real que esclarece o desenvolvimento diferencial, ou seja, os processos de aprendizado coletivo realizados ou que deixaram de se realizar, seja devidamente discutida.

Desse modo, a eventual maior produtividade econômica ou a maior racionalidade da participação política de uma dada sociedade concreta são normalmente referidas a uma herança cultural comum, e não a processos de aprendizado históricos e contingentes. O racismo consiste em congelar essas heranças culturais como causa última de uma superioridade ou inferioridade inata que tende a se universalizar para todas as dimensões da vida. Isso afasta a possibilidade de se pensar os processos de aprendizado coletivo cognitivos e morais como contingência histórica – os quais são, inclusive, passíveis de regressão.

Ainda que muitos tenham criticado de diversas maneiras as muitas imprecisões conceituais tanto de Parsons quanto da teoria da modernização, a tese que defendo neste livro é a de que ninguém reconstruiu o dado principal: que tanto o Norte quanto o Sul partilham do mesmo esquema de classificação e de avaliação social, econômica e política e que este é o dado principal. Isso implica que sejam tratados como sociedades do mesmo tipo, ainda que sujeitas a processos de aprendizado distintos. São esses processos históricos de aprendizado, e não a cristalização fetichista de uma suposta cultura homogênea e comum, que espelham o maior ou menor desenvolvimento relativo das sociedades. A outra tese, complementar à anterior, é a de que a manutenção da divisão global entre Norte e Sul, vistos como tipos distintos de sociedade, equivale à manutenção prática do racismo cultural que essa visão envolve e torna invisíveis os mecanismos pragmáticos de todo tipo de dominação material e simbólica.

O que é necessário, portanto, é criticar e desconstruir explicitamente o racismo científico que se traveste de culturalismo e que sobrevive precisamente porque ninguém parece ter distanciamento suficiente em relação a esse racismo primordial para percebê-lo enquanto tal. É isso que me faz suspeitar que tenha acontecido com a teoria da modernização o mesmo que aconteceu com o próprio protestantismo: ela "morreu" como teoria apenas para se tornar realidade prática viva, um pensamento que se transformou numa emoção sobre a qual não mais se reflete, tornou-se "corpo", reflexo automático como o ato de respirar, pressuposto implícito de tudo que somos, dizemos e pensamos sobre o mundo social. Como o protestantismo, a teoria da modernização foi um sucesso total.

## Por uma teoria crítica e não racista do mundo contemporâneo

A minha reconstrução crítica desses temas aqui não pretende reproduzir o ressentimento de boa parte do pós-colonialismo nem o racismo científico travestido de culturalismo da ciência hegemônica contemporânea. Para que isso seja possível, é fundamental perceber, conjuntamente: 1) o universalismo dos esquemas de classificação e avaliação do capitalismo implícitos na eficácia de suas instituições principais; 2) o particularismo de experiências históricas e contingentes de aprendizado coletivo. Como tudo na vida, o que importa é a hierarquia entre os dois termos. O mais importante é o primeiro aspecto, que faz, inclusive, com que seja possível pensar em classes sociais globais que compartilham experiências e visões de mundo muito próximas. Mas isso não significa que o segundo aspecto não seja também fundamental.

É ele, afinal, que permite apontar a direção para onde avança o processo de aprendizado coletivo – quase sempre restrito no começo a poucas sociedades concretas – que pode inspirar outras sociedades e outros povos. Às vezes um aprendizado cultural específico pode ter significação universal e passar a habitar a lógica institucional global, que é enriquecida com um novo componente fundamental. Como sempre, racismo e opressão, as razões de fundo também do racismo científico contemporâneo, têm que ser percebidos paralelamente aos processos de aprendizado coletivo para que tenhamos acesso a toda a riqueza da vida social. Vamos a eles. Primeiro o universalismo dos esquemas institucionais.

Para que possamos compreender adequadamente o universalismo dos esquemas de classificação e avaliação implícitos na eficácia cotidiana das instituições do mundo moderno, é necessário que nos afastemos da noção de cultura apenas como ideias, esquemas cognitivos compartilhados e rituais. A eficácia cultural das instituições-chave do capitalismo tem que ser percebida, antes de tudo, como a construção de uma economia emocional específica, um *habitus* no sentido de Bourdieu. Por seu caráter emocional, ela se confunde conosco, e não temos o distanciamento reflexivo necessário para percebê-la. Ela está incorporada, ou seja, se torna "corpo", produzindo reações imediatas e irrefletidas, daí a dificuldade que temos de notá-la enquanto tal.

Nesse sentido, esse *habitus*, ou economia emocional peculiar, reflete antes uma atitude existencial – ainda que pré-reflexiva e inconsciente – em relação ao mundo, e não um conteúdo particular. Essa atitude existencial se traduz principalmente em predisposições ao comportamento, produzindo nosso modo de agir imediato, não mediado pela reflexão. A partir dessa constatação podemos perceber classes sociais universais que se comportam de modo semelhante e avaliam o mundo do mesmo modo, apesar de possuírem, cada uma delas, um colorido nacional e um conteúdo cultural específico, como uma língua particular e uma maneira também particular de se vestir, falar, comer, beber e até de se comportar socialmente.

O que não varia nacionalmente, por exemplo, é a necessidade de construção de um *habitus* disciplinar para que qualquer indivíduo seja integrado socialmente com sucesso no contexto do racionalismo ocidental da "dominação do mundo" que se expandiu globalmente. Assim, o verdadeiro pressuposto cultural universalmente aplicável é a necessidade da tríade disciplina, autocontrole e pensamento prospectivo como requisito ineluctável não apenas para o exercício dos papéis de produtor útil e cidadão mas também para o sucesso escolar e, consequentemente, de qualquer sociabilidade no contexto contemporâneo e moderno. A construção de um *habitus* disciplinar é o pressuposto universal, o conjunto de predisposições para o comportamento que efetivamente decide acerca do sucesso ou do fracasso de qualquer socialização em qualquer esfera da sociedade moderna em qualquer latitude do globo. Desse modo, pouco importa se você gosta de vinho ou de cerveja, se fala alemão ou russo, se gosta de futebol ou de rúgbi.

Isso significa também que tudo aquilo em que costumamos prestar atenção, como o jeito animado e falante do italiano por oposição ao jeito discreto e introspectivo dos alemães, por exemplo, são aspectos secundários e pouco importantes na verdade. O importante é que tanto o italiano quanto o alemão, na sua imensa maioria, incorporaram um *habitus* disciplinar, no sentido que estamos utilizando aqui, cada um ao seu modo peculiar. Com isso são evitados todos os efeitos perniciosos da construção de uma classe de pessoas objetivamente humilhadas, posto que reduzidas a corpo e a energia muscular, sem possibilidade sequer de incorporar os pressupostos emocionais do verdadeiro aprendizado escolar.

No entanto, somos feitos de tolos na vida social o tempo inteiro, pois não percebemos nem diferenciamos o principal do secundário. Quem não separa os aspectos principais dos secundários está condenado a se perder na confusão do mundo e se deixar cegar pelo efeito do colorido que as diferenças e os aspectos secundários e pouco importantes despertam no nosso espírito. Normalmente o que é mais significativo e fundamental é também o aspecto menos visível.

A incorporação – reflexo automático e pré-reflexivo do que estamos chamando de *habitus* disciplinar – é o pressuposto tanto da disciplina produtiva quanto da possibilidade de acesso e conhecimento da própria subjetividade interior do indivíduo ocidental moderno que examinamos na primeira parte deste livro, seja na dimensão cognitiva, seja na dimensão moral e estética. Em um caso, o *habitus* disciplinar serve para a conquista do mundo externo por meio do trabalho; no outro, serve para a conquista de nosso próprio mundo subjetivo interno, que também exige distanciamento e disciplina para que possa ser expresso com sinceridade, verdade e controle racional.

Também em todo lugar, seja no Norte ou no Sul global, o *habitus* estético produz uma série de identificações imediatas e pré-linguísticas, as quais, no entanto, são reconhecíveis por todos nós, como o modo de andar, falar e se vestir que separa o burguês – no sentido da classe superior em sentido amplo, englobando tanto a elite de proprietários quanto a classe média educada que funciona como uma espécie de elite funcional – das classes trabalhadoras e das classes marginalizadas. Como essas expressões de distinção não são explícitas enquanto tais, elas se prestam maravilhosamente ao papel de produzir solidariedades invisíveis de classe sob um pano de fundo de igualdade formal perante a lei. E isso acontece na Alemanha, na França, nos Estados Unidos, no Brasil, no México, na Índia e onde quer que o padrão real ou suposto do gosto estético sirva para cimentar solidariedade entre os burgueses e desprezo em relação aos trabalhadores supostamente mais rudes e menos cultivados. Pierre Bourdieu mostrou esse aspecto de modo brilhante no seu livro mais clássico,[107] cuja ampliação de análise para a realidade global será examinada no próximo capítulo.

O que Bourdieu não viu é que as classes trabalhadoras não representam o ponto mais baixo da hierarquia social, como ele imaginava. Existe outra óbvia fronteira no mundo social – invisível, no sentido de que produz resultados concretos sem ser, normalmente, refletida enquanto tal –, que é a que separa os trabalhadores dos marginalizados. Também em todo lugar, seja na Europa, seja na América Latina, os trabalhadores úteis e produtivos, que incorporaram conhecimento técnico, são percebidos de modo muito distinto dos trabalhadores sem qualificação, com pouco capital cultural incorporado e que, na realidade, vivem de sua energia muscular. Essa redução tendencial ao corpo não perpassado por conhecimento produz não reconhecimento social e diminuição correspondente na autoestima do indivíduo em questão.

Ainda que essas fronteiras sejam muito fluidas na vida real, um brasileiro percebe a diferença entre pagar um mecânico que conserta seu carro e pagar um flanelinha em uma rua deserta para não ser roubado por ele próprio. O trabalho do mecânico é útil e necessário, senão o carro não anda. O pagamento ao flanelinha é frequentemente uma espécie de salvo-conduto para que o carro não seja depredado pelo próprio guardador. Enquanto o trabalhador útil tende a ser valorizado e respeitado, o marginalizado tende a ser visto com desprezo e pago a contragosto. A violência gratuita contra moradores de rua, não só no Brasil, mas em qualquer lugar do mundo, comprova o mesmo argumento.

Esses *habitus* específicos produzem efeitos sociais muito distintos quanto ao reconhecimento social, ao prestígio e ao desprezo social dos indivíduos em todos os lugares do Norte e do Sul global, já que o tamanho das classes sociais e as relações que mantêm entre si são muito distintos em cada sociedade concreta. Ao mesmo tempo, o compartilhamento de *habitus* distintos para as várias classes sociais, embora estratificadas de modo peculiar em cada caso concreto, comprova, por outro lado, que existem princípios de classificação social e critérios de avaliação morais compartilhados globalmente.

Eles são globais porque são produzidos e atualizados cotidianamente por conjuntos muito semelhantes de instituições, como famílias com esquemas de socialização semelhantes, escolas, fábricas, prisões e burocracias de todo tipo. Desse mesmo modo globalizado funcionam os estímulos para um gosto estético global, como o cinema e a moda com seus lançamentos mundiais, a imprensa e a internet compartilhadas universalmente, etc. Todos esses mecanismos tendem a ser cada vez mais uniformes. Muitas vezes uma mesma peça de publicidade é exibida no mundo todo, o que exige, obviamente, uniformidade na percepção e na compreensão imediata da mensagem. Esse é outro modo de verificação empírica de nosso argumento.

Isso não implica, obviamente, que o mundo inteiro tenha se tornado uma coisa só e que inexistam distinções importantes. Em países igualitários, como a Inglaterra ou a Alemanha, o número de marginalizados é muito menor que em países com muita desigualdade, como o Brasil ou o México. Mesmo entre os países mais ricos existe uma grande diferença na desigualdade relativa se compararmos, por exemplo, vários países europeus e os Estados Unidos, que são muito mais desiguais. O explícito e cotidiano combate ao racismo na Alemanha, por exemplo, não o elimina completamente nesse país, mas torna o seu racismo estrutural muito menor que na França, por exemplo, onde as pessoas fingem que não são racistas de modo muito semelhante à forma hipócrita como esse fenômeno acontece no Brasil. Todos esses processos de aprendizado nacionais produzem uma sensível diferença na qualidade de vida em cada sociedade concreta. Não é nosso intuito negar isso. Mas é óbvio também que a expansão do capitalismo para o globo criou toda uma estrutura simbólica comum que classifica e avalia indivíduos e classes sociais inteiras de modo semelhante.

Como não percebemos esse contexto comum, já que são as diferenças que nos saltam aos olhos, imaginamos que o capitalismo e o mundo moderno sejam globalizados apenas materialmente. Desse modo, globalizados seriam apenas as trocas de mercadorias e os fluxos de capital, mas nunca os princípios de classificação e desclassificação social nem os critérios morais com os quais nos avaliamos uns aos outros. Esses, no entanto, são os aspectos decisivos para que percebamos como as sociedades são do mesmo tipo. É essa estrutura comum que é necessariamente reprimida e tornada invisível, senão os racismos científico e cultural não produziriam seus efeitos.

Um exemplo muito interessante é o tema da corrupção. Tanto na ciência racista hegemônica quanto no senso comum da esfera pública global compartilhada, parte-se do pressuposto de que a corrupção dos países "superiores" do Norte seria um fenômeno individual, enquanto a corrupção do Sul global seria sistêmica.[108] Os Estados Unidos, com sua política comprada por bilionários e seu capitalismo financeiro fundado em paraísos fiscais que não fazem distinção entre dinheiro legal e ilegal, poderiam ser conhecidos como o país campeão mundial da grande e verdadeira corrupção, mas "tiram onda" de fiscalizador da moralidade global.[109] O recente golpe de Estado contra o Brasil teve participação óbvia e admitida dos Estados Unidos em conluio com a elite local, utilizando-se da corrupção como uma mera arma de guerra para, na verdade, destruir a recente democracia, com sua inclusão popular e nova autonomia internacional brasileira.[110] O fato decisivo aqui é perceber que esse "álibi" da corrupção só funciona porque existe um preconceito global já construído contra o Sul – seja pela "ciência", seja pela indústria cultural em todos os seus níveis – que dispensa a prova sociológica ou jurídica do fato em questão.

Como a pecha de corrupto rouba qualquer autoridade moral de quem a tem, essa dimensão manipulada da moralidade passa a ser usada como arma de guerra, como acontece de fato no contexto do imperialismo informal americano.[111] Com isso se cria também certa indiferença em relação à sorte da população do Sul global, já que a suposta ausência da dimensão mais importante do espírito – a moralidade e o senso de justiça – implica a animalização e a ausência crescente de solidariedade global com os supostos "povos corruptos" que o compõem. Resta óbvio que protestos contra a ordem globalizada tendam a se concentrar na salvação das florestas e árvores, e não mais nos seres humanos que foram desumanizados.

Por conta disso, do mesmo modo que as sociedades no passado necessitavam da justificação religiosa para se legitimar, toda sociedade moderna precisa da ciência para esse mesmo fim. Esse fato fica claro como a luz do Sol quando pensamos, por exemplo, na justificativa das relações desiguais na arena internacional. Como justificar que as nações do núcleo do "Ocidente", os Estados Unidos e a Europa Ocidental, devam ficar com todas as indústrias de alta tecnologia e deter todos os mecanismos de acumulação rentista, sugando a poupança e o trabalho coletivo de outras sociedades, enquanto a América Latina, a África e a maior parte da Ásia produzem apenas matérias-primas de baixo valor agregado, pagam dívidas públicas fraudulentas e convivem com uma pobreza endêmica construída para ser eterna? E como explicar que essa divisão desigual se imponha de tal modo que um país como o Brasil, que há poucos anos tentava se reindustrializar, sofra um golpe de Estado de novo tipo, sob influência americana direta, com o disfarce moralista de um suposto combate à corrupção e com o decisivo apoio de sua própria elite colonizada, para que continue pobre e sem possibilidades de desenvolvimento autônomo?

A resposta, estou convencido, está no poder da "ciência" que se torna hegemônica mundialmente e legitima a exploração global e o imperialismo como simples expressão da natureza desigual das sociedades humanas e dos indivíduos que as compõem. Essa legitimação é conseguida de duas maneiras: 1) com o silêncio das teorias críticas, que não se dedicam a pensar a dominação mundial na sua dimensão simbólica, que é a mais importante, pois possibilita a dominação material; 2) com a construção de uma "teoria científica" para explicar o mundo contemporâneo que começa com a teoria da modernização e termina na teoria da globalização atual, a qual abrange todas as dimensões da vida social e assume a forma de uma visão de mundo totalizante. Não se trata, portanto, de uma teoria científica no sentido ordinário do termo, mas da construção de um pano de fundo ideacional, com intuito legitimador e que abrange todas as dimensões da vida, como nas religiões do passado.

Esse é precisamente o sentido da teoria da modernização que estamos reconstruindo aqui. Mais do que uma mera "teoria", ela é uma releitura das antigas concepções de "destino manifesto" e do imperialismo americano como representante supremo da liberdade no mundo. Aplicada à questão do desenvolvimento global, ela significa a legitimação ideológica de que todo poder precisa para se afirmar. Em tempos modernos, de supremacia científica, essa forma de legitimação tem que assumir a forma de um campo de saber. Nesse sentido, as diferenças de desenvolvimento relativo entre as nações não são percebidas como resultado da exploração imperialista ou de causas sociopolíticas históricas e contingentes, mas como consequência da ausência do espírito ocidental, racional, ativo e *achievement oriented*. Desse modo, o imperialismo informal americano não se restringiu a criar apenas a contenção política e a dominância de seu mercado, mas pretendeu construir um estilo de vida, ou seja, toda uma percepção cultural e social específica, tendo os Estados Unidos como modelo ideal integrando esses interesses políticos e econômicos. O "excepcionalismo americano" poderia ser imitado, mimetizado, mas nunca recriado.

A teoria da modernização permanece, portanto, de duas maneiras tornadas invisíveis: 1) como pano de fundo não tematizado de todas as ideias e teorias posteriores que foram produzidas sobre o mundo; e 2) como continuidade essencial, modificada na superfície, de todas as teorias da globalização que a seguiram. Quanto ao primeiro ponto, mesmo as abordagens mais críticas jamais sequer percebem a importância de criticar os pressupostos implícitos do culturalismo da teoria da modernização. Nesse sentido, elas ou a repetem nos pressupostos, ainda que não na explicação, ou permitem a sua continuidade inercial ao renunciarem à sua crítica explícita.

Enquanto continuidade da teoria da modernização, a teoria da globalização atual significa a mudança exigida pela alteração na forma de controle do processo de acumulação capitalista mundial, agora levado a cabo não mais pelos Estados desenvolvimentistas ou pelas ditaduras apoiadas pelos Estados Unidos no Sul global, mas por interesses privados que solapam a soberania nacional da maioria dos países. Três mudanças são essenciais nesse contexto: a maior fraqueza relativa dos Estados nacionais do Sul global implica o enfraquecimento da soberania popular nesses países a ponto de o comando sobre as decisões econômicas mais importantes ficar a cargo de uma rede de bancos centrais mundiais comandados pelo capital financeiro globalizado.[112] A tese da "autonomia" do banco central, ou seja, a autonomia em relação à política e à soberania popular e a absoluta dependência em relação aos bancos privados, é a melhor prova empírica disso.

Depois, há ainda a redefinição do mundo do trabalho, com a "flexibilização", a perda de direitos e o uso da linguagem empreendedora como forma de submeter e aliciar os trabalhadores que ganham cada vez menos e são estimulados a ver no colega seu inimigo. Finalmente, vemos o assalto à própria noção de emancipação, a qual passa também a ser pensada em termos neoliberais, criando uma comunhão de interesses entre o 1% das elites financeiras e o 1% dos representantes dos chamados "novos movimentos sociais", que balcanizam e sequestram a rebeldia política nos seus próprios termos.

# O amálgama entre racismo de classe e de raça: a criação do burguês, do trabalhador e do marginal

Mas o racismo global é apenas a dimensão mais ampla do racismo multidimensional, que existe para impedir os processos de aprendizado que levam a patamares cada vez mais abrangentes e profundos de reconhecimento social para um maior número de indivíduos. O trabalho do grande sociólogo francês Pierre Bourdieu é uma referência incontornável para quem quiser compreender como as diversas formas de racismo são vividas na realidade cotidiana sem que necessariamente alcancem a dimensão consciente das pessoas. Bourdieu não parte das fantasias que construímos sobre nós mesmos como se fossem nossa "verdade" efetiva. De modo semelhante ao que Freud fez com a psique individual, Bourdieu reconstruiu a sociedade de tal modo que nossas fantasias são mero material para adentrar nossa alma social verdadeira. A sociedade e as concepções que ela cria sobre si mesma – assim como nossas ilusões acerca de nós mesmos – são uma grande fraude criada para manter boa parte dela oprimida e indefesa. Assim, ninguém melhor que Bourdieu para iluminar o funcionamento prático do racismo tornado invisível, especialmente em suas manifestações de classe e de raça, como veremos.

Nesse sentido, talvez nenhum outro pensador tenha contribuído tanto para desvelar as formas naturalizadas de dominação social que escapam à nossa consciência ordinária. E talvez nenhum outro tenha vinculado a violência simbólica invisível à produção de classes sociais percebidas como fábricas de indivíduos diferencialmente aparelhados para todas as funções sociais. Bourdieu não possui uma "teoria da moralidade", no sentido de Axel Honneth, e, portanto, não consegue compreender adequadamente a dimensão do aprendizado social como resultado de lutas por reconhecimento. Ele tem uma compreensão instrumental da moralidade, na medida em que a percebe como mera legitimação de interesses inconfessáveis. Mas não precisamos esperar a resolução de todos os problemas por parte de um único pensador. Podemos e devemos aprender seletivamente com os grandes pensadores, utilizando suas ideias pragmaticamente para iluminar nossos próprios interesses e questões e descartar o que nos parece menos interessante.

O mais importante na obra de Bourdieu é sua visão do racismo de classe como a lei mais importante para a compreensão da dinâmica social de qualquer sociedade moderna e o uso da gramática corpo/espírito, ainda que nele restrita à dimensão estética, como linguagem universal para a produção de distinções sociais. Ou seja, em outras palavras: apesar de Bourdieu não perceber o reconhecimento social como aprendizado, ele mostra como a *distinção social* causada pela negação de reconhecimento social aos outros é a base real de todas as relações de dominação entre classes e grupos sociais. Por isso começaremos com ele nossa análise de como a oposição corpo/espírito é transformada em uma linguagem social – ao mesmo tempo universal e invisível – com o propósito de confirmar aos privilegiados sua superioridade "inata" e convencer os oprimidos de sua inferioridade "natural".

Para Bourdieu, a dimensão do espírito mais importante para fazer funcionar esse gigantesco mecanismo inconsciente de opressão e racismo é a estética. A associação subliminar com o bom gosto ou com o mau gosto se presta maravilhosamente a produzir toda uma hierarquia social que parece espontânea e "natural". Isso porque o "gosto" é percebido como a expressão mais imediata e mais autêntica de nós mesmos. Assim, essa hierarquia pode conviver inclusive com códigos jurídicos que estipulam a igualdade de todos sem que ninguém se dê conta da óbvia contradição.

Afinal, se pensarmos bem, o que passa a ser considerado esteticamente de bom gosto se torna rapidamente uma referência de superioridade também moral. Nesse sentido, o conjunto de gostos individuais forma todo um *estilo de vida*, o qual passa a ter a função de representar a superioridade social de uma forma de vida específica. Como mostrou Bourdieu,[113] o privilégio estético é, de modo subliminar e inconsciente, a principal maneira de se produzir solidariedades e preconceitos de classe dentro de um contexto de igualdade jurídica formal. Ele determina tanto a solidariedade entre os privilegiados, a partir da confirmação de um gosto comum que cria empatia imediata entre todos que compartilham de um mesmo estilo de vida, quanto o preconceito, por meio da antipatia em relação àqueles que são identificados como corporificando um estilo de vida animalizado e inferior. A estética é uma excelente ferramenta para legitimar a desigualdade para quem oprime e para quem é oprimido por ela.

Passa a existir, portanto, um sistema de classificação e de hierarquia moral que recria "por baixo do pano" e de modo invisível as mesmas desigualdades que antigamente eram criadas pelo sangue e pelo privilégio de nascimento – e que a burguesia havia prometido fazer desaparecer. Em vez da lei geral e abstrata da Constituição e dos códigos modernos que partem da igualdade formal, temos, na realidade cotidiana, o império do conjunto de solidariedades e preconceitos pré-reflexivos, e por isso mesmo ainda mais eficazes, que separam e hierarquizam as classes do espírito, os burgueses, das classes do corpo, os trabalhadores. O que dificulta a percepção da importância cotidiana dessas redes invisíveis de solidariedade e preconceito é que imaginamos, muito ingenuamente, que toda interação social é consciente e mediada pela linguagem explícita. Essa é, inclusive, a forma como a maior parte dos cientistas sociais vai interpretar o mundo.

Assim como os leigos imaginam conhecer a complexa realidade social simplesmente porque participam dela, a ciência hegemônica que reproduz os poderes dominantes tende a perceber o mundo como uma esfera transparente aos indivíduos. A relação entre a sociedade e o indivíduo é percebida como uma internalização, quase uma escolha, de ideias e de valores sociais transmitidos de modo explícito pela língua falada e escrita. É por acreditar em coisas como essa que somos tão facilmente feitos de tolos por todos os poderes sociais que nos dominam.

Na verdade, existe muito pouco de consciente e refletido na nossa relação individual com a sociedade. Primeiro, ninguém nasce adulto. Somos todos criados pela socialização familiar e escolar. O processo de incorporação dos valores sociais nas crianças se dá por identificação afetiva com pais e professores ou quem quer que exerça essas funções. É precisamente esse processo de socialização infantil que nos cria como seres específicos. Essas identificações afetivas infantis produzem predisposições peculiares para nosso comportamento por toda a vida. Como amamos os nossos pais, ou quem quer que ocupe esse lugar, tendemos a incorporar a herança imaterial familiar – toda uma forma de perceber, classificar e avaliar o mundo – como uma espécie de "eu profundo". Se a psicanálise havia aberto nossos olhos ao mundo inconsciente de nossa própria psique, Bourdieu nos abriu os olhos ao mundo pré-reflexivo e "inconsciente" da nossa vida social.

Como uma forma de nomear esse "eu profundo", que não é transparente para nenhum de nós, Pierre Bourdieu cunhou o conceito de *habitus*. *Habitus* é o conjunto de predisposições para o comportamento que adquirimos no decorrer da vida e da nossa formação como indivíduos. É necessário perceber o *habitus*, no entanto, como uma dimensão pré-reflexiva ou inconsciente. Ou seja, nosso comportamento é predeterminado pelo conjunto de percepções e avaliações que incorporamos desde a infância sem nos darmos conta. É isso que explica a notável discrepância que todos sentimos em nós mesmos e vemos nos outros entre o que dizemos e imaginamos ser e aquilo que efetivamente somos e fazemos no mundo. Passa a existir um corte entre o que realmente somos e nossa autopercepção consciente, cuja função é transformar as necessidades às quais somos submetidos em pretensas "escolhas individuais". Em grande medida, a parte consciente se encarrega da legitimação da vida que efetivamente já levamos a partir do conjunto de predisposições inscritas no nosso *habitus*. Como diz Bourdieu, tendemos todos a "transformar necessidade em virtude", ou seja, fingir que aquilo que somos forçados a fazer por imposição da vida foi escolha nossa. Fazemos isso como forma de fantasiar e tornar mais palatável a única vida que temos.

O *habitus*, no entanto, não é uma criação individual. Tampouco existe uma família universal. Cada classe social possui uma socialização familiar particular e tende a produzir um *habitus* específico, ou seja, um tipo de gente humana peculiar, com uma economia emocional, moral, estética e cognitiva muito específica que reflete sua posição no mundo social. Daí que perceber a construção sociocultural da classe social seja tão importante. A classe social e toda sua importância para a vida social residem nessa reprodução familiar de padrões de percepção, avaliação e classificação do mundo que cria indivíduos muito similares em cada classe. É essa origem muito semelhante que possibilita compreender os destinos prováveis dos membros de cada uma. Embora sempre possam existir exceções individuais que abrangem uma minoria, a imensa maioria da classe social tende a reproduzir os mesmos privilégios, sejam eles privilégios negativos ou positivos.

Isso mostra quanto somos feitos de tolos pela absurda e ridícula ideia de se determinar a classe social pela renda auferida pelo indivíduo. A renda diferencial, às vezes centenas de vezes maior ou menor, aparece sempre como uma espécie de "milagre do mérito individual", tornando invisível o principal: a reprodução de pressupostos familiares e escolares que permitem primeiro o sucesso ou fracasso escolar e depois o sucesso ou fracasso no mercado de trabalho competitivo. Toda renda diferencial é produzida por uma socialização familiar e escolar específica. Ou seja, toda renda é, portanto, construída pelo pertencimento de classe. Daí ser a classe social tão importante e daí toda a ênfase das ciências da ordem e da imprensa venal em negar a construção diferencial de indivíduos pelo pertencimento de classe, mostrando apenas o resultado, a renda, como se fosse fruto milagroso do mérito individual. Desse modo, se torna invisível todo tipo de injustiça social pela condenação de classe de uns e pelo injusto – posto que produzido desde o nascimento – privilégio de classe de outros.

As classes do privilégio, como vimos, tendem a desenvolver aquilo que poderíamos chamar de *habitus* estético. Como representantes do espírito, transmitem aos seus filhos o amor à leitura, o gosto por línguas estrangeiras desde cedo, a dedicação ao pensamento abstrato, o hábito do consumo legítimo de objetos culturais, etc. O conjunto desses atributos, por sua vez, propicia a adoção de um estilo de vida como soma geral de todas as escolhas estéticas de uma classe que se vê como representante do "bom gosto". E esse "estilo de vida" tende a ser universal e influenciar o modo de falar, de comer, de andar e de se vestir. Tudo isso emite sinais que todos compreendemos em uma dimensão pré-reflexiva e pré-linguística. A solidariedade e o preconceito entre as classes são tão eficazes porque se dão de maneira invisível. O "amor à primeira vista" é um belo exemplo de encontro de *habitus* já forjados desde o berço para a simpatia mútua, que, no entanto, aparece como o "milagre do amor romântico". Não apenas o amor erótico mas todas as nossas interações sociais são, em grande medida, pré-decididas do mesmo modo.

Assim, as classes do privilégio vão se reconhecer espontânea e intuitivamente nas interações do mundo social concreto e considerar que participam do "mesmo mundo". O prazer do reconhecimento mútuo na fruição de um vinho raro com um parceiro de classe social é indissociável do prazer da distinção social que se sente em relação a todos aqueles seres sem espírito que só consomem, por exemplo, cerveja barata. O compartilhamento ou não de um mesmo estilo de vida é o que nos dirá que tipo de gente vamos escolher para conversar, para fazer amizade, para ser parceiro de negócios e com quais pessoas devemos evitar o contato ou até trocar de calçada para não passar perto. Não por acaso, cara leitora e caro leitor, tendemos a nos casar, ter amigos e parceiros de negócios dentro de nossa própria classe social.

A partir dessa discussão, poderíamos dizer que a estrutura de classes moderna cria em todos os lugares três tipos de "ser humano" ou de *habitus* específicos e socialmente construídos: o *habitus* estético das classes do privilégio, o *habitus* disciplinar das classes trabalhadoras e o *habitus* precário das classes marginalizadas. Toda sociedade moderna produz gente desses três tipos, criando mecanismos de solidariedade e preconceito, desigualdade e racismo sob a aparência da vigência do império da lei em que todos seriam formalmente iguais.

O *habitus* não é um conteúdo consciente, não é uma substância. Trata-se de um tipo de organização ou de "economia" dos afetos, de disposições morais e formas de compreender o mundo que se formam de acordo com a classe social de origem do indivíduo. Ela capacita alguns, de certas classes, ao exercício do comando e das virtudes do espírito, desenvolvendo autocontrole, pensamento abstrato, cálculo do futuro e modos de sociabilidade específicos. Tudo recebido de presente desde o berço por laços afetivos e infantis de imitação e exemplo. Nenhuma dessas disposições para o comportamento tem uma substância ou um lugar específico. Elas podem ser utilizadas na vida privada e pública, na economia ou na política. Trata-se de um conjunto positivo de capacitações e de potenciais que armam o indivíduo privilegiado pelo nascimento de classe para o sucesso na competição social em todas as esferas da vida. Mas o pertencimento de classe condena outros tantos indivíduos a pensarem sempre no aqui e agora e nunca no abstrato e provável, os incapacita para calcularem e planejarem o futuro, na medida em que o aguilhão da necessidade premente os prende ao presente e lhes nega a capacidade de se concentrarem, deixando-os fadados ao fracasso escolar, ao analfabetismo funcional e ao trabalho muscular e desqualificado.

Como a produção de indivíduos diferenciais pelo pertencimento de classe é tornada invisível, tendemos a perceber a sociedade como um conjunto de indivíduos que lutam mais ou menos em igualdade de condições por recursos escassos. Se percebermos a classe como socialização familiar e escolar específica, podemos também perceber que suas estruturas fundamentais são globais. O que muda de uma sociedade para outra é a quantidade relativa de membros de cada classe social. O que comprova mais uma vez nossa tese contra o culturalismo dominante é que todas as sociedades ocidentais modernas possuem a mesma matriz geradora comum e um mesmo sistema de classificação e de hierarquia social. Sua cultura, ou seja, sua história específica, vai criar, certamente, um princípio de distribuição de tipos sociais muito distinta. Nas sociedades com forte tradição de Estado social e de igualitarismo, como a Alemanha, há menos marginalizados que no Brasil, por exemplo, mas a hierarquia social é a mesma, construída sob o império do mesmo sistema de classificação moral.

Como o *habitus* – ou seja, a soma de todas as predisposições emocionais, cognitivas e avaliativas que nos orientam a partir do pertencimento de uma classe específica – é inconsciente, existe uma distância fundamental entre a vida que levamos e a vida que pensamos levar. A generalização dessa perspectiva para toda a sociedade implica também que toda a sociedade passa a construir uma representação de si mesma baseada no seu funcionamento imaginado, não no seu funcionamento efetivo. Há igualmente uma distância entre o que a sociedade efetivamente é e aquilo que ela diz ou pensa que é. Essa distância é constitutiva da sociedade capitalista moderna. Isso permite tanto a institucionalização da crítica social pela denúncia da disparidade entre o imaginado e o vivido quanto a negação do vivido, que passa a ser visto pelo oprimido como se fosse o imaginado.

Nas sociedades modernas, o mundo imaginado é o dos "mitos nacionais", que recontam a história da sociedade concreta sob o ponto de vista das classes dominantes. Na maior parte das vezes, a ciência hegemônica dessas sociedades também sanciona o mito nacional tanto ao não criticá-lo explicitamente quanto ao considerá-lo uma explicação válida e científica. Em seguida, esse mito nacional ainda será retomado e trabalhado como se verdade fosse pelo cinema, pelas artes em geral, pela indústria cultural e pela imprensa. É necessário produzir no cidadão comum estímulos afetivos para que se identifique com a versão mitológica e afirmativa da sociedade e não possa percebê-la e criticá-la como tal.

A sociedade capitalista moderna diz de si mesma que é a primeira sociedade justa e igualitária da história por supostamente ter abolido as diferenças de sangue e de origem. As diferenças que surgem a partir do desempenho diferencial dos indivíduos seriam justas, posto que produto do mérito e do esforço individual. Vista de mais perto, no entanto, a maior parte do que julgamos ser meritocracia é uma lenda. Se cada classe social produz seres humanos tão diferencialmente aparelhados para a competição social desde o berço, não existe mérito individual que não seja produto de privilégios sociais embutidos e implícitos na socialização familiar e escolar de classe.

A socialização familiar da classe média real e estabelecida, por exemplo, não se diferencia das classes abaixo dela apenas pelo dinheiro. Sem dúvida o capital econômico também é decisivo na compra do tempo livre dos filhos apenas para o estudo, enquanto os pobres têm que trabalhar e estudar desde muito cedo. Mas mais importante ainda é a herança invisível, imaterial e não monetária que se materializa em um *habitus* específico: o *habitus* estético. Desde muito cedo as crianças das classes do privilégio são ensinadas, quase sempre com exemplos dentro de casa, não apenas a ter disciplina e autocontrole mas também a gostar da leitura, a desenvolver o pensamento abstrato, a pensar no futuro e a aprender a se concentrar.

Nenhum indivíduo nasce com essas predisposições para o comportamento. Ao contrário, elas refletem o pertencimento de classe específico. No caso da classe média real brasileira, significam um privilégio específico cuja reprodução no tempo é o desafio maior de cada família dessa classe social. O fato de ser estimulada desde cedo a pensar no futuro, por exemplo, cria e produz na criança a capacidade de sopesar a renúncia atual em nome de uma recompensa futura. Esse cálculo, de resto improvável entre os muito pobres, torna-se parte do *habitus* de classe, algo que parece "natural", como se tivéssemos nascido com ele. O fato de planejar o futuro só é possível para quem tenha incorporado o comportamento pré-reflexivo do pensamento prospectivo desde pequeno.

Por conta de uma socialização familiar e escolar precária e disruptiva, os pobres e marginalizados não aprenderam a incorporar o pensamento prospectivo. Assim, são indivíduos "sem futuro". Ora, cara leitora e caro leitor, se o futuro é um desafio incerto mesmo para quem planeja e calcula, imaginem para quem não possui esse cálculo e cujas condições de vida exigem total concentração no presente, por exemplo, para conseguir o almoço de hoje. Cada predisposição para o comportamento, e não apenas o pensamento prospectivo, representa um passaporte para o sucesso ou o fracasso social.

A capacidade de concentração é outro exemplo. Muitos entre os indivíduos de *habitus* precário das classes marginalizadas nos diziam nas entrevistas[114] que fitavam a lousa da sala de aula por horas sem conseguir aprender ou se concentrar. Ou seja, eles não incorporaram o hábito da concentração dirigida a um tópico específico. Sua atenção era inconstante e facilmente distraída. Ninguém nasce com capacidade de se concentrar. Esse é mais um privilégio de classe de quem teve exemplos práticos de amor à leitura e estímulo ao pensamento abstrato e à fantasia desde o berço. O filho do pobre brinca com o carrinho de mão do pai, ajudante de pedreiro, e aprende a ser, também por identificação afetiva, trabalhador braçal. Isso significa que a sociedade moderna esconde a produção de privilégios injustos desde o berço e tende a justificar privilégios de classe como mérito individual. Portanto, a sociedade moderna diz que é uma coisa, ao passo que é efetivamente algo muito diferente.

Como vimos, a condição para que exista tamanha distância entre o que somos e o que imaginamos que somos é precisamente a construção tornada invisível das diferentes classes sociais. Cada uma constrói um tipo humano, um *habitus* específico, que tende a se eternizar no tempo por meio da reprodução da família e da escola. Com o tempo, as classes sociais tendem a produzir uma espécie de "raça" particular, como diria Foucault, como se suas diferenças construídas socialmente fossem "naturais" ou "biológicas".

Que a sociedade não tem a menor ideia de como as classes sociais se constituem fica provado na forma praticamente universal de classificá-las pela renda que auferem. O pressuposto dessa forma de classificação superficial é que todos os indivíduos são iguais, ou seja, possuem o mesmo *habitus* e o mesmo processo familiar formador, o mesmo passado, sendo a única diferença entre eles a renda que possuem no bolso. Tudo se passa como se as distinções sociais e os processos formativos da infância e da adolescência fossem irrelevantes ou de pouca monta e a renda do adulto simbolizasse seu mérito individual. Esse é um argumento absurdo, já que apenas a socialização diferencial na infância e na adolescência pode explicar tamanha variação de renda e de prestígio social do indivíduo adulto.

É, portanto, o desconhecimento objetivo acerca da forma como as classes sociais são construídas que permite que a ideologia do mérito individual se torne a ideologia universal da sociedade moderna. Do mesmo modo, passa a existir a possibilidade tanto de crítica social quanto de construção de um verdadeiro racismo de classe que permita legitimar a reprodução histórica da desigualdade como um "direito" de classe. Mais uma vez: as sociedades modernas concretas se diferenciam pela forma específica como resolvem essa dialética peculiar. Algumas são mais desiguais, outras são menos. Mas a hierarquia moral é a mesma em todos os casos. Não existe, portanto, diferença qualitativa entre as sociedades modernas, supostamente construídas por culturas singulares, mas apenas distinções quantitativas a partir de uma mesma matriz de sentido.

Mesmo as sociedades mais igualitárias, como a Alemanha e os países escandinavos, vão distinguir o burguês, com seu *habitus* estético, do trabalhador, com seu *habitus* meramente disciplinar. Como Bourdieu mostrou nesse particular, o estilo de vida separa as duas classes em tudo que importa. A classe trabalhadora, incapaz de redefinir e compreender as leis sociais subjacentes às avaliações correntes que a desvalorizam objetivamente, tende a desenvolver todo um estilo de vida reativo em relação às "classes do espírito". A ética da virilidade, o gosto por esportes de combate ou de competição que exigem coragem, como o futebol ou o rúgbi, a construção de toda uma forma de ser por oposição às classes altas mostram tanto a vontade de expressão diferencial quanto a impossibilidade de se descolar dos esquemas avaliativos que a subordinam e oprimem.

Mas também a separação entre a classe trabalhadora e as classes marginalizadas, que não foi analisada por Bourdieu na sua universalidade, é fundamental. Como francês do final do século XX, vivendo em um país, à época, de mentalidade social-democrata, é compreensível que Bourdieu não tivesse dado atenção a essa distinção essencial entre as classes. Como brasileiro, no entanto, a separação de classe entre trabalhadores e marginalizados sempre foi, para mim, um aspecto decisivo para a compreensão da sociedade capitalista moderna.

Ao contrário do *habitus* estético, utilizado como arma de guerra e de humilhação pela burguesia e pelas classes médias contra os trabalhadores percebidos como animalizados, como "corpo", a fronteira entre os trabalhadores e os marginalizados é o próprio *habitus* disciplinar. É que a classe trabalhadora incorpora, ainda que em medida variável, a tríade disciplina, autocontrole e pensamento prospectivo necessária tanto para o trabalho produtivo e útil no capitalismo quanto para o exercício do papel de cidadão consciente. A exploração distintiva do capitalismo é a do corpo do trabalhador perpassado por conhecimento prático e útil. É ela que dá origem à produtividade diferencial.

Para as classes abaixo da classe trabalhadora, no entanto, resta unicamente o *habitus* precário, marcado por uma socialização familiar e escolar desestruturante e em boa medida incapaz de possibilitar a incorporação de conhecimento útil valorizado. A glorificação do oprimido, prática comum em várias correntes críticas e de esquerda, tende a secularizar a ética cristã da teodiceia do sofrimento que transfigura o sofrimento em virtude, impedindo a percepção da realidade como ela é. Na verdade, a pobreza material quase nunca vem sozinha. Ela é acompanhada, quase sempre, da pobreza moral, cognitiva e estética. O abuso sexual dos mais frágeis, por exemplo, que obviamente existe em todas as classes, é um fenômeno endêmico entre os marginalizados.[115]

A incorporação de esquemas de percepção cognitiva que auxiliam o aprendizado e permitem o pensamento abstrato, distanciado e reflexivo também é especialmente difícil nessas classes. Muitos de nossos informantes, que saíam como analfabetos funcionais da experiência de escolaridade precária, culpavam a si mesmos por não terem aproveitado a oportunidade de estudo quando crianças.[116] E, afinal, o que é o racismo senão culpar a vítima pelo seu próprio destino e fracasso construído? Um fracasso pré-programado e planejado como um verdadeiro projeto político, já que permite tanto a exploração do trabalho muscular e mal pago dessa classe quanto o prazer pela humilhação dos mais frágeis e destituídos socialmente.

A reação da classe média brasileira ao lulismo, como veremos, foi uma reação conservadora e racista à tentativa de inclusão dessa classe de marginalizados, em sua maior parte formada por negros. Na realidade, os golpes de Estado no Brasil jamais tiveram a corrupção como motivação real. O que inspirou a classe média branca a sair às ruas como tropa de choque da elite de proprietários – nos três casos históricos de golpe de Estado no Brasil – sempre foi impedir a inclusão social de negros e pobres.

É claro que a hostilidade do brasileiro – assim como do americano – em relação a negros e pobres tem a ver com o passado escravocrata meramente reprimido e nunca efetivamente criticado. Mas a separação entre classes sociais existe em todo lugar. A separação do burguês em relação ao trabalhador, por força do *habitus* estético, e a do trabalhador em relação ao marginalizado, por força do *habitus* disciplinar, instauram linhas invisíveis de solidariedade e preconceito que perpassam a sociedade moderna como um todo. A linha divisória do "gosto estético", que permite a solidariedade imediata e espontânea entre os membros da burguesia, seja da elite de proprietários, seja da classe média estabelecida como uma elite funcional, possui sua contrapartida na linha divisória da *dignidade* que o trabalho útil desfruta por oposição ao trabalho desqualificado e muscular do excluído ou marginalizado sem socialização escolar bem-sucedida. Esses esquemas de avaliação são objetivos e estão presentes em todas as sociedades modernas, sem exceção. Em todas elas existe o racismo de classe que garante não apenas os melhores salários à classe do privilégio estético mas também o sentimento de superioridade que lhe confere prestígio e reconhecimento social também diferencial.

Mas o que parece estar associado ao desprezo profundo dedicado às classes marginalizadas e excluídas é algo distinto. Aqui trata-se da negação da humanidade, e não de uma mera gradação, como na separação entre burguês e trabalhador. A negação da humanidade exige a combinação do racismo de classe com o racismo racial, criando um racismo desumanizador e onipresente contra os marginalizados e excluídos. O desvalor objetivo dos marginalizados fica óbvio quando nos damos conta de que os outros membros da sociedade podem vê-los apenas com piedade ou raiva. Mas os bons e os maus indivíduos, os de bom coração e os de coração duro estão sob a égide de um julgamento social já realizado pela sociedade que se impõe a todos os seus membros independentemente de índole individual: afinal, só sentimos pena de quem é objetivamente inferior.

Assim, pena e ódio são apenas duas faces de um mesmo sistema de avaliação social objetivo que condena os excluídos e marginalizados a não serem percebidos como membros úteis da sociedade, ou seja, a não serem vistos como gente, posto que não merecem reconhecimento social em nenhuma dimensão da vida. Esse sistema de classificação é compartilhado por todas as classes, inclusive pelos próprios marginalizados, que consideram ter, eles mesmos, menor valor – o que permite classificar essa classe como objetivamente inferiorizada.

Aqui é necessário perceber o amálgama típico entre racismo de classe e racismo racial em sociedades como a brasileira, que se materializa na fabricação do "marginal", ou melhor, de uma classe/raça de marginalizados. A lei social mais importante do Brasil é a produção contínua da classe/raça de excluídos e marginalizados. Se algum governo quiser acabar com essa fábrica de seres que nascem para serem odiados e explorados, teremos golpe de Estado sob mil pretextos. O excluído e marginalizado no Brasil é, antes de tudo, o negro.

Essa classe/raça se constitui para servir de contraponto negativo para todas as outras, permitindo que se considerem "superiores". Como o reconhecimento social é a necessidade mais básica dos seres humanos – e pode ser produzido tanto pela universalização *com os outros,* que abrange todos, quanto *às custas dos outros*, pela criação de uma classe/raça "Geni", que todos podem humilhar –, essa é a função da manutenção volitiva, como projeto político, da exclusão e marginalidade da "ralé brasileira de novos escravizados", quase toda formada por negros. Para a elite, qualquer gasto do orçamento público com essa "gentalha" deve ser evitado, o que lhe permite saquear livremente o orçamento público, pago, em sua maior parte, precisamente pelos negros e pobres. Para a classe média branca, permite-se o luxo dos empregados domésticos convenientemente frágeis e humilhados, como sinal de riqueza e distinção social – algo que a "uberização" atual aumenta consideravelmente. Para os brancos pobres e para os mestiços ascendentes, cria-se um "inferior", fabricado como "delinquente", quase sempre o jovem negro, em relação ao qual até o pobre remediado pode se sentir superior.

O racismo racial passa a ser construído pelo amálgama inextricável com uma classe social de marginalizados e destituídos de tudo. Só assim todas as outras classes podem ter seu quinhão tanto em distinção social quanto em exploração do trabalho muscular do novo escravo. Assim, combina-se o prazer de humilhar – o qual é necessário quando não se tem o aprendizado da universalização do reconhecimento social – com a exploração do trabalho tornado vil e de baixo preço. Isso tudo acontece não como um acaso, mas como um projeto político, o mais duradouro do Brasil republicano. É esse projeto de construção de uma classe/raça marginalizada e excluída que iremos examinar a seguir.

# O racismo racial no comando da sociedade brasileira

A discussão que estamos construindo neste livro busca compreender os diversos mecanismos simbólicos que mantêm e legitimam a dominação social concreta e cotidiana. Como todos se referem a uma única "gramática da humilhação" construída a partir da oposição corpo/espírito, não há como negar que há um racismo multidimensional em ação, operando com uma dinâmica semelhante e produzindo as mesmas consequências: a justificação de um mundo social desigual, desumano e injusto a partir do convencimento do oprimido de sua própria inferioridade. Uma inferioridade construída precisamente pela redução do oprimido ao seu corpo e, portanto, à sua dimensão animalizada.

Ao mesmo tempo, toda forma de aprendizado possível aponta para um processo de perpassar os corpos com os ganhos cognitivos, morais e estéticos que permitem elevar os padrões de convivência social igualitária, o respeito à alteridade e até o autoconhecimento. Existe inclusive uma comunicação entre as diversas dimensões do espírito que faz com que ganhos cognitivos na sociedade se transformem em ganhos morais e estéticos e vice-versa, por exemplo, permitindo um tipo de sociabilidade superior, mais democrática e mais tolerante. Na dimensão individual, a sinceridade na percepção do próprio comportamento, pelo seu vínculo implícito com a verdade, pode implicar aprendizados tanto morais quanto cognitivos e estéticos para o próprio indivíduo. O problema é, portanto, que tudo que milita para o aprendizado também pode ser utilizado para oprimir e humilhar.

Desse modo, como há não só o racismo mas também processos de aprendizado, é necessário compreender a complexidade da violência simbólica e material de forma a impedir que esses processos sejam fragmentados e isolados e se transformem em armas de opressão e distinção social injusta. Assim, não perceber como funciona a dominação em toda a sua multidimensionalidade e tomar a parte pelo todo, a aparência pela essência e o secundário pelo principal é ajudar a manter a dominação muitas vezes sob a máscara da emancipação. Mais ainda: como essa dinâmica é global, é preciso compreender todos os racismos em conjunto, atentando às relações mútuas e ao jogo de máscaras e de substituições que acontecem entre eles.

Ainda que a dominação seja globalmente exercida, ela adquire contornos específicos em cada sociedade como resultado de sua história peculiar. *Assim, em cada sociedade a articulação entre os diversos tipos de racismo é distinta.* Sua história particular e o sucesso ou fracasso relativo de seus processos de aprendizado são os dados diferenciais mais importantes. É nesse sentido que cada sociedade possui uma cultura específica. Criticamos neste livro o "culturalismo" pensado como singularidade absoluta, que esconde a unidade fundamental do capitalismo ou da sociedade moderna, fundada no compartilhamento de instituições que criam classes sociais, em grande medida planetárias, e constrói um "conto de fadas" em favor dos interesses elitistas. Mas isso não significa negar que cada sociedade ou

Estado nacional realiza ou deixa de realizar aprendizados coletivos que interditam ou possibilitam certos caminhos de desenvolvimento.

Em sociedades como o Brasil e os Estados Unidos, por exemplo, *o racismo racial comanda toda a lógica da sociedade e das classes sociais em luta*. É ele que esclarece tanto as alianças quanto as oposições e os conflitos entre as classes. É ele que estabelece os limites de todo aprendizado social possível e mantém a irracionalidade do ressentimento no comando da sociedade. Proponho, portanto, a redefinição de *cultura* não mais como uma série de características impressionistas formuladas por um pensador, como Gilberto Freyre e Sérgio Buarque, no caso brasileiro, mas como *a herança de padrões de justiça e humilhação em cada sociedade que definem a dimensão moral e política entre as classes sociais em luta*. Como a dimensão moral e política é a mais importante da sociedade, já que trata da forma como lidamos uns com os outros, essa herança cultural determina, antes de qualquer outra dimensão, seu nível de aprendizado social.

Quais processos sociais esclarecem a singularidade da sociedade brasileira? Ao contrário do que sempre afirmou a quase totalidade dos intelectuais brasileiros, não são, certamente, a corrupção – supostamente presente apenas no Estado e na política – ou a famigerada confusão entre o público e o privado. Essa tese da "confusão entre público e privado" como uma jabuticaba que só cresce no Brasil comprova a aceitação basbaque da imagem idealizada e racista criada sobretudo pelos Estados Unidos. Existem, no entanto, poucos países no mundo com maior confusão entre o público e o privado do que os Estados Unidos. Já mostramos como o Estado americano e seu aparato de guerra material e simbólico foram construídos para proteger precisamente o interesse das empresas privadas americanas. Maior confusão entre público e privado, impossível. Essas concepções são decorrentes da tolice da inteligência brasileira, colonizada até o osso, e servem para construir uma noção vira-lata, falsa e humilhante do povo brasileiro. Para compreender como o racismo racial se torna o fio condutor da vida política brasileira, é necessário perceber a restrição aos processos de aprendizado moral e político da sociedade brasileira.

Toda sociedade possui janelas de possibilidade de mudança na sua história. Ainda que as possibilidades de transformação sejam sempre possíveis, as probabilidades são maiores em dadas fases históricas que envolvem a redefinição consciente e explícita das regras de organização social. A abolição da escravidão entre nós foi um desses momentos. Ela poderia ter significado, em um sentido próximo ao que defendia Joaquim Nabuco, a integração moral e política do ex-escravo à nova ordem, por exemplo. Em um contexto de completo domínio simbólico das ideias do racismo científico sobre a sociedade brasileira, ela significou, no entanto, a importação maciça de brancos europeus, por um lado, e a marginalização e estigmatização do negro, por outro. Os dois processos são praticamente concomitantes e se reforçam mutuamente.

## A ideologia do branqueamento

Como o processo de incorporação pré-reflexiva e inconsciente das predisposições para o comportamento social foi sempre um mistério, seja para as pessoas comuns, seja para a maior parte dos intelectuais, costuma-se tomar seu resultado, ou seja, a maior ou menor adaptabilidade para o trabalho produtivo, como comprovação da suposta superioridade de certo "estoque racial" biologicamente determinado. Esse ponto é invariável: sempre que haja desconhecimento acerca das causas sociais do comportamento diferencial, ele será atribuído a outros fatores, mais visíveis, muito especialmente à "biologia", ou seja, ao racismo propriamente "racial".

A importação maciça e direta de brancos europeus no período pós-abolição leva ao paroxismo a lei social mais importante para a mobilidade social e para a classificação social dos indivíduos e classes sociais no Brasil colonial: o processo de branqueamento. Esse processo de dominação social não foi utilizado apenas no Brasil. Praticamente todas as potências imperialistas europeias fizeram o mesmo nas Américas e na África. Dado que as posições polares eram ocupadas por brancos no topo e negros ou indígenas na base da hierarquia social, as posições intermediárias tendiam a ser ocupadas por mestiços. Assim, a hierarquia social perdia sua caraterística de criação arbitrária humana e passava a designar algo atemporal, inscrito em uma ordem supostamente "biológica" e imutável, refletindo uma ordem "natural". Isso ajudou enormemente na sua justificação e aceitação pelos dominados.

A forma como esse processo foi assimilado no Brasil, sobretudo pela relativa fraqueza e pelo pequeno número comparativo do elemento branco dominante, tendia a permitir a classificação social e a mobilidade ascendente de boa parte dos elementos mestiços, muito especialmente os mulatos, desde que assumissem a visão de mundo e os valores do dominador branco. Esse dado é extremante importante. A ideologia do branqueamento no Brasil já une as dimensões dos racismos de classe e de raça de modo que não se pode pensar em um sem o outro. A aceitação dos valores – que pressupõe também e antes de tudo a adoção do *habitus* disciplinar necessário a qualquer trabalho produtivo – é uma clara herança de classe, pois é produto da socialização familiar e escolar. É isso que significa, antes de qualquer coisa, a aceitação dos valores do dominador. Adicionalmente, implica também o compromisso político de aceitação da regra de ascensão social individual, e não coletiva, exigindo dos membros mais talentosos das classes populares e mestiças o descompromisso e até o desprezo em relação aos negros e muito pobres na base da escala social. Trata-se, portanto, de um processo de cooptação política dos indivíduos mais aptos das classes subalternas.

O branqueamento envolve também a progressiva libertação dos traços negroides, como mostra o apagamento desses traços em fotografias de figuras ilustres, e a vergonha social provocada muito especialmente pelos cabelos crespos, que passam a ser alisados e pintados de loiro.[117] Tanto quanto a cor da pele, o tipo de cabelo foi decisivo para a entronização de um tipo de beleza estética construído pelo modelo europeu. A autoestima individual, a superação de uma vergonha social ubíqua e muitas vezes até o amor dos próprios pais eram decididos pelo apagamento progressivo de traços fenotípicos ligados à "raça".[118] O branqueamento, como lei de ferro da ascensão social no Brasil, só pode ser compreendido, portanto, pela combinação inextrincável de racismo de classe e racismo de raça, que passam a se reforçar mutuamente.

Com o decorrer do tempo, o branqueamento se mantém e se reforça também por outros meios: pela construção de uma classe/raça de humilhados, abandonados e marginalizados, sem privilégios de classe e negros em sua esmagadora maioria, em relação à qual todos querem se distinguir positivamente. Cria-se uma ralé social odiada e desprezada por todos, superexplorada pelas classes acima dela em serviços pessoais e domésticos e em outros trabalhos vis e mal pagos. Não se compreende o branqueamento sem a construção dessa classe de "intocáveis", como a casta indiana de impuros, que passa a incorporar o lugar da vergonha social, uma "Geni" em que todos podem pisar e cuspir sem medo de qualquer castigo. É a construção desse inferno social, ao mesmo tempo de classe e de raça, que passa a permitir a valorização do afastamento em relação a essa posição social como um ganho em si, produzindo a imediata e total subordinação da sociedade como um todo aos parâmetros e pressupostos do branqueamento.

Esse aspecto é especialmente importante para garantir a cooptação dos setores intermediários pela ordem dominante, que passam também a odiar a ralé de negros e pobres tanto quanto os ricos e brancos da elite e da classe média real. Os pontos polares permanecem fixos, para o benefício da pequena elite que concentra a riqueza e os privilégios mais importantes, mas se cria a conivência, a aliança com todos os setores intermediários para os quais estavam abertos os caminhos de ascensão social. E, de fato, desde o Brasil Colônia, temos numerosos exemplos desse tipo de ascensão social dos mestiços e mulatos ocupando as funções intermediárias entre os dois polos da sociedade escravocrata.[119]

A partir de 1808, quando o comércio triangular que havia caracterizado a colonização brasílica portuguesa é quebrado e a modernidade "burguesa" e europeia chega de navio e conquista as almas brasileiras de modo irreversível,[120] a importância da mobilidade social ascendente via embranquecimento aumenta consideravelmente.

Afinal a sociedade se abre ao comércio em geral e à pequena produção manufatureira. Ainda se trata, obviamente, não de um capitalismo maduro e industrial, mas das consequências sociais nada desprezíveis da expansão do capitalismo comercial no contexto do Brasil recém-tornado independente. Várias das funções mecânicas e comerciais se abrem principalmente aos mulatos, mas também a alguns negros livres. Ao mesmo tempo, se abre a mulatos talentosos o caminho das letras e das atividades intelectuais e literárias.

Lentamente o capital econômico e a propriedade deixam de ser o único princípio classificador da sociedade. Entra em ação também o capital cultural, seja ele o conhecimento técnico e instrumental dos novos ofícios mecânicos, seja o capital literário e abstrato das funções jurídicas e das ciências humanas. Aqui o mulato talentoso e determinado se aproveita sistematicamente das novas chances de ascensão social.[121] O negro permanece escravizado tanto no campo quanto nas cidades da agora jovem nação que começa a crescer paulatinamente. Nas cidades, o negro irá ocupar as funções de escravo doméstico e de escravo de ganho.

É importante ter em mente que, salvo na forma de exceções que confirmam a regra, o negro está condenado a ocupar o último patamar da hierarquia no arranjo social do embranquecimento, a ser o contraponto negativo de toda ascensão positiva. Esse ponto é tão fundamental quanto a posição do branco e do proprietário de terras e gente no comando de todo o processo social. É que, sem o contraponto negativo representado pelo negro, não existe a possibilidade de atribuição de distinção social positiva também para os setores intermediários e ascendentes. Essa é a verdadeira singularidade social brasileira, não as bobagens da corrupção só da política para estigmatizar a soberania popular, nem a tal confusão entre público e privado que seria uma característica exclusiva do Brasil.

Nesse sentido preciso, o embranquecimento, pensado antes de tudo como subordinação valorativa à modernidade burguesa europeia e do qual a "brancura" da pele é apenas um dos elementos, possui um aspecto importante que o une ao sistema de castas hindu: a função social da casta dos intocáveis, aqui representada pelos negros na base do sistema social. Para Weber, na sua análise da sociedade de castas hindu,[122] uma das principais razões da extraordinária continuidade histórica milenar desse modelo social, com pouquíssimas mudanças, se explicaria precisamente pelo efeito de distinção social positiva de todas as castas intermediárias em relação aos intocáveis.

Esse é um aspecto decisivo para que se possa explicar a continuidade desse modelo social. O sentimento de superioridade social relativa, a distinção e o reconhecimento social que a existência de marginalizados provoca nos indivíduos, aumentando sua autoestima, contribuem decisivamente para a aceitação da sociedade desigual como um todo por parte de todos os estratos ascendentes e intermediários. Para que esse modelo de sociedade funcione é necessário que se construa uma classe de condenados à exploração e à humilhação por todas as outras classes: uma classe de condenados à barbárie. Uma classe social percebida por todas as outras como inferior, que todos podem humilhar, abusar, explorar e matar sem consequências.

Não existe sequer a possibilidade de embranquecimento sem a existência concomitante de uma classe condenada a servir de contraponto negativo a todas as outras e que possibilite tornar visível seu sucesso social relativo. A estratégia social do embranquecimento foi e ainda é tão eficaz porque nega e afirma o racismo racial no mesmo ato. O essencial é a vinculação da "brancura" com o "espírito" na sua conotação secular, ou seja, como inteligência, moralidade e beleza, e da "negritude" com o corpo animalizado das paixões irrefletidas, não confiáveis e enlouquecidas. Essa, e nenhuma outra, é a verdadeira hierarquia moral e social que submete todos os julgamentos individuais em uma sociedade racista como a nossa.

De resto, a estratégia individualista de classificação social imposta pelo branqueamento já quebra todo tipo de resistência social organizada e grupal entre nós. Por conta disso, a fraude do progressismo neoliberal do tipo "lugar de fala" funciona tão bem entre nós. Ele atualiza um princípio secular da sociedade brasileira que funciona cooptando precisamente os indivíduos mais talentosos e determinados das classes populares e ascendentes, convidando-os a se sentirem "parte dos que dominam" e "se embranquecer". Na estratégia do branqueamento, não se trata apenas da exploração econômica do trabalho desvalorizado, como a visão liberal dominante e certas tendências do marxismo imaginam. Também está em jogo o hábito de cevar e reproduzir o "gosto por humilhar" os mais frágeis sob as máscaras que o moralismo de fachada cria e recria. De resto, não existe costume mais secularmente brasileiro que perceber a posse e a possibilidade do exercício de poder sobre os socialmente inferiorizados como a forma mais importante de distinção social e de ostentação de poder.

A estratégia do embranquecimento como legitimação da desigualdade brasileira foi, portanto, aprofundada e redefinida no Brasil pós-abolição – e continua bem viva até hoje, em perfeita continuidade com o modelo colonial e escravocrata anterior. Isso sempre foi e ainda é uma escolha política e moral da elite e da classe média branca. Teria sido perfeitamente possível imaginar uma sociedade que contemplasse uma universalização da dignidade do produtor útil, ou seja, que pensasse o pertencimento social menos pela chave da distinção social à custa dos outros e mais pela ascensão de todos a um patamar de valorização positiva tendencialmente universalizante. A descrença da maior parte da elite, inclusive dos intelectuais, de que os negros pudessem participar de qualquer processo de aprendizado social e o gozo sádico da humilhação racista cotidiana tiveram e infelizmente ainda têm um papel decisivo.

Ou seja, o racismo racial tinha e ainda tem uma função decisiva. Assim, o abandono e o desprezo ativo contra os negros e a classificação positiva dos novos brancos importados e dos embranquecidos fizeram a passagem do escravismo à República Velha. E é importante perceber que o núcleo racista da República Velha se mantém em todas as "repúblicas novas". O arranjo racista esclarece a política brasileira desde então. Como veremos, ele continua até a eleição de Jair Bolsonaro à Presidência da República. A eleição de Bolsonaro mostra, na realidade melhor que qualquer outro fenômeno, que o arranjo racista do branqueamento e da República Velha, com todos os seus artifícios, continua sendo a lei intocável da sociedade brasileira até nossos dias. No entanto, essa não é a única realidade. Também houve antirracismo no Brasil.

## O contraponto antirracista e a revolução de Vargas

A grande contraposição ao modelo racista e individualizante da estratégia do branqueamento, ainda que marcada por todas as inegáveis ambiguidades históricas e contextuais desse projeto político, foi o projeto inclusivo e popular de Getúlio Vargas a partir de 1930. Vargas percebe que seu projeto de modernização e industrialização do Brasil não pode ser levado a cabo sem uma espécie de "revolução cultural" que arregimente a nação e a ponha em movimento. Já havia sinais dessa revolução cultural desde, pelo menos, a Semana Modernista de 1922 e seu chamamento para que o Brasil fosse visto a partir de dentro, e não mais como mero reflexo europeu. Muitos, nessa quadra histórica, percebiam a necessidade de uma reflexão autônoma como primeiro passo para a criação de um Brasil moderno. Entre eles, ninguém se comparou, seja em talento, seja em poder de convencimento, a Gilberto Freyre.

Coube a ele, como vimos, sintetizar e dar poder de convencimento à ideia do brasileiro não mais como último povo da Terra, dado seu caráter mestiço, mas também operar uma transformação valorativa do mestiço tornando-o símbolo positivo de uma cultura supostamente aberta, assimiladora e receptiva. Obviamente, Freyre não critica os pressupostos racistas do novo culturalismo que surge nos Estados Unidos sob a batuta de seu professor dileto, Franz Boas – o mesmo culturalismo que estava predestinado a funcionar como pátina legitimadora do nascente imperialismo informal americano.

Nesse contexto, o importante é compreender que Vargas, como muitos de uma geração de brasileiros inovadores, percebe imediatamente o enorme potencial socialmente mobilizador e construtivo dessa ideia que redime a condenação racista. Na medida em que implica uma redenção do povo mestiço e celebra a contribuição cultural do negro, ela permite, pela primeira vez no Brasil, uma política que não culpa o povo pelo seu próprio abandono e humilhação. Muito pelo contrário, a construção do Brasil moderno passa a estar centrada no apelo à participação popular.

Essa participação popular não era percebida na forma de uma revolução proletária comunista, como queria Prestes, mas sob o prisma da tutela do Estado reformador. O decisivo, no entanto, e que escapa à maioria das análises que enfatizam a oposição da ditadura de Vargas à supostamente maravilhosa "democracia" da República Velha, é o caráter universalizante e inclusivo do projeto varguista. No contexto da legislação trabalhista, é importante notar não apenas o reconhecimento e a proteção da jornada de oito horas, da regulação do trabalho da mulher e do menor, além da lei de férias, da instituição da carteira de trabalho e do direito a pensão e a aposentadoria. É especialmente importante, para nossos fins, o Decreto nº 19.482, de 12 de dezembro de 1930, que ficou conhecido como Lei de Nacionalização do Trabalho, ou Lei dos Dois Terços. A legislação limitava a entrada de estrangeiros no Brasil e determinava que dois terços das vagas de emprego em "empresas, associações, companhias e firmas comerciais que explorem, ou não, concessões do Governo Federal ou dos Governos Estaduais e Municipais" deveriam ser ocupados por brasileiros natos.

A Lei dos Dois Terços tornava possível o acesso ao emprego, sobretudo do trabalhador nacional negro, que havia sido literalmente expulso do mercado de trabalho competitivo pelo imigrante italiano nas indústrias e pelo imigrante português no comércio. É importante notar aqui que o negro e a negra, no contexto da República Velha pós-abolição, tiveram seu papel produtivo redefinido para que pudessem continuar ocupando as mesmas funções que desempenhavam antes. A mulher negra tinha lugar garantido na nova ordem desde que aceitasse ser a nova "escrava doméstica" dos lares da classe média que se criava ou da antiga elite.

Ao negro restavam as ocupações desprotegidas e mal pagas que reproduziam o antigo "escravo de ganho" no meio urbano. Ou ainda, talvez em maior número, a vida marginal, no limite da lei, que o imperativo de transformar a necessidade da vida em virtude e esperteza tinha o costume de celebrar como malandragem. O projeto da República Velha era manter a escravidão sob outras máscaras, fingindo que a soberania popular e a Constituição eram respeitadas. Fora o contraponto inaugurado por Vargas, esboçado por Jango e seguido por Lula e Dilma, o que se tem entre nós é a continuidade da República Velha, em alguns casos com a máscara da novidade, como aconteceu no governo FHC.

Também esse ponto é mal compreendido por muitos. Fala-se muito da influência fascista e nazista na propaganda cultural varguista e se esquece do principal: que a propaganda no nazismo servia ao racismo de um povo dominador e conquistador sobre outros mais frágeis, enquanto no varguismo o seu proselitismo era contra o racismo ao qual o povo negro e mestiço brasileiro era submetido por sua própria elite. Esse caráter defensivo, popular e antirracista da propaganda política varguista quase nunca é devidamente enfatizado pela leitura dominante. Isso mostra bem a eficiência da leitura elitista de grande parte da intelectualidade brasileira. O caráter antirracista e popular da política cultural de Vargas, no entanto, fica claro quando vemos as políticas de descriminalização das práticas religiosas de matriz africana, como a abertura pública dos terreiros de candomblé, assim como a abertura das primeiras escolas de capoeira, encerrando assim séculos de discriminação e perseguição às práticas originais da cultura afro-brasileira.

O mesmo aconteceu com o futebol e o samba, que foram apoiados por Getúlio como expressões populares da "brasilidade", ou seja, do esforço de construção de uma identidade positiva para o povo brasileiro que divergisse do racismo explícito, "científico" ou não, hegemônico. O futebol é um perfeito exemplo da antropofagia pregada pelos modernistas de 1922, ou seja, da prática de "abrasileirar" as influências culturais, especialmente europeias, conferindo-lhes um conteúdo original e único. É precisamente nos anos 1930, com o decidido apoio de Vargas, que o futebol deixa de ser o "esporte bretão" das elites e dos brancos e se torna o esporte brasileiro e das camadas populares por excelência.

A seleção mais bem-sucedida até então redefiniu o futebol brasileiro, representando o país em 1938 com um time mestiço, com pardos e negros como Domingos da Guia e Leônidas da Silva, o "Diamante Negro", o primeiro grande ídolo nacional do esporte no Brasil, que encantou a Europa com seu futebol cheio de gingas e dribles. O futebol passa então a ser tanto um novo meio de sobrevivência e ascensão social para as classes populares, especialmente mestiços e negros, tradicionalmente excluídos, quanto o elemento central da nova identidade nacional transclassista e racialmente sincrética que se queria construir.

Junto à redefinição popular do futebol, o samba, herança afro-brasileira por excelência, passa a ser celebrado como o núcleo mais importante da cultura popular brasileira. Também aqui a influência do DIP, o Departamento de Imprensa e Propaganda, satanizado pela propaganda elitista antigetulista, no seu apoio ao samba, por exemplo, precisa ser historicamente contextualizada. A oposição do "samba do trabalhador" ao "samba do malandro" se enquadra precisamente no esforço da época de combater a celebração da marginalidade como esperteza e suposta "escolha", quando é, obviamente, transformação da necessidade inexorável, imposta pela exclusão objetiva do negro, em suposta "virtude".[123] Mesmo o apoio aos sambas-exaltação, como "Aquarela do Brasil", de Ary Barroso, também se enquadra no esforço de dotar um povo, percebido pela própria elite como lixo inaproveitável, da mínima autoestima necessária para a participação em um projeto coletivo.

De qualquer ponto de vista que se analise, seja da inclusão econômica e política de setores antes marginalizados por meio da institucionalização de direitos sociais, seja pela valorização de uma identidade nacional afro-brasileira, Vargas representou o contraponto histórico mais importante à dominação racista da elite brasileira tradicional. Acolhendo e materializando as demandas de renovação popular do que havia de melhor na inteligência nacional da época, como os modernistas de 22, além da transfiguração positiva do mestiço e do negro por Freyre, Vargas logra construir uma imagem positiva do Brasil popular, mestiço e negro. Por outro lado, o que tornou seu projeto possível foi o vácuo entre guerras no domínio imperial, com a Inglaterra decadente enquanto os Estados Unidos ainda não tinham se afirmado como nova potência imperialista. Esse período se constituiu em uma janela de oportunidade para várias nações periféricas com sonhos modernizadores e industrializantes, como a Turquia de Atatürk, a Argentina de Perón e o México de Cárdenas.

Em uma situação "normal" de domínio imperialista, como o que nasce depois da Segunda Guerra Mundial, quando os Estados Unidos despontam como potência incontestável, a regra é a aliança entre as elites mundiais, comandadas pela elite americana, e as elites subordinadas e colonizadas, como a brasileira, no saque econômico, político e moral do próprio povo. Foi exatamente o que se passou em 1954, no golpe midiático-militar contra Getúlio Vargas que o levou ao suicídio. Foi o que aconteceu no golpe militar contra Jango e suas reformas de base, ainda hoje atuais e necessárias como nunca.

O golpe contra Vargas, que não redundou em ditadura militar, foi em tudo semelhante ao golpe midiático-jurídico de 2016, seja nas suas motivações de impedir a continuidade de políticas de inclusão popular, seja no *modus operandi*, com Carlos Lacerda e Sergio Moro desempenhando o papel principal no complô do falso moralismo da elite e da classe média branca.

A seguir veremos como a inteligência brasileira hegemônica e até hoje celebrada, seja pela direita, seja pela esquerda, desenvolveu o moralismo de fachada com o fito de criminalizar Vargas e, de quebra, qualquer outro líder semelhante que ouse ocupar o poder de Estado com o apoio popular. Com sua política de inclusão das massas populares mestiças e negras e de redenção da tradição popular afro-brasileira, Vargas criou um contraponto importante, na verdade o único construído historicamente entre nós, mas não conseguiu extinguir o racismo da sociedade brasileira. Ainda que tenha interditado as formas do racismo mais explícito na esfera pública, o *afeto* racista continuou vivo, à espera de uma nova máscara para que pudesse viver e prosperar se travestindo de outra coisa para melhor enganar a si e aos outros.

## A metamorfose do racismo em falso moralismo anticorrupção

Historicamente, a interdição do racismo explícito no Brasil é concomitante à construção do moralismo de fachada brasileiro que visa criminalizar o Estado, a política e a soberania popular. Com a exceção histórica dos movimentos "Diretas Já" e "Fora Collor", que representaram processos infelizmente interrompidos de aprendizado coletivo no período pós-ditadura militar, o moralismo de fachada será sempre o pretexto da elite do saque e da classe média branca para frear qualquer política de inclusão popular nos últimos cem anos de história brasileira. De Vargas a Lula e Dilma, o script foi o mesmo, com as mesmas intenções e até os mesmos órgãos de mídia cumprindo o papel de linchar e prejulgar líderes populares. Essas ideias do moralismo de fachada foram cridas por Sérgio Buarque em 1936, ou seja, em pleno contexto de oposição da elite paulista contra Getúlio Vargas, e se tornaram eficazes já em 1954, na queda de Getúlio por força da "escandalização" da mídia elitista. De lá até nossos dias, essas ideias foram compartilhadas por 90% dos intelectuais brasileiros e correspondem a 99% de tudo que sai na grande mídia desde então. A imensa maioria da indústria cultural há décadas reproduz o mesmo preconceito contra o povo e seu poder de voto.

Sem projeto para o país como um todo, a arma da elite e da classe média branca para garantir seus próprios privilégios é a suposta moralidade, não por acaso a dimensão mais alta do espírito humano na tradição ocidental, que é utilizada como uma moeda, sob mil máscaras e pretextos, para manter o povo humilhado, sem voz e escravizado. Essa mesma "moralidade" é utilizada pelo culturalismo da ciência imperialista para legitimar o domínio do G7 sobre o Sul global. A aliança em termos planetários é dos "novos brancos", das elites metropolitanas e das elites colonizadas, transformados em suportes da moralidade, legitimando a exploração e a humilhação dos supostamente "sem moral" e, portanto, animalizados e indignos de empatia.

O Brasil é apenas um caso específico de uma lei geral global de legitimação da dominação. O falso moralismo da corrupção localizada apenas na política e no Estado é, na verdade, o contraponto especificamente político e ideológico da estratégia social e cotidiana do branqueamento, permitindo a expressão do racismo prático pela máscara ao mesmo tempo mais falsa e mais bela da "moralidade". Isso tudo, caro leitor, sem que a palavra "raça" sequer seja mencionada. Esse é o crime perfeito, que não suja a mão de sangue e não deixa impressões digitais.

Para que essa relação possa ser esclarecida, precisamos perceber a articulação entre os discursos racistas de uma elite mundial, também legitimados "cientificamente", e os discursos racistas das elites colonizadas de países periféricos como o Brasil. Os discursos "científicos" culturalistas criam equivalentes funcionais para mascarar o racismo, sempre de classe e de raça, que passa a se disfarçar de moralismo. Quando esses discursos se tornam sagrados e se transformam em "ideologia nacional" ou "mito nacional", então toda a sociedade passa a ser regida por um racismo inconsciente, que pode ser exercido e praticado com "boa consciência".

A construção de um "mito nacional", ainda que ele expresse relações de poder entre as classes sociais em disputa, é fundamental para qualquer sociedade moderna. Esses mitos nacionais substituem o poder de coesão e identificação social que antes as antigas grandes religiões mundiais produziam. Também são eles que produzem os "mapas sociais", uma espécie de "sociologia espontânea" dos leigos, que explica o funcionamento do mundo social para a maioria das pessoas. Por conta disso, todo mito nacional tem uma estrutura semelhante às teodiceias das grandes religiões. Eles buscam explicar as questões correlatas: "De onde viemos? Quem somos? Para onde vamos?"

No caso brasileiro, esse mito foi construído por Gilberto Freyre, como já vimos. Já que essa é a base ideacional de uma "identidade nacional" que permite ligar afetos e moralidade de modo a construir vínculos de solidariedade entre os nacionais, o mito precisa ser de algum modo "positivo", senão ninguém vai se "identificar" com ele. No caso de Freyre, essa identificação positiva só pode nascer a partir de uma contraposição, certamente cheia de ambiguidades, tanto ao racismo científico quanto ao americanismo como ideal a ser seguido. A valorização do brasileiro, a seus olhos, envolvia a construção social do "bom mestiço". Não mais o mestiço como o representante de uma raça condenada, mas, agora, como produto de um encontro cultural e racial supostamente único.

É a partir desse cabedal de ideias que Freyre irá construir a tradição cultural luso-brasileira como uma forma específica de perceber o mundo, uma espécie de "racionalismo peculiar" que ele irá sintetizar na noção de uma "plasticidade" cultural típica. O que haveria de mais singular nessa predisposição cultural seria a capacidade de adaptação e de aprendizado em relação a outras culturas com as quais o povo entra em contato. Para Freyre, a adaptabilidade dos portugueses aos trópicos e seu produto mais acabado, o brasileiro como síntese do encontro do dominador português com os índios e os negros, seriam a comprovação empírica de seu argumento.

O contexto do intervalo entre as duas grandes guerras mundiais – quando a Inglaterra estava decadente e os Estados Unidos ainda eram relativamente despreparados para a missão – abriu espaço para o desenvolvimento nacional autônomo de uma série de países importantes na periferia do capitalismo. E essas ideias de Freyre são, então, apropriadas por Getúlio Vargas e seu projeto nacionalista. Ainda que ambíguas e, na verdade, reproduzindo com sinal trocado a condenação à animalidade do corpo típica dos pressupostos racistas do culturalismo ocidental, eram ideias que permitiam um mínimo orgulho nacional ao povo brasileiro.

Elas serviram, nesse sentido, como armas da mobilização para uma política industrialista e inclusiva do povo brasileiro. Tratava-se da construção de uma nação industrial, com uma democracia de massas e partidos populares. Para que isso acontecesse, era necessário valorizar o povo, sua tradição e sua cultura. Intelectuais, artistas e políticos se uniram a Vargas nesse objetivo. Nesse contexto floresceu a ideia da "brasilidade" como um projeto nacional e popular, ou seja, a celebração da tradição cultural brasileira, e não sua negação. Na verdade, o único projeto nacional popular formulado no Brasil e depois revivido parcialmente pelo PT no poder muitas décadas mais tarde. A ausência de uma fração industrial com projeto próprio, a qual sempre foi subordinada às frações agrária e financeira dos proprietários, quebrou essa aliança heterogênea todas as vezes que ela foi alçada ao poder pelo voto. Ao fim e ao cabo, a fração industrial sempre se alinhou, temendo uma radicalização popular, com os outros proprietários contra o projeto nacional construído, na realidade, em seu próprio benefício.[124]

Essa aliança antipopular, com o apoio em última instância também da fração industrial, sempre foi a base social de um projeto elitista de poder que uniria todos os proprietários, juntamente com a classe média branca, contra qualquer tentativa de verdadeira inclusão popular. É uma tradição que se cria a partir de 1930 contra Getúlio Vargas e que logra se tornar hegemônica já nos anos 50 do século passado – e se mantém intocada até hoje. Por conta disso, é muito importante reconstruir sua gênese. Afinal, a história do Brasil desde então é uma compulsão à repetição, sempre assumindo novas máscaras. Como não existe comportamento individual ou social que não seja estimulado e legitimado por ideias, é fundamental reconstruir as ideias que animam o pacto antipopular construído contra Getúlio e que permanece em vigor até os nossos dias. Sem elas, não temos como esclarecer a coesão interna das elites, muito menos a participação da classe média como suporte "popular" dos golpes de Estado preventivos que marcam a vida política brasileira.

Se o resgate parcial de Freyre foi a base ideacional do projeto nacional popular de Vargas, então era necessário destruir essa visão para que o domínio racista e elitista secular que sempre caracterizou o Brasil retornasse. Mas como fazer isso se o discurso de Freyre e Getúlio havia conseguido galvanizar o Brasil, conferindo-lhe uma autoestima nova? Sem esse quadro de fundo não compreendemos a engenhosidade da resposta elitista. É que, obviamente sem ter conseguido ainda construir uma democracia racial e social de fato, o novo projeto nacional inclusivo foi forte o bastante para interditar o racismo explícito na esfera pública. O racismo de classe e de raça escravocrata, na época ainda recente, teria que assumir uma máscara de progresso, e não de atraso e volta ao passado. Ele teria que parecer estar em consonância com os novos tempos, ter um ar de democrático e de progressista para poder enfrentar o desafio do sufrágio universal que havia chegado para ficar.

Não foi um desafio pequeno. O personagem que se mostrou não apenas à altura do embate mas, com seu inegável talento, conseguiu dominar e convencer praticamente todas as mentes até nossos dias foi Sérgio Buarque de Holanda. Aqui não tem nenhuma importância, reflitam bem, cara leitora e caro leitor, se Buarque fez isso consciente ou inconscientemente. Só o que importa nas ideias é sua eficácia social, ou seja, o seu efeito prático na vida das pessoas comuns. Apesar de retirar todas as suas ideias fundamentais de Gilberto Freyre,

Buarque condena a ambiguidade e os aspectos positivos do "bom mestiço" de Freyre para defender a negatividade absoluta do "homem cordial" brasileiro.

O que me causa espécie e estranhamento é que precisamente o retorno do povo brasileiro, negro e mestiço, ao padrão abertamente racista anterior, do século XIX, foi o que mais agradou aos intelectuais brasileiros em Sérgio Buarque. Praticamente todas as mentes brasileiras de direita e de esquerda, desde então, passaram a adotar a negatividade absoluta do povo brasileiro como prova irrefutável do conteúdo crítico e progressista da obra de Buarque! O que quase ninguém percebeu é que essa reconstrução destrutiva tratava de desfazer o trabalho de Vargas e Freyre, que contribuíram para uma percepção positiva do povo e defendiam sua inclusão social.

O quadro completo desse projeto intelectual elitista e antipopular fica claro quando percebemos que em São Paulo, na mesma época, inclusive com a ajuda do próprio Sérgio Buarque com seu trabalho de historiador,[125] se desenvolvia uma concepção que imaginava o estado de São Paulo e o seu passado bandeirante como uma exceção histórica e cultural em relação ao resto do Brasil "cordial" e inferior. O bandeirante caçador de índios foi transmutado de tal modo a se parecer com a figura, também idílica, do pioneiro protestante asceta americano, transformando São Paulo em uma espécie de "Massachusetts tropical".[126] Alguns poucos, como Vianna Moog,[127] perceberam quão ridícula era a coisa toda, mas a maioria concordou com alegria.

Com isso o projeto conservador e regressivo da elite paulista ganhava ares de modernidade e progresso, já que "cordial" seria apenas o Brasil tradicional, mestiço e negro, ou seja, aquele que não é São Paulo, crescentemente imigrante e branco. Assim, a tese da excepcionalidade paulista é indissociável do racismo racial. Afinal, com a chegada de milhões de imigrantes europeus brancos, principalmente italianos, o "neobrasileiro" trabalhador e disciplinado também contribuía com seu quinhão para a "excepcionalidade paulista", como a tese passa a ser conhecida nos meios intelectuais.

Temos aqui, portanto, a tradução interna do mesmo preconceito culturalista que, na arena internacional, servia para substituir o racismo científico pelo culturalismo, mantendo os mesmos preconceitos ao passo que fingia tê-los combatido e superado. Na verdade, a ideia de "estoque racial" como suposta motivação de uma conduta diferencial é apenas substituída pela ideia de "estoque cultural". Assim, em vez de o atraso individual e social ser explicado pelo suposto dado biológico e racial, ele simplesmente passa a ser explicado em termos de uma "cultura" que recobre e esconde o dado racista explícito, fingindo que deixou de ser racista.

Com a nova hegemonia agora também cultural da elite paulista, toda a elite nacional e a nascente classe média branca passam a se considerar distintas do povo. Mais ainda porque muitos são efetivamente filhos dos mesmos imigrantes brancos que chegam aos milhões para "embranquecer" o país e não apenas não se identificam com o povo mestiço e negro como o desprezam ativamente. A crescente hegemonia econômica e cultural da elite de São Paulo ajuda a consolidar a ideia de um "americanismo" que se expressa travestido de liberalismo antiestatal, contra a suposta tradição "cordial" brasileira. Isso faz surgir a percepção de São Paulo e, por extensão, de todo o Sul do país como uma espécie de prolongamento dos Estados Unidos ou da Europa no Brasil.

O movimento é exatamente o mesmo tanto na arena internacional – quando os Estados Unidos e a elite americana passam a justificar sua nova posição de domínio econômico e militar como se fosse decorrente de uma superioridade cultural – quanto internamente, nos novos países informalmente colonizados, criando novas clivagens intranacionais. Se o americano passa a legitimar seu domínio pelo mito do pioneiro disciplinado, produtivo e honesto, as novas elites colonizadas dos países periféricos, como o Brasil, passam a legitimar seus privilégios com base na mesma narrativa, só que adaptada ao contexto nacional. Pouco a pouco, "cordiais", preguiçosos e corruptos serão apenas os inimigos da elite paulista que se torna hegemônica: o povo negro e mestiço que Vargas e Freyre haviam tentado redimir.

O culturalismo científico, ao racionalizar e repaginar o preconceito simplesmente renomeando-o de "cultural", se torna o mais perfeito equivalente funcional do racismo. Ele faz de conta que supera o racismo apenas para transformá-lo em suposto dado cultural e científico irrefutável. Só que no culturalismo a cultura é também interpretada como um dado imutável, como supostamente a raça o seria. Mais importante ainda: toda a hierarquia moral que caracterizava o racismo científico e que atribuía ao branco ou ao ariano todas as virtudes do espírito, como inteligência, honestidade e beleza, é mantida, atribuindo as mesmas virtudes às supostas culturas superiores.

Assim, o que importa, o "conteúdo" da distinção entre indivíduos e sociedades, continua exatamente o mesmo que existia no contexto do racismo aberto, o qual adquire apenas uma roupagem nova. A continuidade do novo efeito racista é garantida, permitindo ainda, de lambuja, imaginar que todo racismo teria sido, enfim, superado. De todas as antigas virtudes antes atribuídas ao branco, será a honestidade a decisiva no novo racismo culturalista, já que, de todas as qualidades do espírito, como Kant havia nos ensinado, a moralidade é a virtude suprema.

Para que isso aconteça com eficácia, é necessário blindar moralmente a economia e tudo que tem a ver com o mercado capitalista. Essa blindagem já havia ocorrido historicamente em todo o Ocidente. Foram necessários séculos de marketing filosófico e sociológico para transformar o mercado e sua dinâmica, antes suspeitos de todos os vícios, no novo padrão de moralidade e virtude para a modernidade. Essa moralização do mercado contamina inclusive o trabalho de grandes autores como Max Weber, que destaca a "temperança" do capitalismo, e mesmo, ainda que ambiguamente, Karl Marx, que relega a apropriação abertamente violenta e fraudulenta do capitalismo à acumulação primitiva.[128] O mercado passa a ser visto como o reino do mundo contratual e pacificado, em que o frio interesse substitui as paixões incontroláveis e o comércio pacífico substitui as guerras.[129]

Com o tempo, o mercado capitalista é cada vez mais percebido como amoral, nem bom nem mau, e avaliado exclusivamente por questões técnicas e de eficácia pragmática. Se há no mercado capitalista algum caso de corrupção ou ato imoral, este é imediatamente considerado um "deslize individual", algo que não compromete a reputação do mercado como um todo. Enquanto legitimação dos interesses hegemônicos, essa idealização do mercado capitalista será muito bem-vinda ao culturalismo liberal dominante. É partindo dela que o liberalismo pode recriar um mundo de fantasia e de suposta liberdade contratual e honestidade tendo como modelo o próprio mercado.

Na sua versão tupiniquim, sintetizada por Buarque como por nenhum outro intelectual, nem sequer será necessário explicitar que o mercado, ao contrário do restante da sociedade, não é "cordial". Seus seguidores mais importantes se encarregaram de fazer esse elogio mercantil. Para Buarque, bastará criminalizar unilateralmente o Estado – a instância onde Vargas estava, não nos esqueçamos nunca – como origem de todo mal e de toda a corrupção, lugar da única elite corrupta e parasitária. O Estado será visto como a casa da verdadeira elite patrimonial que prefere os privilégios à "justa competição" mercantil. Esse ponto é fundamental já que, na sociedade moderna, o

Estado é a única constelação de interesses organizados com força suficiente para se contrapor aos interesses do mercado, para limitá-los e estabelecer fronteiras para sua ação. Criminalizar o Estado equivale a transformá-lo em joguete da elite de proprietários hegemônica que controla o mercado. Precisamente o que ele é hoje, mais do que nunca saqueador e irresponsável, no Brasil de Bolsonaro. Cria-se então o bode expiatório perfeito para a legitimação da continuidade eterna da dominação elitista da casta de proprietários.

Mas não se trata apenas de criminalizar as elites subalternas que porventura possam chegar ao poder, como no caso de Vargas. Com o advento e o crescente prestígio do sufrágio universal, criminalizar o Estado equivale a criminalizar também a política como um todo e sobretudo o voto popular. Assim, "cordiais" e corruptos serão não apenas os ocupantes eventuais do Estado que desagradem à elite dominante mas também o povo "mestiço" e negro que possa vir a elegê-los. Mais tarde a pecha de populismo aplicada a qualquer política popular vai reforçar a estigmatização do povo, aprofundando ainda mais o contexto de legitimação da exclusão e da marginalização da maioria do povo em relação às benesses do mundo moderno. Com isso se consegue, com meios modernos e supostamente científicos, o mesmo efeito de degradar a autoestima e a autoconfiança dos povos e das classes oprimidas que existia no contexto do racismo científico. O Brasil é o único país do mundo onde as políticas que beneficiam 80% da sociedade são tidas como "populistas". Por uma questão de lógica aritmética simples, "democráticas" serão apenas as políticas dedicadas aos 20% da população aos quais corresponde precisamente a ínfima elite e o grosso da classe média branca.

Esse aspecto é o fundamental. O decisivo para a dominação social é que o oprimido se veja pelas lentes que a elite criou para ele. Quando essas ideias passam a ser defendidas pelos intelectuais de maior prestígio e se tornam o pano de fundo de todas as avaliações da imprensa e dos jornalistas, assim como de artistas e da indústria cultural como um todo, então o povo oprimido por essas mesmas avaliações não tem mais defesa. A situação se torna ainda mais difícil quando os intelectuais "críticos" e os partidos de "esquerda" passam a avaliar e engolir como verdadeiro o discurso conservador, falso moralista e antipopular.

Assim, Sérgio Buarque não é apenas a grande influência intelectual do PSDB, o partido oficial da elite rentista paulista, com seu antiestatismo e sua crítica ao suposto patrimonialismo, que lhe permitia posar de "moderno", mas também se torna uma das maiores influências do PT, do qual foi um dos fundadores. O partido popular que entra na política com a bandeira da ética na política foi envenenado pelo mesmo falso moralismo da tese do patrimonialismo e apoiou em massa a Lava Jato até que o golpe e a mentira ficassem explícitos para todos com a contribuição da Vaza Jato e do hacker de Araraquara. Isso comprova que o poder de convencimento de ideias elitistas vendidas como se fossem democráticas pode desarmar por tempo indeterminado um povo de quem foram retiradas as possibilidades cognitivas e morais de defesa.

Com sua teoria do povo brasileiro "cordial" e a criminalização do Estado, da política e da soberania popular implícita na ideia de patrimonialismo, Buarque formulou a tese culturalista mais perfeita para recobrir os interesses da elite de proprietários, que queria o Estado e o orçamento público apenas para si mesma. Para isso, bastava e basta utilizar a imprensa venal, que também lhe pertence como propriedade privada, para criar algum escândalo fabricado envolvendo o inimigo político que não lhe apraz. Foi o falso moralismo da corrupção seletiva, fabricada pela imprensa elitista, que criou a cultura de golpes de Estado no Brasil moderno. Ao criminalizar a política e a soberania popular no nascedouro, a condução da sociedade é, na prática, confiada a uns poucos endinheirados que desprezam o próprio povo.

Mas não apenas isso. Essa lógica permite também que a classe média branca importada da Europa se veja como moralmente superior ao povo pobre, mestiço e negro, garantindo seus privilégios educacionais e explorando, a preço vil, tanto o trabalho doméstico quanto o trabalho precarizado de serviços. Na verdade, o antigo trabalho escravo doméstico e o antigo trabalho do escravo de ganho, que hoje entrega a pizza quentinha na casa do bacana, são reproduzidos sob condições modernas, em benefício da classe média e da elite. Obviamente, a doutrinação da classe média pelas ideias da elite não foi imediata e até hoje não abrange toda a classe.[130] No entanto, poderíamos dizer que alcança cerca de 70% da classe média branca, precisamente o contingente que votou em Bolsonaro.

A doutrinação da classe média para que se tornasse parceira da elite em uma aliança antipopular começa logo após a tomada do poder por Vargas, o qual havia contado com o amplo e espontâneo apoio dessa classe na sua ascensão ao poder. Os reais interesses em jogo são, por um lado, a garantia da reprodução do capital econômico pela elite, com a apropriação privada do orçamento público, do excedente econômico e das riquezas nacionais, e, por outro, a reprodução das vantagens do capital cultural valorizado e prestigioso pela classe média branca. Como esses interesses tão restritos não podem ser publicamente expostos, é aqui que entra a justificativa moral inventada por Buarque. A criminalização do Estado, da política e do voto popular possibilitada pelas teses correlatas do homem cordial e do Estado patrimonial legitima e consagra, na prática, a dominação de 80% da população mestiça, negra e pobre pelos 20% que são elite ou classe média real. A mentira que consagra moralmente essa dominação de poucos sobre muitos é a suposta herança cultural de corrupção do povo e de toda política produzida em seu nome.

Esse será o tema e o mote principal da imprensa, o elemento principal da pregação da mensagem elitista ao público leitor da classe média. O sucesso dessa doutrinação é estrondoso e produz seus primeiros frutos contra o mesmo Vargas, já em 1954, depois de uma bem perpetrada campanha na imprensa capitaneada por Carlos Lacerda, o Sergio Moro da ocasião. O mesmo Vargas que havia sido aclamado pela classe média em 1930 seria 24 anos depois levado ao suicídio pela pressão de uma classe agora já envenenada pelo moralismo de fachada que a elite, seus intelectuais e sua imprensa construíram para manipulá-la. Essa manipulação não é mero engodo, obviamente.

Esse moralismo inventado permite ao mesmo tempo expressar e encobrir a reprodução dos privilégios educacionais da classe média contra qualquer veleidade de inclusão das classes populares. Essa é a principal base racional do uso do moralismo de fachada como mecanismo de justificação política e de solidariedade interna da classe média branca e autoriza a expressão distorcida de sua sensação de superioridade de classe/raça sobre as classes populares mestiças, negras e pobres. Esse último aspecto possibilita, por sua vez, que essa visão substitua com vantagens o racismo explícito do escravismo. Como o "afeto racista" continua funcionando como mecanismo de solidariedade imediata nas classes superiores, ele pode agora ser "moralizado" pela percepção do povo mestiço e negro como "corrupto", ou seja, não apenas como delinquente e inferior moralmente na vida privada, mas agora também como ameaça à moralidade pública pelo seu hábito de votar em político corrupto.

Essa é a função social e política da criação do bode expiatório do Estado e da política corrupta. Primeiro, a corrupção passa a ser vista como um aspecto exclusivo da política, permitindo tornar invisível o roubo real da elite de proprietários sobre toda a população e o saque do Estado e do orçamento para si mesma. Afinal, o principal dispositivo de todo poder é tornar-se invisível. Desse modo ele pode se reproduzir infinitamente enquanto tal. Além disso, essa noção legitima a sensação de superioridade de classe e de raça da classe média branca sobre todas as classes populares. Esse é o dado irracional, que se refere ao usufruto cotidiano da distinção social do racista e que passa a ser racionalizado, ou seja, justificado, por supostas boas razões, como expressão de uma suposta maior honestidade da classe média branca sobre mestiços, negros e pobres.

Essa é a segunda função essencial da balela da corrupção só da política. Ela não apenas torna invisível o saque real e milhares de vezes maior da elite sobre o povo como recobre o afeto racista da classe média branca com uma suposta justificação moral, destinada a confirmar a superioridade dos "brancos com diploma" sem sequer ser necessário o uso explícito do preconceito racial ou de classe. Essa ideologia moralista de fachada permite combinar o preconceito cognitivo contra o povo – possibilitado pelos privilégios tornados invisíveis da socialização familiar e escolar distorcidos como "mérito individual" – com o preconceito moral, fazendo com que a classe média se veja como "honesta" em relação ao povo mestiço, negro e pobre, percebido como "corrupto".

Esta é a função dupla do moralismo de fachada entre nós, construído inicialmente por Sérgio Buarque e perpetuado até hoje pela maior parte dos intelectuais, tanto os abertamente conservadores quanto os que "tiram onda" de críticos: possibilitar a boa consciência do domínio elitista e do sentimento racista da classe média branca sobre as classes populares. Desse modo, por força dessa combinação de motivos econômicos, afetivos e morais, todos encobertos e distorcidos em favor de uma oposição simples entre classes modernas e honestas e classes atrasadas, mestiças e corruptas, fica garantida a solidariedade interna do bloco antipopular formado por elite e classe média branca há quase cem anos entre nós.

Que a classe média seja especialmente sensível à pregação moralista não é uma particularidade brasileira. A sua posição intermediária na sociedade, entre a elite de proprietários acima e a classe trabalhadora e os marginalizados abaixo, a predispõe à manipulação moralista. E tenderá a se ver como detentora da moralidade pública e privada como forma de compensar sua inveja dos ricos, que teriam riqueza, mas não moralidade, e legitimar sua pretensão de superioridade em relação aos de baixo. O que é brasileiro é que o moralismo entre nós se presta perfeitamente a substituir o racismo explícito, que havia sido interditado pela política varguista. Como o "afeto racista" continua vivo, tendo sido apenas impedido de se expressar tão publicamente como o era antes, o falso moralismo da classe média passa a ser a forma perfeita de preservar tanto vantagens econômicas quanto gratificações de distinção e prestígio social contra o povo mestiço, negro e pobre.

O sucesso dessa ideologia elitista e racista, forjada nos anos de oposição a Getúlio Vargas para garantir que a classe média branca jamais apoiasse nenhum outro "Getúlio", decorre do fato de ela ter sido formulada como se fosse uma teoria crítica, como vitória da modernidade, da democracia e da moralidade pública, engolida como tal e reproduzida pelas nossas "melhores cabeças" até hoje. Tamanha cegueira intelectual só é possível nesse contexto de elitismo e de racismo global que submete tanto nossas classes dominantes quanto nossos intelectuais e nossa vida intelectual como um todo.

É que o mesmo esquema ideológico e simbólico de dominação utilizado contra o povo brasileiro por sua elite, sua classe média branca e seus intelectuais é utilizado pelas elites mundiais e por seus intelectuais contra as elites colonizadas e contra o pensamento dominado e também colonizado dos países periféricos como o Brasil. Desse modo, o racismo travestido em ciência culturalista e usado contra o próprio povo corresponde necessariamente a uma idealização do opressor global.

Essa idealização é tanto prática quanto teórica. Ela é prática na medida em que as elites colonizadas são tão dominadas material e simbolicamente pelas elites globais quanto as classes médias o são internamente pelas elites domésticas. Assim, as elites brasileiras basicamente vivem do pagamento de uma "propina" pelo saque, por parte das elites globais, das riquezas, do orçamento público e da poupança popular dos países dominados. As elites colonizadas admiram acriticamente as elites globais e seu estilo de vida. Em geral costumam morar no exterior e se identificar com os países cosmopolitas e sua cultura, desprezando tudo que tem a ver com seu país de nascimento – que apenas saqueiam e exploram.

Simbolicamente, a aceitação da dominação das elites mundiais e acima de tudo da elite americana implica a solidariedade com as elites globais contra o próprio povo, como fica claro no apoio aos golpes de Estado maquinados em conjunto pelas elites metropolitanas e colonizadas. Essa mesma idealização acrítica é acompanhada pela classe média branca, muito especialmente a classe média alta dos países informalmente colonizados. A possibilidade de usufruir um estilo de vida europeu ou americano no contexto periférico é o sonho de classe desses segmentos.

Mas também o mundo intelectual é profundamente colonizado nos países periféricos como o Brasil. No apoio à construção de uma autoimagem depreciativa e humilhante do próprio povo, distorcida e enfeitada como "ciência crítica", o mundo intelectual se deixa colonizar na medida em que acredita na autoidealização do opressor global.

Vejamos um exemplo prático para tornar a questão mais compreensível. Quando se pergunta a qualquer intelectual brasileiro, de direita ou de esquerda, qual seria a maior singularidade e a origem dos problemas brasileiros, a resposta é uma só: a "confusão entre o público e o privado", que só existiria aqui. Para nossos intelectuais, portanto, na Suécia, na Alemanha, na França ou nos Estados Unidos teríamos uma fronteira bem definida entre o público e o privado, sendo uma singularidade brasileira a confusão entre essas duas esferas.

É como se alguém com privilégios de nascimento nesses países não tivesse a vida ganha e não desfrutasse de todo tipo de facilidades dos "jeitinhos" sueco, francês, alemão ou americano. Mais ainda: como se interesses privados poderosos não conduzissem os interesses públicos e estatais e não selecionassem como e o que o público deve ouvir e discutir na esfera pública. Como se, em um país como os Estados Unidos, a confusão entre privado e público não fosse a regra e a apropriação privada da política por alguns bilionários não fosse a realidade cotidiana. Como se o capitalismo financeiro americano, baseado em paraísos fiscais, na lavagem de dinheiro sujo e na evasão de impostos, não fosse a regra de ouro da economia financeira americana. Como, enfim, se o capitalismo não fosse sempre a apropriação privada do que é ou deveria ser público: a poupança pública, os impostos públicos, a esfera púbica, etc.

Coisa muito diferente é analisar os processos de aprendizado coletivo que possibilitaram, por exemplo, que a esfera pública de alguns países, especialmente na Europa, não fosse completamente apropriada privadamente. Porém uma análise desse tipo lida não com categorias pensadas abstratamente que contaminariam todo um povo, mas com interesses identificáveis, o que exige sempre a análise teórica e empírica de classes sociais em disputa. O uso de categorias abstratas e supostamente gerais serve sempre ao interesse elitista de obscurecer a origem dos seus privilégios, tornando-os características culturais supostamente de toda a sociedade. É o servilismo intelectual que torna óbvia a existência de ideias e de categorias culturalistas que abrangem todo um povo e se destinam a invisibilizar os privilégios e legitimar sua miséria e seu desprezo. E que também serve para justificar a preguiça intelectual de buscar as causas reais e complexas que exigem penoso trabalho teórico e empírico – substituído por supostas análises genéricas que parecem profundas.

Finalmente, essas oposições abstratas retiram seu suposto poder imediato e irrefutável de explicação da mesma suposição racista que dividiria o mundo entre povos honestos e povos corruptos: afinal, o "privado" se referiria à corrupção, e o "público", à honestidade, e um povo que confunde os dois não poderia ser "honesto". Nosso mundo intelectual tende a engolir essas distinções abstratas sem qualquer distanciamento, reproduzindo um "racismo científico" que se baseia na degradação moral dos povos colonizados e justifica sua dominação. Essas distinções absurdas parecem óbvias a todos depois do bombardeio da imprensa global e doméstica e da indústria cultural que vende preconceitos na forma da sedução e do charme irresistível de atores e atrizes sensuais e charmosos. Essas ideias e oposições são óbvias do mesmo modo que todo racismo é óbvio: quando não refletimos verdadeiramente sobre elas.

## O aprendizado interrompido: Diretas Já, o impedimento de Collor e a construção do PT encampando o falso moralismo

Seja na vida individual, seja na vida social, a violência simbólica e o racismo nunca são as únicas realidades existentes. Sempre há também uma luta dos interesses ligados à libertação da opressão e a favor dos processos de aprendizado que abrem uma janela de possibilidade para o surgimento de consensos sociais moralmente mais avançados. Como vimos, é perfeitamente possível mensurar o progresso moral, não apenas o progresso econômico. O progresso moral na sociedade moderna exige sobretudo a universalização do que chamamos de "dignidade" do produtor útil e cidadão e da garantia social e política do atendimento às precondições econômicas, afetivas, cognitivas e morais que permitem a participação autônoma e consciente de todos os cidadãos no processo de formação da soberania popular. A linguagem dos direitos permite a institucionalização desses processos de aprendizado. O desafio da ciência crítica é, portanto, não se deixar cegar pela leitura unilateral que só percebe a opressão da violência material e simbólica. Perceber o mundo desse modo é contribuir para a dominação apesar de lamentá-la. É necessário para a crítica social perceber e nomear as precondições, também, da emancipação.

Desse modo, é necessário também discutir os processos de aprendizado que não foram levados à frente pelas limitações das próprias forças progressistas na sociedade brasileira – o que apenas comprova o domínio das ideias elitistas no Brasil e sua extraordinária influência também nas forças democráticas e na "esquerda". Embora sempre tenha havido reação, inclusive armada, à ditadura militar, é a partir dos anos 1970 que se forma uma frente ampla, com grande apoio popular, de liberais e progressistas críticos da ditadura militar. Essa frente ampla desemboca com força extraordinária no movimento pelas Diretas Já em meados dos anos 1980. Parte da elite de proprietários aderiu à oposição à ditadura militar e a classe média branca em peso saiu às ruas por eleições diretas à Presidência da República.

O país, oprimido por décadas de censura e tortura, vê também, pela primeira vez, movimentos de trabalhadores organizados se transformando em partidos políticos para disputar o poder político com chances reais de vitória. A Igreja Católica e a Teologia da Libertação conseguem pôr em curso um importante processo de aprendizado das classes populares no campo e na cidade. O PT se forma como um partido que congrega e cimenta essa experiência popular multifacetada e diversa em conjunto com setores progressistas e mais críticos da classe média. Esse peso da classe média se mostra muito especialmente na campanha pelas Diretas Já e na campanha pelo impedimento de Collor de Melo da Presidência em 1992, depois de casos de corrupção envolvendo seu chefe de campanha, P. C. Farias. As "carreatas" em todas as grandes cidades brasileiras, organizadas por todo o país com bandeiras e faixas pretas como reação ao pedido do presidente aos seus apoiadores que saíssem vestidos de verde e amarelo, mostram o caráter de classe média da reação a Collor.

De todas as vezes que a classe média saiu às ruas em nome do moralismo nos últimos cem anos, foi apenas no caso de Collor que isso se deu contra um representante das elites, e não das classes populares. Um representante das elites subalternas nordestinas, mas ainda assim das elites. Esse fato mostra que até a conservadora, falsa moralista e manipulada classe média brasileira pode aprender politicamente a identificar seus reais inimigos. Mas para que isso se consolidasse seria necessário que essa visão se aprofundasse em crítica da dominação elitista, o que jamais aconteceu. As chamadas "forças progressistas" jamais deram esse passo decisivo. O PT, como representante organizado de setores excluídos e dos setores mais críticos da classe média, nunca criticou a narrativa elitista hegemônica. Muito pelo contrário: a engoliu e se envenenou.

Assim, o protagonismo político das classes médias também é representado no PT, que procura acolher, em conjunto com a bandeira do combate à desigualdade, o falso moralismo típico das camadas médias. O moralismo, aqui, sempre significa a construção do bode expiatório da corrupção apenas da política como forma de esconder que, na verdade, o saque elitista da riqueza de todos é a principal questão socioeconômica da sociedade brasileira. Assim, a ideologia hegemônica que a elite constrói nos anos 1930 se apropria também das organizações populares mais importantes e passa a constituir seu elo fraco e seu calcanhar de aquiles. Esse ponto é fundamental, posto que impedirá a construção de uma narrativa e, consequentemente, de um projeto político verdadeiramente alternativo para a sociedade brasileira. A tentativa de romper com a narrativa varguista, outro subproduto elitista do partido popular, também exerceu seu quinhão de influência, impedindo a emergência de uma tradição política verdadeiramente popular, de uma compreensão da realidade brasileira que, em vez de reforçar, denunciasse o uso do falso moralismo como arma envenenada contra o povo. Sem que isso seja assimilado em toda a sua extensão, não haverá organização popular digna desse nome no Brasil.

A manutenção da ambiguidade moralista foi importante para a construção do PT como partido de massas que incluía importantes setores da classe média, mas sempre foi sua fraqueza principal. Em primeiro lugar porque essa escolha já denuncia um compromisso simbólico com a ordem elitista que implica compromisso material, como o que ocorreu com a efetiva manutenção do saque rentista sobre toda a população. Apenas quem não percebe o dado mais importante de toda forma de dominação social, ou seja, que todo privilégio material tem que ser justificado simbólica e moralmente, não percebe que aceitar a narrativa da elite é aceitar também seu saque material.

Ao aceitar a narrativa elitista do falso moralismo no seio mesmo de sua visão de sociedade, o PT abriu o flanco para o controle elitista de seu apelo popular. Antes das redes sociais, esse controle era propiciado pelo ataque seletivo da mídia tradicional, propriedade privada dessa mesma elite. O "Mensalão" foi o grande ensaio de ataque da mídia elitista ao primeiro partido popular que conseguiu se alçar ao poder de Estado no Brasil. E o sucesso foi estrondoso. Joaquim Barbosa, o primeiro juiz negro na história do STF, foi canonizado pela mídia conservadora como arauto do falso moralismo agora transformado em ativismo judiciário contra o PT. A juíza Rosa Weber foi, no entanto, quem melhor marcou, em uma frase lapidar, a contaminação do formalismo jurídico pelo falso moralismo, o qual, de resto, passou a envenenar toda a institucionalidade democrática brasileira. A juíza assume, candidamente, que, se não a lei, a "doutrina jurídica" a habilitaria a condenar José Dirceu sem provas.[131] Depois o próprio autor da "doutrina" aludida denunciaria o seu uso abusivo.[132]

O PT perde alguns de seus quadros mais importantes sem reclamar e mantém o saque rentista, criando, no entanto, importantes programas de assistência popular e de inclusão educacional e social. Também passa a formar um "bloco popular", libertando o voto dos grotões de seus vínculos seculares com a elite tradicional. O partido consolidou o seu comando sobre o voto dos pobres, porém sem construir uma narrativa política alternativa à visão hegemônica elitista. O vínculo do eleitor era realizado com a figura pessoal do seu líder, Lula, que passa a eleger quem quer que seja no Brasil inteiro. Enquanto o saque rentista seguia livre no contexto do lulismo, a elite fazia de conta que aceitava o novo sócio.

Como mostra André Singer em texto lapidar,[133] o namoro acaba no governo Dilma Rousseff, que denuncia precisamente o saque rentista na esperança de contar com o apoio da fração industrial da elite, supostamente a principal beneficiária desse processo. A busca por uma "boa burguesia" foi sempre a fantasia central da esquerda brasileira desde Getúlio Vargas.[134] Além do corte dos juros se utilizando da força dos bancos públicos, Dilma corta também a festa das parcerias público-privadas, uma das formas mais importantes de apropriação privada da riqueza e do orçamento público.

Apesar de sua coragem ao denunciar o acordo elitista, o governo Dilma aprofunda a contradição política ao acolher, de modo ainda mais decidido que Lula, o falso moralismo elitista como um dos pilares centrais de seu governo. Seu ministro da Justiça irá se converter, inclusive, em baluarte da pregação da Lava Jato dentro do governo. As leis de exceção draconianas que iriam servir, com precisão de alfaiate, ao conluio da mídia elitista com a máfia da Lava Jato, comandada por Moro e Dallagnol, foram todas construídas e elaboradas no Ministério da Justiça do próprio governo Dilma. Essa é a maior prova da corrupção seletiva funcionando como principal arma antipopular, enfraquecendo por dentro todos os partidos[135] e organizações populares.

Se a luta contra o saque do rentismo se inicia em 2012, já em 2013 temos um ataque orquestrado de toda a mídia elitista contra o governo na esteira de protestos contra a realização da Copa do Mundo. A volta da taxa de juros aos níveis anteriores, implicando o saque do orçamento público através de uma dívida pública galopante em benefício da elite unida na exploração do restante da população, não suaviza a ira da elite contra o PT. O partido se mostrou não confiável e tem que ser retirado do poder. Com a derrota de Aécio Neves por pequena margem na eleição presidencial de 2014, o golpe elitista se torna uma questão de tempo.

A interpenetração de interesses financeiros e o descontentamento americano com as pretensões de autonomia internacional do Brasil[136] selam um acordo das elites dos dois países contra o governo popular brasileiro. A elite colonizada brasileira certamente tem um desprezo ativo contra o próprio povo, mas seu principal atributo é o cinismo, já que sabe muito bem – como Paulo Guedes deixou claro na famigerada reunião ministerial que mais parecia um piquenique de bandidos[137] – que quem rouba tanto o orçamento público quanto a população é ela própria. Para ela, o jogo é claro: ou a política faz o jogo da espoliação elitista, ou é substituída. Simples assim. Ela sabe que tem a imprensa, o Congresso e o Poder Judiciário tanto no bolso quanto no coração e na cabeça.

Mas é impossível dar um golpe de Estado sem o "povo". E já vimos que o dispositivo do falso moralismo faz com que a classe média real, privilegiada, branca e estabelecida faça as vezes de povo para a elite sempre que necessário. É aqui que o discurso anticorrupção, quase sempre apenas contra a política e o Estado, mostra efetivamente para que serve. É que a legitimidade de todo poder político na modernidade está ancorada na ideia de soberania popular e nada pode substituí-la. Depois que a legitimação religiosa e divina do poder perdeu validade, todo poder legítimo está vinculado à ideia da soberania popular. Ainda que tenham existido e existam diversas tentativas, nenhuma elite do mundo efetivamente conseguiu se livrar dessa sombra que a impede, parcialmente, pelo menos, de exercer um poder de exploração absoluto.[138] Como não se acredita mais em uma elite "divina", então é necessário manipular as outras classes sociais para que elas façam aquilo que a elite quer. Essa é a razão que torna os intelectuais, como produtores de ideias envenenadas, e a imprensa, como distribuidora dessas ideias, tão importantes para toda dominação elitista.

A elite brasileira não pode simplesmente dizer a verdade: que vai mudar o governo porque este está atrapalhando o saque elitista de uma população reduzida à pobreza. É preciso primeiro fabricar uma mentira convincente, engenhosa o bastante para transformar o pior tipo de exploração econômica – cujos produtos são a miséria e a ausência de futuro para a maioria da população – em um "imperativo moral". Para isso, é necessário que intelectuais brilhantes como Sérgio Buarque disfarcem o desprezo e a humilhação do povo, transformando-os numa suposta crítica social. Depois é necessário encontrar uma classe que se identifique de tal modo com essa mensagem que possa ser manipulada a partir de cima pela elite por meio da própria imprensa elitista. O serviço se torna perfeito se essa classe se percebe, ela própria, como parte da elite, e não mero instrumento dela.

Para compreender como a classe média branca no Brasil cumpre esse papel paradoxal de se perceber como parte da elite e ao mesmo tempo exercer a função de "povo" para melhor macaquear o pressuposto moderno inelutável da soberania popular, é necessário perceber como o racismo racial é a base da "gramática" do sistema social no Brasil. Se a elite estava descontente com a redução, ainda que pequena, de suas mamatas, a classe média estava descontente com a inclusão de negros e pobres nas universidades e nos shopping centers, ou seja, com a perspectiva do fim de seus privilégios educacionais, que são a base de seu prestígio social, e da marcação de lugares sociais específicos para classes e raças na sociedade racista. Como essa inclusão foi realizada sem a construção de uma narrativa alternativa ao falso moralismo elitista e, consequentemente, sem mobilização popular, mais uma vez na história brasileira, quem passa a ocupar as ruas "tirando onda" de povo é a classe média branca e, na sua imensa maioria, racista.

Como a classe média não poderia sair às ruas expondo as reais razões para tal e assumindo sua exploração, seu ódio e seu desprezo pelo povo mestiço, negro e pobre, já que todo racismo contra o mais frágil é covarde e vil, era necessária a participação da máfia da Lava Jato com seu toque de Midas para transformar mentira e fraude em ouro. O falso moralismo construído pela elite e seus intelectuais permite essa metamorfose do canalha racista da classe média branca em defensor da moralidade pública. Antes as críticas ao Bolsa Família, aos direitos das empregadas domésticas, ao poder de compra dos pobres, à convivência com os mais pobres e negros em aeroportos e shopping centers e às cotas nas universidades públicas eram sempre feitas "a boca pequena" e nas redes sociais. A transmutação desse racismo de classe e de raça em "virtude moral" jogou milhões de branquinhos histéricos e bem-vestidos nas ruas brasileiras entre 2015 e 2016, até a queda da presidenta Dilma.

Mas como podemos ter tanta certeza de que a classe média branca não é mesmo mais virtuosa que as outras e defensora real da moralidade pública? Como podemos ter certeza, portanto, de que o falso moralismo do combate à corrupção só do Estado e da política não passa de uma máscara conveniente para o exercício impune do racismo – entre nós, um amálgama de classe e de raça? Ora, caro leitor e cara leitora, a ciência social não pode examinar os fenômenos sociais no microscópio como outras ciências fazem com vírus e bactérias, mas desenvolveu formas eficazes de analisar o comportamento humano.

O principal aqui é não se deixar enganar pelo que as pessoas dizem que são e por sua própria explicação normalmente fantasiosa acerca do que fazem. Em geral os seres humanos fantasiam a própria vida como modo de legitimar a única vida que efetivamente possuem. Depois ainda consomem o lixo da imprensa elitista e da indústria cultural, que existem para evitar qualquer processo de aprendizado real, já que isso significa sempre tomar consciência de seu real papel na sociedade. Portanto, se uma classe de origem europeia gosta de se sentir superior ao povo mestiço e negro, nada melhor para a elite do que alimentar essa fantasia em seu próprio proveito, não é mesmo?

Basta lembrar a corrupção aberta das malas de Aécio e Temer – os dois continuam soltos, aliás, sem efetivo protesto, em nenhuma cidade brasileira, de nenhum branquinho histérico e bem-vestido –, filmada, gravada e, portanto, transparente e óbvia para todos, ao contrário das meras suposições, todas falsas, como sabemos hoje em dia, contra Lula e Dilma. No entanto, contra Lula e Dilma saíram milhões às ruas. Contra Aécio e Temer, ninguém. Se o que importa para uma real ciência social digna desse nome é o comportamento efetivo, e não a autoimagem das pessoas sobre si mesmas, então o comportamento da classe média branca em uma situação equivalente, quando envolve representantes da elite, é o oposto de seu comportamento quando envolve representantes das classes populares pobres, mestiças e negras. Max Weber chamou esse método de "possibilidade objetiva", como uma forma de prova peculiar das ciências históricas e sociais.[139] Não é possível reviver os fatos sociais em laboratório, mas se pode perfeitamente comparar comportamentos objetivamente semelhantes e aferir, a partir dos resultados observáveis, seus reais motivos. Esse exemplo é, aliás, apenas uma possibilidade de comparação possível entre milhares de exemplos efetivos do falso moralismo da classe média branca brasileira.

Portanto, se o roubo da elite é naturalizado pela classe média, isso significa que a moralidade pública, enquanto tal, não tem nenhuma importância real para ela. A pergunta importante aqui é: se a questão real e verdadeira não é nem nunca foi a corrupção, então qual é a questão que verdadeiramente incomoda a classe média branca? Com exceção do caso de Collor de Melo, um processo de aprendizado abortado, todas as vezes que ela saiu às ruas fingindo para si própria que era por causa da corrupção, o fez para abortar processos de inclusão popular de mestiços e negros. Essa foi a razão para o apoio da classe média udenista contra Getúlio Vargas, essa foi a razão para as passeatas pela família e pela propriedade contra Jango, e essa foi, como vimos, a razão para as monstruosas passeatas de milhões de branquinhos histéricos e bem-vestidos contra Lula e Dilma em 2015 e 2016.

Vimos que o fato de a classe média ser peculiarmente sensível à pregação moralista não é uma particularidade brasileira. A sua posição intermediária na sociedade, entre a elite de proprietários acima e a classe trabalhadora e os marginalizados abaixo dela, a predispõe, como nenhuma outra, à manipulação. O que é brasileiro é que o moralismo, entre nós, se presta perfeitamente a substituir o racismo explícito, que havia sido interditado pela política popular e antirracista varguista. Como o "afeto racista" continuou vivo, tendo sido apenas impedido de se expressar tão publicamente como o era antes de Vargas e Freyre, o falso moralismo da classe média passa a ser a forma perfeita de preservar tanto vantagens econômicas quanto gratificações de distinção e prestígio social contra o povo mestiço, negro e pobre, e ainda saborear todas as formas de abuso e de humilhação possíveis quando se retira do oprimido qualquer possibilidade, inclusive moral, de defesa: o prazer maior de qualquer sociedade marcada pelo escravismo.

O racismo de classe e de raça, um amálgama quase perfeito entre nós, é, portanto, a pedra de toque de toda a política brasileira nos séculos XX e XXI. É o "afeto racista" acolhido, metamorfoseado e sublimado em virtude moral que se mantém, desse modo, vivo e atuante, produzindo uma potente solidariedade imediata entre os membros das classes brancas e europeizadas. Por conta disso é tão importante e fundamental perceber a multidimensionalidade do racismo e, portanto, das formas que ele assume para continuar vivo e forte fingindo que já morreu. Quem vincula o racismo apenas à cor da pele e ao fenótipo racial se torna também cego e incapaz de perceber todas as formas de exercício do racismo que usam outras máscaras, como o falso moralismo da classe média brasileira.

## Bolsonaro e a explosão do racismo popular brasileiro

Vimos que o falso moralismo do combate seletivo à corrupção é a alma verdadeira, a fantasia de carnaval que as classes racistas brasileiras vestem para não serem reconhecidas pelo que são. A elite rentista não quer gastar dinheiro nenhum com os negros e pobres que pagam a parte do leão do orçamento público saqueado por ela. Ela quer tudo no próprio bolso. E a classe média é ciosa dos privilégios educacionais que lhe garantem bons salários, prestígio e o poder de explorar e humilhar os negros e os pobres. Mas como funciona o racismo entre os pobres? Existe distinção entre os pobres remediados e os pobres marginalizados? Como se constrói o racismo racial entre os pobres? Como ele se expressa no país do racismo cordial?

Nada deixou tão claro o funcionamento e a força social e política do racismo brasileiro como a eleição de Jair Bolsonaro, tornando evidentes inclusive a segmentação de classe do racismo brasileiro e a forma peculiar de seu funcionamento entre os próprios pobres e negros. O golpe parlamentar de 2016 significou um esgarçamento das regras do jogo político e social e teve como consequência um envenenamento dos consensos sociais favoráveis à ordem democrática construídos com muito esforço e sangue desde a luta contra a ditadura. Como vimos, a deposição de Dilma Rousseff já havia sido selada pela elite dominante. Tudo aconteceu como se Aécio Neves tivesse ganhado a eleição "na marra". Desde o primeiro dia de mandato, a presidenta não pôde governar devido a "pautas-bomba" destinadas a inviabilizar seu governo.

Paralelamente, de modo ainda mais significativo, a Lava Jato, em associação com a mídia venal sob o comando da Rede Globo, constrói uma frente extraparlamentar nas ruas, formada basicamente pela classe média branca e estabelecida, retirando qualquer possibilidade de continuação do governo eleito. Como vimos, nada de novo no front. Esse é o golpe de Estado clássico no Brasil. O sentimento crescente de que todo o processo era conduzido segundo um complô elitista contra os interesses da população e à revelia do voto popular esgarça o consenso democrático construído a duras penas no período de redemocratização.

A Lava Jato faz uma ofensiva que criminaliza não apenas o Partido dos Trabalhadores, mas a própria classe política enquanto tal. Afinal, se o interesse da elite era defenestrar o PT do poder para colocar seus representantes orgânicos no lugar, o interesse das máfias do aparelho jurídico-policial estatal era estigmatizar toda a atividade política para ocupar o vácuo de poder em seu próprio benefício. A ideia era primeiramente exercer o poder sem a necessidade do voto para depois, utilizando-se do falso moralismo do combate à corrupção, montar um partido com dinheiro obtido no saque da Petrobras e da Odebrecht.[140] A desfaçatez e a sórdida consciência com que esse projeto foi urdido e levado a cabo por Sergio Moro, Deltan Dallagnol e suas respectivas máfias no Poder Judiciário e no Ministério Público foram mostradas em todos os seus detalhes pela Vaza Jato e pelo corajoso hacker de Araraquara.

Toda a articulação da Lava Jato teve, desde o começo, a mão e o apoio decisivo do Departamento de Estado americano. Desde 2009 passa a existir um "treinamento", pelos americanos, de juízes, procuradores e policiais que possam funcionar como "marines", ou seja, verdadeiros soldados do Exército americano e dos interesses destrutivos americanos em manter a América Latina pobre e dependente sem que se tenha que disparar um único tiro. A partir da Lava Jato, a "cooperação" funcionava sem mediação institucional, precisamente como uma máfia que se apropria de cargos estatais para desenvolver uma agenda própria de acordo com interesses privados e corporativos.

Os americanos, como sempre, agiam em nome de suas grandes empresas e de seus interesses; os juízes e procuradores brasileiros, também como sempre, em seu próprio interesse privado e corporativo. A Lava Jato avança e se torna fiadora de todo arranjo de poder viável, como uma grande rede de extorsão, chantagem e intriga que contamina toda a atividade política e é convenientemente blindada pela grande mídia comprada pelos bancos. Pela falta de hierarquia e legitimidade, o poder de Estado se fragmenta e passa a operar abertamente em nome de interesses também fragmentados.

As eleições de 2018 representam um ponto de ebulição de todas essas contradições. Num contexto prévio à Vaza Jato, é o velho complô da máfia lavajatista que ainda dará as cartas. Mas já aqui não mais de acordo com suas intenções. A Lava Jato é o espelho perfeito do bloco antipopular hegemônico forjado desde a República Velha e na luta contra Vargas. Produto mais perfeito do racismo repaginado como combate seletivo à corrupção, ela serve para estigmatizar o povo e sua participação política, sacralizando a abissal desigualdade brasileira com uma pátina de falsa moralidade. A elite pretende perpetuar a propriedade e o saque ao orçamento público, enquanto a classe média busca preservar a qualquer custo os privilégios educacionais e de renda que lhe garantem um padrão de consumo e um estilo de vida europeu e americano, além de prestígio e distinção social. A Lava Jato funcionou como a "elite funcional" desse arranjo, legitimando pelo moralismo seletivo a derrocada do projeto de inclusão popular.

Mas atacar frontalmente todos os consensos sociais, ainda que inarticulados, que são os pressupostos da convivência democrática, tem um custo muito alto. Como realizar esse ataque impiedoso e, ao mesmo tempo, esperar que o povo enganado não reaja contra isso? A intervenção da Lava Jato foi uma tentativa de pôr o PSDB, partido orgânico da elite rentista, de volta no poder. O antipetismo reinante na mídia hegemônica pretendia localizar o descontentamento só no PT, para matá-lo de vez. Mas o público passou a desconfiar de todos os políticos e de toda a política. Os brasileiros chegam à eleição de 2018 com ódio da política, que, para eles, é a causa de sua pobreza crescente e de sua falta de esperança. Afinal, essa foi a mentira que lhes foi contada todos os dias pelos seus intelectuais e pela imprensa venal durante cem anos.

É aqui que entra Bolsonaro, uma surpresa eleitoral com a qual ninguém contava seriamente. Representante político da milícia mafiosa e criminosa carioca, que nas últimas décadas havia se estruturado como partido político no Rio de Janeiro – com forte apelo entre policiais, especialmente os "milicianos", servidores militares e os segmentos mais reacionários da sociedade –, Jair Bolsonaro se manteve como o único candidato capaz de fazer frente ao PT. Nenhum dos políticos conservadores tradicionais possuía verdadeiro apelo popular. Com Lula convenientemente preso para não disputar a eleição, Bolsonaro despontou como única opção do campo conservador para tentar derrotar Fernando Haddad e Ciro Gomes.

Do mesmo modo que o racismo racial americano é a base de todo o processo de canibalização do discurso público nos Estados Unidos levado a cabo por Trump, o racismo brasileiro será a pedra de toque do efeito de arregimentação do discurso bolsonarista. Nos Estados Unidos, esse discurso seria acoplado ao "nacionalismo econômico" de Bannon e, depois, de Trump. Ainda que falte o elemento verdadeiramente nacionalista em Bolsonaro, o discurso é costurado em referência ao mesmo inimigo comum: o velho falso moralismo representado melhor do que ninguém por Sergio Moro e a reação ao discurso supostamente "emancipador de minorias" do progressismo neoliberal. Uma cópia adaptada ao Brasil da estratégia de Bannon com Trump, sem tirar nem pôr.

Se os governos do PT, ainda que parcialmente envolvidos na desapropriação neoliberal, conseguiram incluir no mercado de trabalho e consumo dezenas de milhões de brasileiros, nada foi feito, a não ser de modo episódico e superficial nos períodos de marketing eleitoral, para informar os próprios beneficiários desse processo acerca da importância da vontade política nessa lógica. Muitos beneficiários do processo de inclusão, especialmente das hostes populares evangélicas, percebiam outros fatores, sobretudo os "milagres divinos", como as causas reais de sua ascensão social.[141]

Depois, como defendo desde *A radiografia do golpe*,[142] a inclusão petista mexeu com a mais profunda e mais reprimida chaga social brasileira: o racismo contra a ralé de novos escravos, a "casta dos intocáveis" brasileiros, quase toda ela composta de negros, condenada aos serviços pessoais, sujos e perigosos, que todos, de todas as classes, querem explorar e humilhar. Como a inclusão social lulista beneficiou antes de tudo esse segmento específico, que corresponde a cerca de um terço da população brasileira, ela desagradou profundamente não apenas a classe média estabelecida, mas também boa parte das classes populares que compõem os "pobres remediados".

Como estamos discutindo neste livro, o racismo racial recobre, de modo quase perfeito, a estrutura dos privilégios de classe no Brasil. A dinâmica da reprodução dos privilégios de classe, no entanto, é virtualmente invisível para a maioria das pessoas, sobretudo os privilégios advindos do capital cultural, se os comparamos com a visibilidade do capital econômico, que se manifesta na reprodução de títulos de propriedade. Os privilégios da classe média estabelecida advêm de diplomas e do acesso ao conhecimento legítimo de línguas estrangeiras e do pensamento abstrato. As precondições para esse tipo de aquisição são familiares, ou seja, decorrentes, portanto, da classe social bem compreendida, e se dão por estímulos ao aprendizado, à leitura e à especulação cognitiva através do exemplo das figuras paternas, pela identificação afetiva primordial com elas. A falácia da meritocracia se baseia na ilusão de que o esforço pessoal, e não os privilégios de berço, fundamenta a desigualdade.

A aliança racista que se instaura no Brasil entre elite e classe média branca, importada da Europa no Brasil pós-abolição, visa sacralizar e perpetuar a divisão dos privilégios de classe na sociedade brasileira. A propriedade permanece com a elite, enquanto os privilégios educacionais – o caminho institucionalizado para a aquisição de capital cultural – permanecem nas mãos da classe média. Além dessas razões "racionais", posto que economicamente compreensíveis, existem também razões "irracionais", como o desconforto com negros e mestiços que passam a desconhecer o "seu lugar" social. Quando começam a frequentar o mesmo shopping center, a classe média se incomoda com essa "falta de senso de lugar", a mesma classe que afirmava, indignada, que os aeroportos se transformaram em rodoviárias. Até as empregadas domésticas agora queriam carteira assinada. Imagine que absurdo!

Mas o racismo brasileiro não se restringe às classes superiores. Com Bolsonaro, ele foi ativado também nas próprias hostes populares. Sua estratégia, diabolicamente bem elaborada pelos mesmos que ajudaram Trump, envolveu um jogo duplo. Para ganhar a elite, basta prometer a divisão do saque, como sócio menor das elites americanas, do orçamento, do patrimônio público e das riquezas nacionais. A elite é a única classe abertamente cínica, pois se sente, pelo sucesso estrondoso do falso moralismo, acima da necessidade de justificativas morais. Para ganhar a classe média, o simples antipetismo já bastava. O front da batalha das "classes superiores contra o povo" já estava ganho por Bolsonaro pelo simples fato de ser a única alternativa viável contra o lulismo. Mas o lulismo havia mostrado que ninguém mais ganha eleição apenas com o apoio das classes do privilégio.

Como então dividir as classes populares, que haviam adquirido o hábito de votar em uníssono no lulismo? Certamente, a mesma tática que funciona com a classe média funciona com parte das camadas populares. A prisão e a humilhação de Lula tinham precisamente esse objetivo. Mas os pobres são pragmáticos. Eles percebem a política como um jogo sujo e corrupto dos ricos e querem saber quem, no fim das contas, vai ajudá-los de algum modo efetivo e prático. É aqui que a reprodução do esquema vitorioso de Bannon aplicado ao Brasil fez a diferença.

Primeiro vieram a linguagem violenta e o clima de ameaça e de revolta popular. Depois o ataque orquestrado às duas forças eleitorais da esquerda: o PSOL e o PT. O PSOL principalmente por sua força relativa no Rio de Janeiro – que também é a base do bolsonarismo e do poder mafioso miliciano/religioso –, onde tem mais apelo na "classe média progressista" do que o PT. Isso permitiu a Bolsonaro utilizar o mesmo discurso da extrema direita americana, de apontar o discurso progressista do neoliberalismo identitário como a causa da corrosão dos costumes. É aqui que o casamento com algumas denominações religiosas importantes se revelou decisivo. Bolsonaro se constrói como defensor dos valores familiares tradicionais atacando figuras como Marielle Franco, cujo assassinato parece ter sido um "presente" miliciano ao presidente, e o deputado Jean Wyllys, um ícone da luta contra a homofobia no Brasil.

Do mesmo modo que nos Estados Unidos os valores do "neoliberalismo progressista" – principal bandeira do Partido Democrata desde Clinton – foram transformados, pela estratégia de Bannon e de Trump, nos culpados pela pobreza e pelo desemprego americanos, a defesa das minorias perseguidas foi também criminalizada pelo bolsonarismo. Como a pauta do "progressismo neoliberal" mantém a pobreza da maioria intocada, materializando um acordo entre o

1% dos milionários e o 1% com um suposto "lugar de fala" para representar os que sofrem, o ressentimento da população, que não conhece as reais causas que produzem sua pobreza, pôde ser dirigido contra a própria política de proteção de minorias, e não à sua leitura meritocrática e autoritária imposta pelo Partido Democrata e pelo capital financeiro que posa de emancipador. A perfeita imitação da estratégia de Bannon e da extrema direita americana adaptada aos trópicos, como já discutimos em outro livro.[143] A partir disso, todos os ressentimentos privados e todos os desejos reprimidos do eleitorado puderam ganhar expressão política. Uma política que não pode se exercer no debate público, posto que sem projeto e sem ideias, pode usar agora os demônios privados para adquirir importância inaudita. Uma expressão obviamente pervertida da política, que se refere a questões públicas, mas extremamente eficaz precisamente por conta disso. Cria-se, assim, o bode expiatório perfeito para a perseguição a grupos vulneráveis, já vítimas de preconceitos seculares, mobilizando hostes populares ressentidas, reprimidas e oprimidas, além de econômica e culturalmente despossuídas.

Contra Marielle Franco, do PSOL, cujo assassinato ronda a família do presidente, foi realizada a oposição à defesa dos direitos humanos, supostamente uma mera fachada para proteger bandidos e criminosos – o famigerado "direito humano de bandido". Como as milícias são várias, o assassinato de Marielle funcionaria como uma senha para sua união em torno de Bolsonaro e de todos os representantes políticos articulados à sua volta. Como principal representante político desse poder paralelo e mafioso, Bolsonaro é um defensor ardoroso e de primeira hora do mote "bandido bom é bandido morto". Ele sempre defendeu a ideia de tornar a milícia oficial e legítima, e ele e sua família sempre condecoraram e prestaram homenagem aos milicianos. Tudo como se a suposta inoperância da polícia exigisse uma força especial e sem controle legal, estranhamente formada pelas mesmas hostes policiais e de ex-policiais para o "combate efetivo" ao crime. Mera fachada para legitimar o poder dessas gangues, o mesmo pessoal que a família Bolsonaro emprega e defende e do qual é cúmplice e aliada, com mil vínculos de amizade e casamento.[144]

Como aprendi estudando as classes populares durante muitos anos, a principal oposição moral e política nos segmentos populares é aquela construída entre o "pobre honesto" e o "pobre delinquente". O delinquente masculino por excelência é o "bandido", enquanto o delinquente feminino é a "prostituta", além do homossexual, que abrange os dois sexos. Essas figuras, em suas inúmeras gradações e nuances, são o grande medo e preocupação de toda família pobre no Brasil. Os filhos dos pobres vivem em uma fronteira cinzenta entre moralidade e imoralidade, legalidade e ilegalidade, submetidos por um padrão moral construído pelas classes superiores para melhor oprimi-los. Essas classes, destinadas a ser humilhadas por esse esquema de classificação moral, também são as que têm as menores chances cognitivas e afetivas de se defender em relação à rigidez dessas regras que as condenam desde o berço.

Daí que precisamente os temas da "moralidade dos costumes" e da "segurança pública" surjam como os motes principais da propaganda bolsonarista voltada para essas classes. Essa é a forma de colonizar e explorar a fragilidade econômica, moral e social das classes populares contra si mesmas. A partir de sua base carioca, Bolsonaro tinha agora à sua disposição a bandeira moralista adaptada às circunstâncias das classes populares. Assim, com uma só tacada, ele consegue amalgamar sua base militarizada da milícia armada com o discurso de diversas denominações religiosas, as quais lavam o dinheiro da milícia e operam como organizações criminosas em conjunto com ela.[145] Com o poder de ameaça da milícia e com o apoio da pregação religiosa, Bolsonaro passa a ter o seu exército para a "guerra entre os pobres". Como as classes média e alta já estão com ele por ação ou omissão, basta dividir os pobres para reinar. Esse foi o real segredo de sua popularidade.

Mas também aqui o racismo racial é o combustível principal. Temos que perceber o racismo, especialmente no caso brasileiro, como um afeto à procura de uma ideia que o recubra e o esconda. Não nos esqueçamos de que, aqui, o "elogio da mestiçagem" freyriano foi abraçado por Getúlio Vargas como propaganda popular inclusiva, sendo bem-sucedido o bastante para interditar e proibir, na prática, formas explícitas de racismo. É precisamente isso que é chamado de "racismo cordial" brasileiro. No entanto, sua mera interdição e proibição de suas formas mais abertas e violentas não são suficientes para destruí-lo. Ele continua lá, ativo, como força arcaica e reprimida, como um afeto vivo que apenas espera um canal apropriado e a melhor ocasião para se expressar com outro nome, mas realizando e satisfazendo o ímpeto e a energia racista. Nas classes superiores, como vimos, o racismo é substituído pelo moralismo de fachada do suposto combate à corrupção, que serve instrumentalmente para condenar à morte qualquer projeto político de redenção dos pobres e negros entre nós.

Nas classes populares, o racismo se dá pela ligação do negro e do excluído à figura do "pobre delinquente" por oposição ao "pobre honesto". Essa oposição é decisiva para um conjunto muito heterogêneo de classes e segmentos de classe nas camadas populares. Esse conjunto abrange desde o segmento da baixa classe média branca, à qual pertence a própria família Bolsonaro, de italianos brancos e pobres do interior de São Paulo, que não conseguiram ascender à classe média e à elite, como muitos de seus compatriotas imigrados, uma espécie de "lixo branco" brasileiro,[146] até os negros ansiosos para se identificar com seu opressor, funcionando como "capitães do mato" até hoje.

É importante compreender o que significa o "lixo branco" brasileiro nesse contexto. Historicamente, a referência principal é o "lixo branco" americano: o norte-americano branco e pobre do Sul dos Estados Unidos, inferior cultural e economicamente ao americano do Norte e do Nordeste, o qual, por conta precisamente do ressentimento criado pelo sentimento de inferioridade em relação aos outros brancos, se transforma num racista impiedoso contra os negros. O ódio racista aos mais frágeis é uma típica compensação psíquica do ressentimento e da inveja que se sente em relação ao dominador social, cuja "superioridade social" é objetivamente percebida pelo branco pobre, mas contra o qual ele não pode agir.[147] Como o "lixo branco" não compreende as causas reais de seu lugar subordinado socialmente, posto que também é iludido pelas fantasias da meritocracia, ele canaliza o ressentimento e o ódio legítimos que sente contra sua pobreza relativa para um grupo social convenientemente frágil e sem defesa: o negro abaixo dele, tornado delinquente. De outro modo a raiva sem direção teria que ser canalizada contra si mesmo.

Essa é a situação de boa parte da baixa classe média branca, também importada da Europa, no Brasil. Ressentidos com o sucesso de seus irmãos que ascenderam, seus membros canalizam esse ressentimento contra o segmento mais frágil, abaixo deles, na forma de racismo potencializado contra o negro excluído e marginalizado. O racismo do branco pobre permite que ele se sinta superior a alguém, contrabalançando e compensando a inferioridade que sente em relação ao branco "culto", percebido como objetivamente superior. Esse sentimento lhe garante a possibilidade de construir uma autoestima às custas da estigmatização do outro, no caso, o negro também pobre, às vezes seu vizinho.

Lembro-me claramente de diversas entrevistas com famílias de imigrados italianos pobres no interior de São Paulo, muito perto de onde

Bolsonaro nasceu, cujas filhas me reportaram que o crime mais grave na família era "casar com um negro" ou "sujar o lençol branco" com um amante ou marido negro. Ter um filho com um negro, então, era uma verdadeira catástrofe familiar, o maior crime que se poderia cometer contra a família. Mas, antes de Bolsonaro, só se dizia esse tipo de coisa "à boca pequena", em círculos familiares restritos, nunca em público.

É que para o "pobre remediado", na verdade a maior parte da população brasileira, se ele for branco, a única distinção social "positiva" possível é a cor da pele. Por conta disso, ela tem que ser mantida nas gerações posteriores. Entre os muito pobres e negros, por sua vez, a única distinção "positiva" possível é aquela contra os "delinquentes", os quais são, no entanto, associados à cor negra. O negro e o excluído são vistos pelas classes "superiores" como desonestos e preguiçosos, posto que apoiam governos corruptos e populistas. Já pelos outros segmentos populares logo "acima" deles, são vistos como criminosos e delinquentes. Como o negro e o excluído ocupam o degrau último na classificação social, todas as classes "acima" deles podem se distinguir socialmente e auferir uma sensação de superioridade, seja a partir do discurso fajuto do combate moralista à corrupção, seja a partir da construção artificial do estereótipo do delinquente.

Para quem imagina que os interesses sociais são todos econômicos ou redutíveis aos interesses econômicos, como o pensamento hegemônico liberal e certas tradições marxistas, toda a realidade da "economia moral" da sociedade e de suas lutas internas está interditada. Na verdade, no entanto, as lutas pelas distinções morais e sociais estão por trás de todas as lutas econômicas pelo acesso aos bens escassos. Não existe, portanto, interesse econômico "puro". Todo tipo de interesse econômico já é uma regra moral quase sempre implícita e não refletida acerca do que cabe a cada um na divisão da riqueza. Para quem não percebe isso, o funcionamento das sociedades e a lógica das lutas de classe permanecerão sempre um grande mistério. Daí a razão pela qual compreender como o racismo se reveste de outras máscaras é tão importante.

Intuitivamente, entre os pobres, todos sabem que a "luta contra o crime" é um mero eufemismo para a matança e o genocídio de jovens negros pobres e sem chance de futuro. Por conta disso, o racismo também é a energia e o afeto predominante nesse contexto. O último estrato de classe brasileiro, o dos desclassificados, abandonados, esquecidos e humilhados, quase todos pretos e pobres, funciona, desde a escravidão, como ponto de união entre as classes "superiores", em uma batalha sem tréguas "contra os pobres", e como divisor da solidariedade popular, propiciando e estimulando a guerra "entre os pobres". Precisamente como uma "casta de intocáveis", os excluídos, quase todos negros, são a pedra de toque de toda a hierarquia social brasileira, o seu interdito maior, o não dito que se confirma na prática da perseguição continuada sob mil formas explícitas e implícitas. O crime maior do lulismo para o bloco antipopular foi, pela primeira vez na história brasileira, ter concentrado sua ação precisamente no resgate dessa classe de condenados e humilhados.

Desse modo, o racismo implícito do bolsonarismo se casa perfeitamente também com a prática miliciana e com a pregação de várias denominações evangélicas. A construção do "delinquente" é tanto a senha da milícia para matar impunemente e "vender proteção" quanto o caminho da salvação de todo "pobre honesto", convertido e evangélico. A construção de um contraponto moral para o recém-convertido remete à figura do delinquente, como construído artificialmente pela elite, e significa, portanto, necessariamente uma oposição contra o irmão, o vizinho, o amigo.[148]

O "delinquente" não é quem empobrece milhões de pessoas pelas negociatas com banqueiros para privatizar todas as riquezas nacionais ou construir dívidas públicas fraudulentas. Na ética elitista dominante, esse pessoal é financista e empresário brilhante, que ganha prêmio e capa de revista no final do ano. Delinquente passa a ser o pobre que vende maconha na esquina porque não tem outro emprego possível. Boa parte dos presos no Brasil é encarcerada por esse tipo de motivo fútil, mera máscara para o racismo que grassa no Poder Judiciário e na sociedade brasileira. Se for negro, passa 15 anos preso[149] só pelo porte de uma droga, mais conhecida pelos efeitos medicinais que os nocivos e crescentemente liberada para consumo no mundo inteiro. A criminalização da moral sexual, nas figuras da "prostituta" e do "homossexual", é ainda mais arbitrária e abjeta e atinge como um preconceito mortal os que possuem menos defesas emocionais e cognitivas. O tema da "mulher decente" foi o pivô, inclusive, da reação ao movimento *Ele não*, que possivelmente decidiu a luta eleitoral em 2018. As mulheres da classe média mais crítica foram expostas como "vagabundas", criando artificialmente uma sensação de superioridade moral para as mulheres das classes populares e religiosas em relação a elas – talvez suas patroas –, alvo de sua inveja social. *Para quem não tem nada, a distinção moral é tudo que se tem!*

Toda forma de religiosidade procura ofertar no "mercado religioso" aquilo que o mercado de fiéis demanda. O fenômeno multifacetado e múltiplo das igrejas evangélicas surge como resposta ao abandono de dezenas e dezenas de milhões de pessoas entre as camadas mais pobres. São pessoas que nunca receberam a devida atenção do Estado e foram desprezadas secularmente pelas outras classes sociais. Os sentimentos difusos mais presentes nessas massas desorientadas, sem sequer vinculação sindical ou política, são o ressentimento social e o abandono.

O abandono social é solucionado na igreja evangélica pela disciplina, começando pela estigmatização do alcoolismo e a revalorização tradicionalista da família e pela ética da ajuda mútua entre os fiéis, criando um padrão duplo de moralidade, intra e extra comunidade religiosa. Os "irmãos" devem se ajudar mutuamente, consumir seus produtos nas empresas de seus pares e empregar prioritariamente os irmãos de fé. O ressentimento é mais perigoso, já que o interesse primordial não é emancipar o fiel, mas mantê-lo sob vigilância e dependente. O ressentimento do oprimido pode ser canalizado de duas maneiras: contra o ainda mais frágil, socialmente abaixo dele, quase sempre negro – como na fabricação artificial do "delinquente" –, ou contra as classes "superiores".

O que expressa o conservadorismo político da maioria das denominações evangélicas é que o mundo social não é percebido como construído pelos interesses políticos e econômicos da elite dominante. A ação do "diabo" é transcendental e mágica, não pertencendo a este mundo. A responsabilidade pela situação de opressão social é transferida ao próprio sujeito e às influências de seu meio social mais próximo. Daí a criminalização do delinquente que é quase sempre personalizada em um familiar ou um vizinho. Daí também as pautas ultratradicionais da maioria dos políticos religiosos. É preciso haver um contraponto moral real e material perto do fiel, e em certa medida dentro dele mesmo, para mantê-lo cativo ao pastor e à igreja.

A aliança de algumas das mais importantes denominações evangélicas com Bolsonaro nas eleições de 2018 abriu um caminho novo para o uso do ressentimento social causado por séculos de abandono e humilhação. A caricatura boçal de Bolsonaro como "vingador dos pobres" e crítico do "establishment" serve, antes de tudo, para canalizar e expressar o ressentimento secular das classes populares e da baixa classe média contra a classe média estabelecida e a elite. Na falta de uma tradição política verdadeiramente emancipatória, que explicite e almeje uma transformação estrutural, o ressentimento contra os de cima assume a forma do ressentimento reativo e meramente destrutivo do invejoso.

Daí o apoio a Bolsonaro conferido por esses setores sociais no ataque à arte, à universidade, à ciência e ao conhecimento em geral. Intuitivamente, eles percebem que o seu não acesso ao conhecimento legítimo condiciona sua situação de penúria e inferioridade objetiva. Esse sentimento corresponde à raiva do "lixo branco" de São Paulo e do Sul do Brasil, um dos principais bastiões de apoio ao bolsonarismo, em relação aos brancos da classe média estabelecida por força do capital cultural. Corresponde também à raiva do "pobre remediado" religioso, de qualquer cor ou "raça", do Rio de Janeiro e de outros estados, dirigida aos mesmos setores privilegiados. O perigo aqui reside no fato de que o potencial político da raiva justa que o oprimido sente pela opressão a que é submetido seja utilizado contra o próprio oprimido quando o desejo de emancipação é conscientemente distorcido por estratégias políticas que se reduzem à manipulação. Precisamente o que Bolsonaro representa.

Nesse sentido, Bolsonaro é uma adaptação da mesma estratégia de Steve Bannon que já havia dado certo com Trump: uma combinação da canalização do ressentimento de amplos setores populares e da baixa classe média contra "inimigos artificiais" acima e abaixo deles. Na impossibilidade de nomear os reais inimigos da emancipação popular, cuja exploração financeira é invisível e nunca tematizada na grande mídia, os inimigos são sempre de ocasião e intercambiáveis. Eles podem ser o STF e juízes mais comprometidos com a ordem democrática ou o tal "marxismo cultural", nome utilizado para melhor atacarem o consenso democrático mínimo e viabilizarem um capitalismo turbinado de destruição e violência. Tudo isso combinado com a clássica criminalização do negro, abaixo de todos, possibilitando o tipo de satisfação substitutiva que todo racismo promete.

Entre as classes populares, incluindo da baixa classe média para baixo, a manipulação é operada pelo tema da "guerra contra o crime". Aqui a situação é muito semelhante tanto no Brasil quanto nos Estados Unidos. Lá, a senha é dada pela *Southern strategy* (a estratégia sulista), a principal bandeira popular do Partido Republicano desde Richard Nixon,[150] como forma de reaver os votos dos brancos comparativamente mais pobres do Sul do país que, desde Roosevelt, haviam votado tradicionalmente no Partido Democrata. A estratégia se consubstancia em praticar um discurso racista velado, dado o fato de o movimento dos direitos civis haver sido forte o bastante, como a ofensiva cultural varguista no Brasil, para deslegitimar e interditar formas mais violentas e explícitas de racismo aberto. Os discursos da "lei e ordem" e do "combate à criminalidade" são as formas típicas do discurso racista que não pode dizer seu nome. Ele pressupõe necessariamente a estigmatização anterior do negro como delinquente e criminoso.

Desse modo, as lutas contra a corrupção e contra a criminalidade, como as duas bandeiras da campanha permanente de Bolsonaro, não por acaso unem as duas pontas do racismo brasileiro: o racismo contra os pobres, possibilitado pelo falso moralismo, e o racismo do "pobre remediado" contra o negro no último degrau da sociedade. À falta de um candidato orgânico das elites e da classe média estabelecida, Bolsonaro ocupa esse lugar vazio, algo que sua aproximação com Moro na eleição e como seu ministro avalizava. A mera oposição ao PT e a Lula já lhe garantia a simpatia.

Organicamente, portanto, Bolsonaro é o candidato do "lixo branco" brasileiro, como sua própria história familiar atesta. Os milhões e milhões de "pobres remediados" que ganham entre 2 e 5 salários mínimos foram o real bastião eleitoral de sua vitória. Os brancos pobres do Sul e de São Paulo o favoreceram com quase 70% de votos nesses locais.[151] Decisiva, no entanto, foi a aliança com denominações evangélicas, sobretudo no Rio de Janeiro, antes um bastião petista. O pobre remediado, "lixo branco" no Sul do país e em São Paulo, ou o religioso, do Rio de Janeiro e do resto do Brasil, talvez a faixa mais ampla da sociedade brasileira, foram e ainda são – mesmo que agora, quando escrevo, pela primeira vez seu prestígio pareça condenado a desaparecer – seu suporte social mais visível. Para a elite que já tem o Congresso no bolso, Bolsonaro representa a divisão das classes populares que permite a expropriação neoliberal mais saqueadora e desenfreada que o país já viu.

O discurso que criminaliza a pobreza pela construção artificial do "pobre delinquente" já estava embutido no programa doutrinário de várias denominações religiosas. Esse mesmo discurso permitiu a Bolsonaro defender grupos de extermínio e milícias durante toda sua vida de político reacionário. A partir daí, ele se torna o representante orgânico de duas facções criminosas que já operam juntas: uma matando e extorquindo os pobres com serviços encarecidos e a outra lavando o dinheiro do crime miliciano com o auxílio da religião. De quebra, se torna o protagonista de uma "guerra entre os pobres" que lhe permite quebrar a hegemonia lulista anterior e lhe assegura uma parte significativa do eleitorado popular. O bolsonarismo utiliza as contradições sociais para manter o clima de guerra social constante – precisamente o *modus operandi* miliciano: ameaçar e chantagear o tempo todo para extorquir o máximo possível. Mas seu real capital político foi ter revivido o racismo popular brasileiro como modo de dividir os pobres antes unidos no lulismo.

# CONCLUSÃO

Este livro foi um esforço de compreensão do racismo multidimensional e de como, em sociedades como a brasileira, o racismo racial assume o comando do processo de dominação social e política ao construir a gramática, a maior parte das vezes implícita, por meio da qual afetos, necessidades inconscientes e, acima de tudo, anseios de distinção social orientam as alianças e lutas entre as classes sociais. Na verdade, é a necessidade de reconhecimento social, a mais universal e mais básica de todo ser humano que vive em sociedade, que explica o racismo multidimensional e racial.

Por conta disso, tivemos que reconstruir a maneira como a moralidade do Ocidente foi historicamente construída, ou seja, como a necessidade ubíqua de reconhecimento social será percebida e utilizada tanto para o aprendizado, quando estimula novas formas mais profundas e abrangentes de universalização da autoestima e da autoconfiança individuais e coletivas, quanto para a opressão, quando o reconhecimento é negado com base nos diversos tipos de racismo que examinamos aqui. Sem essa reconstrução, caímos em todo tipo de oportunismo político, como o "lugar de fala" ou o "empiricismo" cego de estratégias como a discussão sobre o "privilégio branco", na tentação de meramente demonstrar que existe racismo, sem compreender nada de sua lógica, de sua atuação concreta e muito menos como ele se traveste constantemente de outras máscaras para continuar vivo fingindo que está morto.

Este livro partiu do pressuposto de que *é necessário poder explicar o que é destruído pelo racismo para compreendê-lo*. Ou seja, é preciso compreender de que modo nossa capacidade de autoestima, autoconfiança e autorrespeito, que possibilita nossa dignidade e nosso bem-estar como seres humanos, é sistematicamente destruída. Compreender efetivamente o racismo, e não apenas mostrar que ele existe, significa demonstrar como ele destrói o reconhecimento social de que todos nós, sem exceção, como seres frágeis, transitórios e carentes que somos, necessitamos para levar uma vida digna desse nome.

Daí o racismo ser uma ferida tão profunda e covarde, em suas diversas manifestações, sobretudo na sua forma racial. O racismo surge sempre como manipulação das nossas necessidades de reconhecimento social, seja para atender às necessidades de legitimação das classes privilegiadas, para justificar o "direito" ao privilégio injusto, seja para criar alguma forma de distinção social positiva para os estratos oprimidos dos "brancos pobres" e dos "pobres remediados", de modo a forjar uma classe/raça inferior a todos para a qual canalizar o ressentimento que não pode ser dirigido aos poderosos.

No primeiro caso, o discurso falso moralista do combate à corrupção encobre o afeto racista da elite e da classe média branca, embelezando-o como "correção moral" e retirando a culpa do canalha racista das classes do privilégio, que agora pode ser contra a ascensão social de pobres e de negros sem dor na consciência. No outro caso, a construção do negro pobre como criminoso permite alguma forma de distinção social positiva ao branco pobre, além de canalizar contra seus irmãos de cor que ascenderam socialmente e contra uma classe de pessoas vulneráveis e sem proteção o justo ressentimento que ele sente. De outro modo, como são prisioneiros, como quase todo mundo, da mentira da "meritocracia", teriam que dirigir o ressentimento contra si mesmos. Mas também permite ao mestiço ou negro que ascendeu ou está em vias de ascensão, sobretudo o religioso, se sentir "superior" em relação a seus irmãos de cor excluídos e abandonados.

Se o rico precisa legitimar seu privilégio, já que não basta ser rico, ele quer acreditar que tem "direito à riqueza", imagine o pobre remediado, branco, mestiço ou até negro, que não tem nada a não ser a vantagem moral artificialmente construída contra os que têm ainda menos do que ele? A classe/raça dos excluídos e dos abandonados, quase toda negra, construída historicamente para ser superexplorada economicamente e humilhada socialmente pelas outras classes, mantém, enquanto existir como tal, a permanência da sociedade brasileira no verdadeiro atraso social e político. O ódio contra essas pessoas é funcional para uma elite do saque de curto prazo e para uma classe média que nunca pode ser maior que 20% da sociedade e vive com medo da falta de segurança e da desclassificação social.

O processo de aprendizado social que se torna interditado a partir desse racismo criado e recriado mil vezes desde a escravidão, e vivido cotidianamente com outros nomes, é o acesso da sociedade brasileira *a formas universais de reconhecimento social*. Esse interdito é o real atraso social, econômico, moral e político da sociedade brasileira. A tolice da inteligência brasileira dominante, com raríssimas exceções, culpou a própria vítima, ou seja, o povo, por esse atraso social. O povo brasileiro explorado e oprimido é ainda insultado pelas cabeças supostamente mais brilhantes do país como "cordial" e animalizado, adepto do "jeitinho", pouco honesto, precisamente o tipo de culturalismo pseudocientífico que foi construído para fingir que o "racismo científico" estava superado, apenas para melhor revivê-lo.

Ele é, na verdade, a mera sobrevivência pseudocientífica do mesmo racismo explícito que, desde Gobineau, ganhou o coração da elite tanto intelectual quanto social do Brasil. O triste é que essa visão está tão incorporada na sociedade – sobretudo pela ação incansável e cotidiana da mídia venal – que se tornou "naturalizada" e infensa a crítica para muitos, inclusive entre democratas e adeptos da esquerda.

A abertura para formas universais de reconhecimento social exige, antes de tudo, a incorporação dos excluídos, humilhados e abandonados, na base da pirâmide social, já que o preconceito de raça e de classe dirigido a eles explica a imobilidade de toda a sociedade e o fechamento aos processos de aprendizado social e moral que descrevemos neste livro. Daí ter sido tão importante reconstruir historicamente as diversas fases do aprendizado moral e as concepções de justiça que o acompanham. Senão somos feitos de tolos pela renomeação economicista das demandas morais.

Vimos também que os interesses econômicos, supostamente naturais, nada mais são que demandas morais tornadas petrificadas e esquecidas de sua gênese. Daí a necessidade tão fundamental de reconstruir as concepções de justiça que nos guiam, ainda que inarticulada e irrefletidamente. Sem elas, nós, que somos antes de tudo agentes morais em processo de constante aprendizado, nos tornamos meros agentes econômicos, inconscientes do que determina o nosso próprio comportamento. Nada melhor para quem domina e explora que poder ocultar e distorcer todas as demandas morais a partir disso.

Como o reconhecimento social é a dimensão mais profunda e mais importante de qualquer sociedade, a distinção mais importante entre as sociedades concretas é aquela que permite distinguir a maior ou menor abrangência no atendimento das demandas morais mais básicas. Todo o resto decorre disso e lhe é, portanto, secundário. Assim, o critério decisivo para aferir o grau de desenvolvimento de uma sociedade é saber se ela manipula a necessidade de reconhecimento social dos indivíduos para jogar pessoas e classes sociais umas contra as outras ou se ela reconhece a importância da universalidade desse reconhecimento como seu desafio social mais significativo.

Uma sociedade como a brasileira manipula a necessidade de reconhecimento social, degradando-a em ânsia por distinção positiva às custas dos mais frágeis e vulneráveis, transformando as vítimas em culpados do próprio infortúnio e perseguição histórica. A classe média branca se sente privilegiada pela mera distância social em relação a negros e pobres, os quais explora a preço vil e humilha cotidianamente, e está disposta a tudo para garantir esse privilégio sádico, inclusive ir às ruas protestar contra qualquer governo que ouse diminuir essa distância. A real função do falso moralismo do combate à corrupção há cem anos, como vimos, é evitar a inclusão e a ascensão social desses humilhados e explorados cuja imensa maioria é composta de negros.

Os pobres remediados, por sua vez, quer sejam brancos pobres, quer sejam mestiços ou negros dispostos a tudo para não serem associados à ralé de humilhados e abandonados, quase toda negra, se apegam de modo renitente e agressivo a qualquer distinção positiva que lhes acalme o medo da desclassificação social. Essa é a real função do racismo brasileiro: construir uma classe/raça de indesejáveis contra a qual todas as outras classes podem se distinguir positivamente. Como a distinção social é a necessidade mais básica de indivíduos e grupos sociais, pelo ganho em reconhecimento social que produz, a construção da classe/raça que todos podem humilhar, que morre assassinada todos os dias sem provocar comoção em quase ninguém, é o fator que esclarece a lógica de funcionamento e a verdadeira lei fundamental da sociedade brasileira. Ela é a nossa verdadeira Constituição, não aquela dos juízes como Moro, mera fachada, mas a que explica toda a vida social, econômica e política do Brasil como ela verdadeiramente acontece. Ela foi construída historicamente e pode ser refeita. E não tem nada a ver com maldições culturalistas de mil anos, como a imensa maioria de nossa inteligência vira-lata pregou até hoje.

Uma sociedade mais humana e mais avançada moral e socialmente tem que aprender a se orgulhar não de sua distância em relação às vítimas sociais que são construídas *ad hoc*, volitivamente, para propiciar esse tipo de gozo sádico do escravocrata, um reconhecimento social construído contra os outros à custa do sofrimento deles. É possível, e sociedades mais igualitárias o demonstram, se orgulhar precisamente do contrário: se orgulhar e se sentir reconhecido socialmente por participar de uma sociedade que não exclui ninguém ou apenas muito poucos. Nada é mais importante, avançado, justo e desejável que isso.

Em uma recente pesquisa[152] do equivalente ao IPEA alemão acerca do que os alemães consideravam a lição mais importante na pandemia do coronavírus, a resposta de mais de 60% dos entrevistados foi que seu país, em momentos de catástrofe, não deixa ninguém na mão e efetivamente "ninguém solta a mão de ninguém". Fiquei imaginando quantos séculos levaremos para ter um sentimento socialmente compartilhado desse tipo no Brasil. Dizer isso não significa idealizar sociedades como a alemã. A Alemanha tem o "jeitinho alemão", como toda sociedade humana, tem corrupção financeira e mistura do público com o privado, também como qualquer outra sociedade. É a tolice da inteligência brasileira que cria idealizações descabidas e admiração basbaque que nada ensina e nada aprende. E, acima de tudo, os alemães são racistas também, como todo o mundo.

A diferença é que os alemães aprenderam, à custa de muito sofrimento, é verdade, que o melhor modo de combater seu próprio racismo é assumi-lo enquanto tal, não negá-lo. É que nesse estágio, quando se assume quem se é, os processos lentos, penosos e demorados de aprendizado individual e coletivo real estão abertos e são possíveis. O principal desses aprendizados é perceber que é possível se orgulhar do fato de não mais precisar humilhar alguém e condenar outros a uma morte em vida para se perceber como um indivíduo ou um povo com autoestima e autorrespeito. É possível se orgulhar do fato de ninguém soltar a mão de ninguém e, portanto, universalizar as chances de vida para todos ou, pelo menos, para a imensa maioria das pessoas.[153] É possível se orgulhar e se sentir bem com isso, não com o infortúnio do vizinho ou com a cusparada e a piada vil para oprimir o outro. Esse é o verdadeiro aprendizado moral aberto pelo Ocidente e seu individualismo moral, perfeitamente possível de ser realizado. As formas multidimensionais de racismo estão aí para evitar que esse aprendizado aconteça por conta de um gozo sádico de curto prazo.

A reconstrução que realizamos aqui mostra também que a luta contra o racismo, tanto o multidimensional quanto o racial, é de toda a sociedade, não de supostos e autointitulados representantes do sofrimento alheio, que se arvoram de um lugar de fala tão falso e oportunista quanto autoritário. Na realidade, como vimos, uma armadilha dos poderosos para dividir os oprimidos e melhor oprimir. E o caminho não é outro senão reconhecer nosso racismo racial e de classe contra uma classe/raça que existe para ser desumanizada de modo a garantir a humanidade "superior" dos que a oprimem. O caminho é universalizar a boa escola, um bom SUS, uma boa polícia, uma justiça decente e o acesso à arte e à diversão, com oportunidades reais de bom emprego para todos. Em resumo, a universalização das benesses do mundo moderno para todas as classes e todas as pessoas. E, com isso, quebrar 500 anos de uma servidão que é, hoje, de todos nós, brancos e negros, mulheres e homens, ricos e pobres. A luta contra o racismo, racial e multidimensional, entre nós é uma luta de vida e de morte para todos os envolvidos e interessa igualmente a todos. Ou acabamos com ele, ou não restará vida social digna deste nome no Brasil.

# NOTAS

**Prefácio**

1    JESUS, Carolina Maria de. *Quarto de despejo*. Rio de Janeiro: Francisco Alves, 1960.

2    SOUZA, Jessé (org.). *Política e valores*. Brasília: UnB, 2000;
SOUZA, Jessé et al. *A ralé brasileira*. São Paulo: Contracorrente, 2009/2017;
SOUZA, Jessé. *Os batalhadores brasileiros*. Juiz de Fora: UFMG, 2010;
SOUZA, Jessé. *A classe média no espelho*. Rio de Janeiro: Estação Brasil, 2018;
SOUZA, Jessé. *A elite do atraso*. Rio de Janeiro: Estação Brasil, 2019.

3    SOUZA, Jessé et al. *Inequality in Capitalist Societies*. Oxfordshire: Routledge, 2017;
REHBEIN, Boike e SOUZA, Jessé et al. *Reproduktion der Ungleichheit in Deutschland*. Stuttgart: UTB, 2014.

4    SOUZA, Jessé. *Patologias da modernidade: um diálogo entre Weber e Habermas*. São Paulo: Annablume, 1997;
SOUZA, Jessé; ÖELZE, Berthold et al. *Simmel e a modernidade*. Brasília: UnB, 1998;
SOUZA, Jessé et al. *Max Weber hoje*. Brasília: UnB, 1999;
SOUZA, Jessé. *A modernização seletiva*. Brasília: UnB, 2000;
SOUZA, Jessé. *A construção social da subcidadania*. Juiz de Fora: UFMG, 2003;
SOUZA, Jessé. *Die Naturalisierung der Ungleichheit*. Wiesbaden: VS Verlag, 2006;
SOUZA, Jessé. *A tolice da inteligência brasileira*. Rio de Janeiro: LeYa, 2015.

**Parece emancipação, mas é só uma fraude neoliberal**

5    Citação retirada do artigo "Parece revolução, mas é só neoliberalismo", publicado na *Revista Piauí*. Disponível em <shorturl.at/npCIZ> – Acesso em: 12 mai 2021.

6    BOURDIEU, Pierre. *La Domination masculine*. Paris: Éditions du Seuil, 1998.

7    RIBEIRO, Djamila. *Lugar de fala*. São Paulo: Jandaíra, 2019.

8    SOUZA, Jessé et al. *A ralé brasileira*. São Paulo: Contracorrente, 2009/2017.

9    Ibid.

10   RIBEIRO, Djamila, 2019, p. 47.

11   Ibid., p. 59.

12   Ibid., p. 48.

13   Ibid., p. 46.

14   Ibid., pp. 58-59.

**15** Ibid., p. 49.

**16** FERNANDES, Florestan. *A integração do negro na sociedade de classes*. São Paulo: Globo, 1995.

**17** SOUZA, Jessé et al. *A ralé brasileira*. São Paulo: Contracorrente, 2009/2017.

**18** BOLTANSKY, Luc e CHIAPELLO, Ève. *Le Nouvel esprit du capitalisme*. Paris: Gallimard, 2011.

**19** Ver, sobre o assunto, os interessantes trabalhos da professora Maria Eduarda Rocha, da UFPE. Entre eles, "O Núcleo Guel Arraes, da Rede Globo, e a consagração cultural da 'periferia'". *Sociologia e Antropologia*, vol. 3, n. 6, 2013, pp. 557-578.

**20** Ver GUTMANN, Amy (org.). *Multiculturalism*. Nova Jersey: Princeton Press, 1994.

**21** Ver FRASER, Nancy e HONNETH, Axel. *Redistribution or Recognition?: A Political-Philosophical Exchange*. Nova York: Verso Books, 2003.

**22** A expressão "progressismo neoliberal" é de Nancy Fraser, em: FRASER, Nancy. *The Old is Dying and the New Cannot Be Born*. Nova York: Verso Books, 2019.

**23** CHOMSKY, Noam. *Media Control*. Nova York: Seven Stories Press, 2015.

**24** BOURDIEU, Pierre et al. *A miséria do mundo*. Petrópolis: Vozes, 2011.

**25** SOUZA, Jessé et al., 2017.

**26** FRASER, 2019.

## Afinal, onde está a estrutura do "racismo estrutural"?

**27** GALF, Renata. "Racismo estrutural virou álibi para justificar práticas individuais e institucionais, diz professor". *Folha de S.Paulo*. Disponível em <https://www1.folha.uol.com.br/poder/2021/02/racismo-estrutural-virou-alibi-para-justificar-praticas--individuais-e-institucionais-diz-professor.shtml> – Acesso em: 28 abr 2021.

**28** ALMEIDA, Silvio. *Racismo estrutural*. São Paulo: Jandaíra, 2019, p. 35.

**29** Ibid., pp. 58 e 135.

**30** MBEMBE, Achille. *Crítica da razão negra*. Lisboa: Antígona, 2017.

**31** Essa "ilusão objetiva", também discutida por Marx em outro contexto, foi talvez mais bem compreendida, em todos os seus múltiplos efeitos, por Georg Simmel.

Ver SIMMEL, Georg. *Die Philosophie des Geldes*. Frankfurt: Suhrkamp, 1995; e SOUZA, Jessé e ÖELZE, Berthold. *Simmel e a modernidade*. Brasília: UnB, 2005.

32  THOMPSON, E. P. *A formação da classe operária inglesa*. São Paulo: Paz e Terra, 2002.

33  MOORE, Barrington. *As origens sociais da ditadura e da democracia*. Coimbra: Edições 70, 1982.

34  FERNANDES, Florestan. *A integração do negro na sociedade de classes*. São Paulo: Globo, 1995.

35  SOUZA, Jessé et al., 2017.

## O judaísmo antigo

36  Na arquitetônica da razão humana, como criada por Kant, a dimensão moral da razão é a dimensão superior e mais importante.

37  WEBER, Max. *Das antike Judentum, Gesammelte Aufätze zur Religionssoziologie*, vol. III. Tübingen: J. C. B. Mohr, 1923.

38  Ibid., pp. 126 e 149.

39  Ibid.

## O nascimento do cristianismo

40  TAYLOR, Charles. *Sources of the Self: The Making of the Modern Identity*. Boston: Harvard Press, 1995, p. 120. É interessante notar que parece ser precisamente essa noção de autodomínio – na medida em que gera alguma forma de harmonia e uma noção abrangente de direção para a "pessoa inteira" – que parece possibilitar a noção de personalidade no sentido moderno, ou seja, permitindo uma orientação principal e uma "condução da vida consciente", como diria Max Weber. A moralidade da hegemonia racional é alcançada em oposição à fragmentação e à pluralidade.

41  Ibid., pp. 127 e 143.

42  Ibid., p. 134.

43  WEBER, Max. *Hinduismus und Buddhismus, Gesammelte Aufsätze zur Religionssoziologie*, vol. II. Tübingen: J. C. B. Mohr, 1923.

44 ELIAS, Norbert. *Über den Prozess der Zivilisation*, vol. I e II. Frankfurt: Suhrkamp, 1991.

45 Em um primoroso texto sobre o fenômeno sociológico da moda, Georg Simmel parte de pressuposto semelhante para explicar a dinâmica típica desse processo. Ver SOUZA, Jessé e ÖELZE, Berthold. *Simmel e a modernidade*. Brasília: UnB, 2005.

## A revolução protestante

46 TAYLOR, Charles, 1995.

47 Ibid.

48 A revolução camponesa na Alemanha, liderada por Thomas Müntzer, como consequência imediata da mensagem luterana, demonstra bem o que estamos discutindo.

49 WEBER, Max. *Die protestantische Ethik und der Geist des Kapitalismus*. Tübingen: J. C. B. Mohr, 1947, p. 90.

50 Ibid., pp. 94-95.

51 Weber fala mais precisamente de *caminho* para a certeza da salvação. Ver WEBER, Max, 1947, p. 90.

52. O racionalismo em Max Weber significa a orientação da condução da vida em um sentido peculiar que subordina todos os outros. Ver, sobre isso, SCHLUCHTER, Wolfgang. *Rationalismus der Weltbeherrschung: Studien zu Max Weber*. Frankfurt: Suhrkamp, 1980.

53 MARSHALL, T. H. *Citizenship and Social Class*. Nova York: W. W. Norton & Co., 1966.

## A moralidade pós-religião

54 TAYLOR, Charles, 1995.

55 TAYLOR, Charles. "The Politics of Recognition". In: GUTMANN, Amy (org.). *Multiculturalism*. Nova Jersey: Princeton Press, 1994.

56 Ibid.

57 KRECKEL, Reinhardt. *Politische Soziologie der sozialen Ungleichheit*. Frankfurt: Campus, 1995.

## A luta pelo reconhecimento social

58 HONNETH, Axel. *Der Kampf um Anerkennung*. Frankfurt: Suhrkamp, 1992.

59 O sentido geral dessa mudança é sair do horizonte monológico freudiano para o aspecto dual e intersubjetivo. Ver LOPARIC, Zéljko. *De Freud a Winnicott: aspectos de uma mudança paradigmática*. Winnicott e-prints [on-line], 2006. Disponível em <shorturl.at/ioIJ4> – Acesso em: 13 mai 2021.

60 MARSHALL, T. H., 1966.

## Entre moralidade e racismo

61 HABERMAS, Jürgen. *Strukturwandel der Öffentlichkeit*. Frankfurt: Suhrkamp, 1990.

62 SOUZA, Jessé. *A tolice da inteligência brasileira*. Rio de Janeiro: LeYa, 2015.

## O racismo global

63 GONZALEZ, Lélia. "Racismo e sexismo na cultura brasileira". *Revista Ciências Sociais Hoje*, ANPOCS, 1984.

64 ALENCASTRO, Luiz Felipe de. *O trato dos viventes: formação do Brasil no Atlântico Sul*. Rio de Janeiro: Companhia das Letras, 2000.

65 Ibid., p. 183.

66 SANTOS DE SOUSA, Ricardo Alexandre. "A extinção dos brasileiros segundo o conde Gobineau". *Revista Brasileira de História da Ciência*, 2013, p. 22.

67 Ibid., p. 22.

68 Idem.

69 Em seu livro *Mestiçagem, degenerescência e crime*, de 1899, Nina Rodrigues se dedicava a provar suas teses sobre a degenerescência e as tendências ao crime dos negros e mestiços alegando que a igualdade não existia.

70 Ver BRITO, Fausto. "Transição demográfica e desigualdades sociais no Brasil". *Revista Brasileira de Estudos de População*, 2008, n. 25, pp. 5-26.

71 CUNHA, Euclides da. *Os sertões*. Rio de Janeiro: Francisco Alves, 1986.

72 SANTOS DE SOUSA, 2013, p. 23.

73 SEYFERTH. Giralda. "Colonização, imigração e a questão racial no Brasil". *Revista USP*, n. 53, 2002.

74 STOCKING, George. *Volksgeist as Method and Ethic: Essays on Boasian Ethnography and the German Antropological Tradition*. Madison: Wisconsin Press, 1996.

75 Por exemplo, SOUZA, Jessé, 2015.

76 Ver MACIEL, Fabrício. *O Brasil nação como ideologia*. Rio de Janeiro: Autografia, 2020.

77 GINDIM, Sam e PANITCH, Leo. *The Making of global Capitalism: The Political Economy of American Empire*. Nova York: Verso, 2013.

78 Ibid.

79 PARSONS, Talcott. *The Structure of Social Action*. Nova York: Free Press, 2001.

80 GILMAN, Nils. *Mandarins of the Future: Modernization Theory in Cold War America*. Baltimore: Johns Hopkins, 2003.

81 PARSONS, Talcott et al. *Toward a General Theory of Action*. Oxfordshire: Routledge, 2001.

82 SOUZA, Jessé. *A guerra contra o Brasil*. Rio de Janeiro: Estação Brasil, 2019.

83 GILMAN, Nils, 2003.

84 Ver SOUZA, Jessé, 2019.

85 GILMAN, Nils, 2003.

86 Ibid.

87 Ibid.

88 LATHAM, Michael. *Modernization as Ideology*. Chapel Hill: North Carolina Press, 2000.

89 HOLANDA, Sérgio Buarque de. *Raízes do Brasil*. Rio de Janeiro: Companhia das Letras, 2002.

90 Informação colhida em conversas com o excelente especialista na obra de Buarque Robert Wegner. Ver também WEGNER, Robert. *A conquista do Oeste: a fronteira na obra de Sérgio Buarque de Holanda*. Juiz de Fora: UFMG, 2000.

91 Não conheço qualquer análise, na realidade, que não possua esse viés.

**92** COHN, Gabriel. *Crítica e resignação*. São Paulo: Ática, 1995.

**93** WEBER, Max. "Die protestantischen Sekten und der Geist des Kapitalismus". In: *Religion und Gesellschaft*. Frankfurt: Dörfler, 2001, pp. 184-191.

**94** Ver WEGNER, Robert. *A conquista do Oeste: a fronteira na obra de Sérgio Buarque de Holanda*. Juiz de Fora: UFMG, 2000.

**95** FAORO, Raymundo. *Os donos do poder*. Porto Alegre: Globo, 1986.

**96** SCHLUCHTER, Wolfgang. *Die Entwicklung des okzidentalen Rationalismus*. Frankfurt: Suhrkamp, 1997.

**97** Ibid.

**98** WEBER, 1923b.

**99** BELLAH, Robert. *The Broken Covenant: American Civil Religion in a Time of Trial*. Chicago: University of Chicago Press, 1992.

**100** BELLAH, Robert et al. *Habits of the Heart: Individualism and Commitment in American Life*. Nova York: Perennial, 1985.

**101** Ibid.

**102** CHAKRABARTY, Dipesh. *Provincializing Europe: Postcolonial Thought and Historical Difference*. Nova Jersey: Princeton Press, 2007.

**103** MBEMBE, Achille, 2017.

**104** HABERMAS, Jürgen. *Theorie des kommunikativen Handelns*, vol. I e II. Frankfurt: Suhrkamp, 1986.

**105** BOURDIEU, Pierre. *Sociologie de l'Algérie*. Paris: Presses Universitaires de France, 1961.

**106** BOURDIEU, Pierre et al., 2011.

**107** BOURDIEU, Pierre. *La Distinction: Critique sociale du jugement*. Paris: Minuit, 1979.

**108** Para uma discussão sobre esse tema em Niklas Luhmann, ver o meu SOUZA, Jessé, 2015.

**109** Ver ZANIN, Cristiano; ZANIN, Valeska e VALIM, Rafael. *Lawfare*. São Paulo: Contracorrente, 2019.

110 SOUZA, Jessé. *A guerra contra o Brasil*. Rio de Janeiro: Estação Brasil, 2019.

111 Ibid.

112 STREECK, Wolfgang. *Gekaufte Zeit*. Frankfurt: Suhrkamp, 2017.

## O amálgama entre racismo de classe e de raça

113 BOURDIEU, Pierre, 1979.

114 SOUZA, Jessé et al., 2017.

115 Na pesquisa que coordenei sobre os batalhadores brasileiros, pastores nos reportaram que até cerca de 80% dos fiéis tinham problema com alguma forma de abuso sexual doméstico.

116 SOUZA, Jessé et al., 2017.

## O racismo racial no comando da sociedade brasileira

117 Ver sobre o tema FREYRE, Gilberto. *Ordem e progresso*. São Paulo: Global, 2014.

118 SOUZA, Jessé, 2017. Ver, em especial, o capítulo sobre racismo.

119 FREYRE, Gilberto. *Sobrados e mucambos*. São Paulo: Global, 1991.

120 Ibid.

121 Ibid.

122 WEBER, Max, 1923b.

123 Ver DUARTE, Douraci Agostini e MEZZOMO, Frank Antônio. "O samba enquanto manifestação cultural e sua utilização como símbolo nacional no Estado Novo (1937-1945)". In: *O professor PDE e os desafios da escola paranaense*. Gov. do Paraná, PDE, 2012. Ver também a tese de Luísa Alves Pessanha com o título *De malandro a nacional: o papel do samba na propaganda ideológica varguista*. Brasília: UnB, 2016.

124 Em parte isso tem a ver com a origem estrangeira da classe de industriais. Ver sobre isso SOUZA, Jessé, 2018.

125 WEGNER, Robert, 2000.

126 Sobre esse tema, muito ilustrativo é o livro de SCHWARTZMAN, Simon. *São Paulo e o Estado nacional*. São Paulo: Difel, 1995.

**127** MOOG, Vianna. *Bandeirantes e pioneiros*. Rio de Janeiro: José Olympio, 2011.

**128** Ver SOUZA, Jessé (org.). *Max Weber e a gênese do capitalismo*. Rio de Janeiro: Ática, 2006; e MARX, Karl. *Das Kapital erster Band*. Hamburgo: Severus, 2018.

**129** HIRSCHMAN, Albert. *Passions and the Interests: Political Arguments for Capitalism Before Its Triumph*. Nova Jersey: Princeton, 2013.

**130** SOUZA, Jessé, 2018.

**131** MIOLA, Jeferson. "O último julgamento de exceção e o fim de uma farsa". *Carta Maior*. Disponível em <https://www.cartamaior.com.br/?/Coluna/O-ultimo-julgamento-de-excecao-e-o-fim-de-uma-farsa/29577> – Acesso em: 31 mai 2021.

**132** ROXIN, Claus. "Teoria do domínio do fato é usada de forma errada". *ConJur*. Disponível em <https://www.conjur.com.br/2012-nov-11/claus-roxin-teoria-dominio-fato-usada-forma-errada-stf> – Acesso em: 31 mai 2021.

**133** SINGER, André. "Cutucando onça com vara curta". *Revista Estudos CEBRAP*, n. 102, 2015.

**134** Ironicamente, Guido Mantega, ministro da Economia de Dilma, já havia escrito sobre isso na juventude.

**135** Não apenas o PT, mas também o PSOL e Marcelo Freixo, por exemplo, na campanha de 2016, se curvam à linguagem moralista e lavajatista à época em alta.

**136** SOUZA, Jessé, 2019.

**137** Refiro-me à mesma reunião ministerial, tornada pública por decisão do STF, na qual o ex-ministro da Educação Abraham Weintraub atacava o STF.

**138** Esse é o projeto da extrema direita americana. Ver SOUZA, Jessé, 2019.

**139** WEBER, Max. *Wissenschaftslehre*. Tübingen: J. C. B. Mohr, 1961.

**140** Ver as reportagens de Luis Nassif sobre o assunto, além de SOUZA, Jessé, 2019.

**141** SOUZA, Jessé, 2010.

**142** SOUZA, Jessé. *A radiografia do golpe*. Rio de Janeiro: LeYa, 2016.

**143** SOUZA, Jessé, 2019.

**144** MANSO, Bruno Paes. "A ligação do clã Bolsonaro com paramilitares e milicianos se estreitou com a eleição de Flávio". *El País*. Disponível em <https://brasil.

elpais.com/brasil/2021-04-24/a-ligacao-do-cla-bolsonaro-com-paramilitares-e-milicianos-se-estreitou-com-a-eleicao-de-flavio.html> – Acesso em: 2 jun 2021; CALIXTO, Larissa. "Dez fatos que ligam a família Bolsonaro a milicianos". *Congresso em Foco*. Disponível em <https://congressoemfoco.uol.com.br/congresso-em-foco/dez-fatos-que-ligam-a-familia-bolsonaro-a-milicianos/> – Acesso em: 2 jun 2021.

**145** Ver minha entrevista com Jaqueline Muniz, disponível em <https://www.youtube.com/watch?v=HwTgB_T0uUo> – Acesso em: 2 jun 2021.

**146** O termo "lixo branco" se aplica ao branco americano pobre do Sul dos Estados Unidos, socialmente inferior ao seu irmão do Norte e, por conta desse mesmo ressentimento, mais racista contra os negros do Sul. Jair Bolsonaro e sua família são um típico exemplo de branco objetivamente inferiorizado, com menos educação e cultura, que compensa sua baixa autoestima com racismo potencializado e generalizado.

**147** Ver FROMM, Erich. *Studien über Autorität und Familie: sozialpsychologischer Teil*. Lüneburg: Dietrich zu Klampen, 1987.

**148** Ver SOUZA, Jessé, 2017.

**149** Ver minha entrevista com o juiz Luiz Carlos Valois, disponível em <https://www.youtube.com/watch?v=6euMB0-587I&t=558s> – Acesso em: 2 jun 2021.

**150** A estratégia sulista visava obter os votos dos racistas do Sul e do resto dos Estados Unidos sem mencionar explicitamente o racismo aberto. Quase sempre, a estratégia teve a ver com construir a imagem do negro como criminoso e depois provocar uma "guerra contra o crime". O público já sabia contra quem se estava lutando. Bill Clinton e o Partido Democrata depois aplicaram a mesma estratégia, antes monopólio dos republicanos, que se tornou, assim, endêmica em todos os partidos.

**151** NICOLAU, Jairo. *O Brasil dobrou à direita*. Rio de Janeiro: Zahar, 2018.

## Conclusão

**152** Disponível em <https://www.wzb.eu/de> – Acesso em: 2 jun 2021.

**153** Obviamente, o limite desse respeito quase universal dentro da própria sociedade é que ele não se universaliza à sociedade mundial, pelo compromisso da Alemanha e dos outros países europeus com o imperialismo americano baseado na espoliação dos povos do Sul global.

CONHEÇA OUTROS LIVROS DO AUTOR

## *A elite do atraso*

A elite do atraso se tornou um clássico contemporâneo da sociologia brasileira, um livro fundamental de Jessé Souza, o sociólogo que ousou colocar na berlinda as obras que eram consideradas essenciais para se entender o Brasil.

Por meio de uma linguagem fluente, irônica e ousada, Jessé apresenta uma nova visão sobre as causas da desigualdade que marca nosso país e reescreve a história da nossa sociedade. Mas não a do patrimonialismo, nossa suposta herança de corrupção trazida pelos portugueses, tese utilizada tanto à esquerda quanto à direita para explicar o Brasil. Muito menos a do brasileiro cordial, ambíguo e sentimental.

No âmago da interpretação de Jessé não está a corrupção política. Para ele, a questão a partir da qual se deve explicar a história passada e atual do Brasil – e de suas classes, portanto – não é outra senão a escravidão.

Sob uma perspectiva inédita, ele revela fatos cruciais sobre a vida nacional, demonstrando como funcionam as estruturas ocultas que movem as engrenagens do poder e de que maneira a elite do dinheiro exerce sua força invisível e manipula a sociedade – com o respaldo das narrativas da mídia, do judiciário e de seu combate seletivo à corrupção.

## A guerra contra o Brasil

A guerra contra o Brasil de que trata este livro não é do tipo convencional: não incendeia cidades nem utiliza bombas e mísseis.

Para o consagrado sociólogo Jessé Souza, as armas dessa guerra são o racismo, a subserviência da nossa elite econômica, a mentira, o fundamentalismo religioso e o fascismo latente da nossa tradição autoritária.

Urdida e testada na sociedade americana, a guerra híbrida de que somos vítimas é uma estratégia baseada na manipulação de informações e na desestabilização de governos populares.

Jessé defende que, no Brasil, ela encontrou uma organização criminosa disposta a colocar em prática sua máquina de morte, abrindo caminho para o assalto às nossas riquezas, o sucateamento da nossa indústria e o ataque aos direitos mais básicos da população.

Esta não é nenhuma nova teoria conspiratória para explicar a nossa tragédia, e sim uma análise aguçada e abrangente que revela os detalhes sombrios de um projeto muito bem-articulado de destruição da arte, da cultura e da autoestima do povo brasileiro – em nome de Deus, da pátria e do falso moralismo travestido de combate à corrupção.

### ◆ Estação ◆
# BRASIL

Estação Brasil é o ponto de encontro dos leitores que desejam redescobrir o Brasil. Queremos revisitar e revisar a história, discutir ideias, revelar as nossas belezas e denunciar as nossas misérias. Os livros da Estação Brasil misturam-se com o corpo e a alma de nosso país, e apontam para o futuro. E o nosso futuro será tanto melhor quanto mais e melhor conhecermos o nosso passado e a nós mesmos.